心を測る

菱谷　晋介
田山　忠行
　編著

川端　康弘
森本　琢
平　真木夫
邑本　俊亮
吉野　巖
宮崎　拓弥
浅村　亮彦
安達真由美
佐藤　静
眞嶋　良全

CD-ROM付
for Windows
& Macintosh

八千代出版

執筆者一覧 (掲載順)

川端　康弘	(北海道大学大学院文学研究科教授)	1章
田山　忠行	(北海道大学大学院文学研究科教授)	2章・3章
森本　琢	(北海道大学大学院文学研究科助教)	4章
平　真木夫	(宮城教育大学教育学部准教授)	5章
邑本　俊亮	(東北大学大学院情報科学研究科准教授)	6章
吉野　巖	(北海道教育大学教育学部札幌校准教授)	7章
宮崎　拓弥	(北海道教育大学教育学部旭川校准教授)	8章 (本文)
菱谷　晋介	(北海道大学大学院文学研究科教授)	8章 (実験)
浅村　亮彦	(北海学園大学経営学部教授)	9章
安達真由美	(北海道大学大学院文学研究科准教授)	10章
佐藤　静	(宮城教育大学教職大学院教授)	11章・13章
眞嶋　良全	(北海道大学大学院文学研究科助教)	12章

読者の皆さんへ〜はしがきにかえて〜

　『心を測る』という本書のタイトルを目にされたとき，読者の皆さんは，まず最初にどんなことを思い浮かべられたでしょうか？　はっきりした形もない「心」という捉えどころのないものを，はたして測ることができるのだろうかと疑問に感じた方もいるかもしれません。三省堂の『大辞林 第二版』によれば，「測る」ということばは，物差し・枡・秤などを用いて，物の長さ・量・重さなどを調べることと定義されています。もう少し一般化していえば，基準となる単位量を決めて，それと対象を比較し，数値化することだといえるでしょう。したがって，「心を測る」ということは，心理学的なさまざまな現象を数値化して捉えることだといえます。測ることは科学的な心理学の基礎であり，正確に測ることによって心の状態や本質がよりよくわかるようになると期待されます。つまり，測定という行為を通してはじめて，心に関する新しい原理や法則の発見も可能になるということです。

　しかしながら，心理学の対象となる心の働きには大きさも形もありません。したがって，物差しや天秤のような一般的な測定器具も，「メートル原器」のような基準もありません。そのため，心の働きを測ろうとすれば，どのように測るかということから考えなくてはなりません。もちろん，実験や調査，観察，インタビューなど大きな方法論的枠組みは存在しますが，いったん何かの問題を明らかにしようという目標が定まった後は，個々の問題に応じて課題や刺激，質問項目を考え，どのような種類の反応を収集するかを工夫してゆかなければなりません。問題に気づき，データを得るための工夫をするプロセスこそ，心理学を学ぶ醍醐味です。ただ本を読んだり，話を聞くことだけからは得られない知的興奮が体験できるし，理解もより深いものになります。

　編者たちは，心理学の初学者にこそこのエキサイティングな体験をしてほ

しいと願い，入門的授業でもいくつかの工夫を行ってきました。幸いにも，そのささやかな努力が八千代出版の森口恵美子氏の目にとまり，一書にまとめる運びとなりました。内容は感覚，知覚から心の健康に関する章まで比較的幅広いものになっていますが，どの章でも実験や調査が実習できるようになっており，必要な材料やコンピュータプログラムはCD-ROMに収録されています。したがって，初学者の方でも容易に実験や調査の面白さを体験してもらえるだろうと思います。また，本書の内容は，工夫次第では，心理学を専門とする学部学生の方たちの初級・中級実験の題材としても使えるだろうと考えています。本書によって，心の実証的研究に興味を持つ方が1人でも増えれば，望外の喜びです。

　本書の完成までには多くの方たちのご協力を得ました。各分野の第一線で活躍する，執筆者の皆さんの協力なしには本書は成立しませんでした。忙しい中，編者らの無理な注文を聞き入れ，原稿の執筆から実験材料，プログラムの準備まで力を尽くしていただいたことに感謝したいと思います。また，八千代出版の森口恵美子，飯村玲子両氏には，本書の企画段階から編集，印刷，発行まで有益なアドバイスと細やかな心配りをいただいたことに，深い感謝の意を表したいと思います。

2005年3月

雪の札幌にて
編　　者

目　次

読者の皆さんへ～はしがきにかえて～

1章　感　　覚 ……………………………………………………………1
1.1　聴　　覚　1
1.2　感覚システムの基本性能と感度　6
1.3　視　　覚　7
1.4　その他の感覚　15
1.5　ま　と　め　16
実験してみよう
　　実験1　空間解像度と盲点　17　　実験2　白の反対は黒，では赤の反対は？　18

2章　知　　覚 ……………………………………………………………21
2.1　知覚の成立　21
2.2　知覚の体制化　24
2.3　知覚の恒常性　27
2.4　奥行きの知覚　30
2.5　運動の知覚　31
実験してみよう
　　実験1　意識の時間的限界　33　　実験2　運動残効の時間　35

3章　パターン認知と注意過程 ……………………………………………39
3.1　パターン認知　39
3.2　3次元物体と顔の認知　42
3.3　注意の基本的機能と選択的注意　46
3.4　空間的注意と視覚探索　48
3.5　分割的注意と自動化　51
実験してみよう
　　実験1　空間的注意の実験　52　　実験2　視覚探索の実験　54

4章 記　　憶 …………………………………………………………57

4.1　感 覚 記 憶　57
4.2　短期記憶・ワーキングメモリ　59
4.3　長 期 記 憶　62
4.4　記憶の変容と偽りの記憶　67

実験してみよう
　　実験1　感覚記憶　70　　実験2　記憶範囲の測定　71

5章　思考と学習 …………………………………………………………75

5.1　問題解決における方略の学習　75
5.2　学習の転移　79
5.3　知識を用いた問題解決と学習　82

実験してみよう
　　実験　問題状態の類似度評定　85

6章　言語の認知・理解 …………………………………………………89

6.1　言語の多義性と文脈の効果　89
6.2　言語理解と知識　90
6.3　言語理解における推論　94
6.4　言語理解における記憶表象　97

実験してみよう
　　実験1　文章理解に及ぼす表題および挿絵の効果　102　　実験2　ワーキングメモリを測定する　103

7章　音楽の知覚と認知 …………………………………………………107

7.1　楽音（音楽の基本要素）の知覚　107
7.2　音楽における群化とパターンの知覚　110
7.3　音楽の構造の認知　113
7.4　音楽の感情的性格の認知と気分への影響　117

実験してみよう
　　実験1　旋律線によるメロディの認知　120　　実験2　調性的なメロディと非調性的なメロディの記憶　121

8章　イメージと認知・感情 ……………………………………… 125
　8.1　イメージと記憶　125
　8.2　イメージと知覚　128
　8.3　イメージとワーキングメモリ　133
　8.4　イメージと感情　135
　実験してみよう
　　実験1　イメージの心的回転　138　　実験2　イメージ能力の測定　140

9章　空間認知 ……………………………………………………… 143
　9.1　空間の記憶　143
　9.2　認知地図の情報利用　148
　9.3　空間認知の個人差　153
　実験してみよう
　　実験1　整列効果　155　　実験2　認知地図の構造に関する実験　156

10章　認知機能の発達 ……………………………………………… 161
　10.1　発達とは？　161
　10.2　認知の発達　164
　実験してみよう
　　実験1　前操作期の検証　174　　実験2　形式的操作期の検証　176

11章　パーソナリティ ……………………………………………… 181
　11.1　パーソナリティとは　181
　11.2　パーソナリティの理論　184
　11.3　パーソナリティの測定　187
　実験してみよう
　　実験1　質問紙法によるパーソナリティの測定　189　　実験2　パーソナリティ検査の応用例　191

12章　社会的認知 …………………………………………………… 195
　12.1　社会的認知状況における情報処理　195
　12.2　自分を取り巻く社会の理解　196
　12.3　他者についての判断・推論　202
　12.4　認知の歪みからの脱却　205

実験してみよう
　　実験1　印象形成における情報処理モードと記憶の関係　210　　実験2　対人認知
　　状況における確証傾向　211

13章　心の健康 ……………………………………………………215
　13.1　心の健康とは　215
　13.2　心の障害と不適応　216
　13.3　心のケア・サポート　220
　実験してみよう
　　実験　不安状態の測定　225

　索　　　引　229

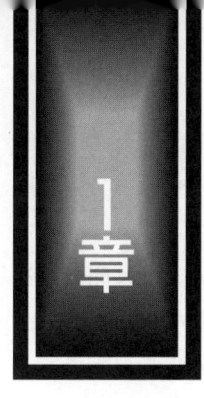

1章 感　　覚

　人間は視聴覚情報を中心に他の感覚をまとめて利用している。外界を捉える際に，聴覚は粗いが包括的な情報処理を，視覚は限られた範囲を精度よく処理する。「後方から響いてくる音を検知して振り返ると××社製の自動車が近づいてくるのが確認できた」といった日常的な経験について考えてみると，対象物が空間内のどのあたりにあるのか，どのような性質のものかといったことは，最初に音で把握できることがわかる。しかし位置に関する正確な空間定位や対象物の詳しい特定には視覚の助けが必要である。車が前方から近づいてくるときでも聴覚は，視覚とともに二重の情報源として誤った知覚を未然に防ぐ。また障害物があって視覚情報が不正確な場合にはむしろ主体的な役割を果たす。この章ではまず聴覚について説明し，その機能を例に感覚全般に適用できる原則を述べる。次に最も複雑な視覚について解説し，他の感覚についても簡単に説明する。最後に人間の感覚システムに貫かれる特徴を述べて，今後の研究の方向性について触れる。

1.1　聴　　覚

　水の中で魚がヒレを動かすと魚の周りの水の分子が押される。押された分子はさらに隣の分子を押してから元の位置に戻る。このように水圧変化の波が水中を伝わるように，私たちが生活している陸上でも，絶えずさまざまな物体が引き起こす振動で生まれる空気の分子による圧力変化の波（音波）が発生し，空気という媒体中を伝わっていく。この波は，媒体（水，空気，地面ほか）と振動の発生源があれば生じる。音波はこのように空気圧の変化であ

り，空気圧と時間の関数関係によって定義される。音叉などによって生み出される音は，この空気圧が時間軸に対して正弦波的に変化する単純な構成であり純音と呼ばれ，この周波数と振幅を変えると音は違ったふうに聞こえる。音の周波数とは振動の1秒あたりのサイクル数（Hz）のことであり，この変化は音の高さの知覚に対応している。音の大きさも知覚の重要な要素であるが，これは振幅に依存する。振幅は正弦波における山と谷の差である。音の大きさの心理的尺度としてはソーン（sone）が使われる。1ソーンは周波数1000 Hz，音圧レベル40 dB（デシベル）の純音を聴いたときに感じる大きさであり，nソーンの音は1ソーンのn倍の大きさとして感じられる。

聴覚システムの構造 聴覚システムは，両耳と，伝達のための神経系と大脳聴覚皮質をはじめとする脳のいくつかの部位を総称するものと考えるべきである（図1.1参照）。耳は頭外に出ている部分（外耳）だけでなく，頭骨の内部にある聴覚器官全体（中耳，内耳）を含む。感覚受容器としての耳の役割は，外界の物理エネルギーである音波を増幅し，神経系で利用できる電気信号の形態に変換することである。これ以降，脳などの神経系では，聴覚情報は他の感覚情報と同様に電気信号（インパルス）として扱われる。

外耳は集音機構であり，集められた音は外耳道をとおって，張りつめた膜組織である鼓膜に達する。中耳にある鼓膜は，外耳から伝わった音波によって振動し，この振動は鼓膜に接する耳骨を動かし，力動的振動として大きく増幅され，内耳の前庭窓と呼ばれる膜組織に伝えられる。前庭窓は蝸牛と呼ばれる体液で満たされた渦巻き状の組織の入口であり，音を電気信号に変換する受容器である。蝸牛の膜組織である基底膜に接する形で音受容器である有毛細胞が渦巻きの構造に沿って並んでいる。前庭窓を振動させた刺激は体液に伝わり基底膜を振動させ，有毛細胞を屈曲させてインパルスが生じる。蝸牛の渦巻きは内部に進むに従って狭くなるが，体液を振動させる波は高周波数の高音については渦巻きの入口付近で，周波数が低くなるにつれ奥の方の有毛細胞で受容される。有毛細胞とシナプスで接する神経は長い軸作を持ち，大脳の両側にある聴覚皮質に達する。

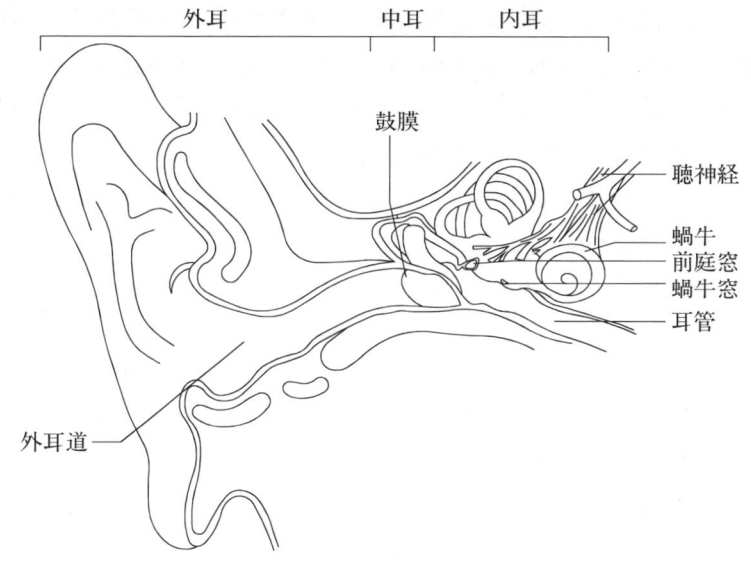

図 1.1a　耳の構造

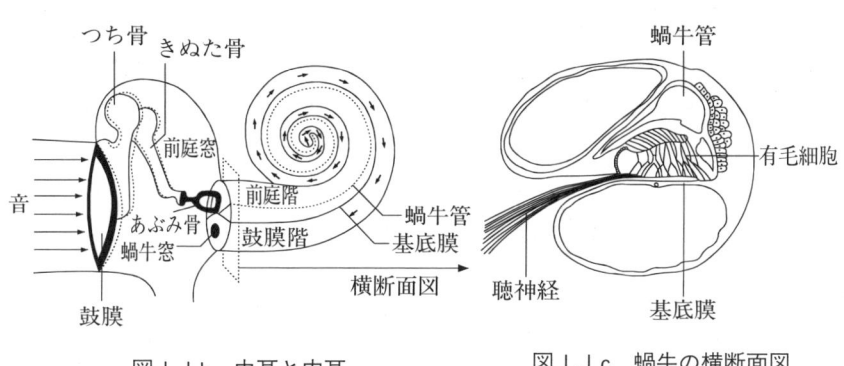

図 1.1b　中耳と内耳　　　　図 1.1c　蝸牛の横断面図

可聴閾，空間的音源定位，日常音　私たちは音波の全周波数域ではなく，20〜20000 Hz の範囲のみを聞くことができる。この帯域は私たちが外界の特徴を聞き取る際に，最も有効な配置となっているはずであり，他の動物では違う範囲（ただしその動物にとっては有効な）に同調されているはずである。

1章　感　　覚

さらにこの範囲内のすべての音を同程度の鋭敏さで検知できるわけではなく，およそ中間の周波数 1000～1500 Hz の音に対して最も感度が良い．

　音が両耳で同じに聞こえるのはむしろまれで，左右どちらかから来る音波はその音源と同側の耳でより先に強く聞こえる（反対側の耳は音源から遠く，頭という障害物のため，音波は弱められ迂回してくる）．この大きさと到達時間が若干異なる2つの情報を利用して，その音がどこから来たのかを知ることが可能である．この処理は両眼を使った視覚の奥行き知覚と似ているが，視覚の空間処理ほどの精度はない．しかし音による定位は同時に360°全方位の検出ができる．人間の空間定位に関する情報収集は，聴覚による粗く全体的な抽出と視覚の詳細な部分抽出が協力・分担することで全体として非常にうまく機能している．人間の場合，聴覚のみでは限定的な空間定位しかできないが，コウモリなどはおそらく聴覚による定位システムが最も進化した動物であろう．自身が出した音波を洞窟などの閉塞空間の壁に当て，戻ってきた音波を捉えてその時間差を利用して壁との距離を推測する．いくつかの方向についてこの作業を繰り返せば，閉塞空間内での正確な定位が可能である．人間がこの方略を取らなかったのは主に開けた空間に居住しているためである．音波が壁で反射する閉じた空間でないと音による精緻な定位方略は困難である．もっとも現代人は人工建造物内で活動する機会が増えてきたので，この方略は有効かもしれない．コンサートホールでオーケストラの演奏を楽しんでいる人も，あるいは家庭内のさまざまな雑音に囲まれながら生活している人も無意識にこの方略を利用している．

　これまで純音を例に述べてきたが，実世界の音は純音より複雑であり音圧変化の複雑な様相を持つ．日常ではさまざまな周波数と振幅を持つ純音の混成である複合音を聞くことが多い．複合音はそれを構成する音が別々に聞こえるだけでなく，その配分の複雑さが新たな知覚印象を生む．この複雑さの知覚経験を一般に音色と称するが，この概念は音の高さや大きさに比べ曖昧なものであり，まだ議論の余地を残している．数学者フーリエによってどんな複雑な波形も有限個の異なる周期，周波数，振幅を持つ正弦波パターンに

解析できることが示されており（フーリエ変換），周波数ごとに受容器系が異なる聴覚系の構造を考えると，たとえばいくつかの純音の組み合わせが特定の音色を生み出すように，外界の自然音を聞く経験をとおして，よく聞く音色を効率的に検出するシステムが脳内に構成されているのかもしれない。

時間説と場所説 周波数を音の高さの知覚に符号化する理論としてラザフォードは，音波が引き起こす基底膜の振動速度が聴覚神経における神経繊維のインパルス速度に対応すると考えた。たとえば100 Hzの音波は毎秒100回基底膜を振動させるが，それが受容器により電気信号に変換され，聴覚神経繊維を毎秒100回の割合で発火させる。この毎秒100回の神経インパルスが100 Hzの音の高さとして脳で解釈される。この説は「時間説」と呼ばれているが，神経繊維の最大発火率は1000 Hz程度であり，音の周波数と発火率が実数で対応すると考えると高周波数の知覚を説明するのは難しい。ニューロンをグループ分けして複数のインパルスが合成された発火率で高周波数の知覚を説明しようとする考え方（Weaver, 1949）をとれば，あるいは発火率に対する周波数の比例係数を多少高くとってやれば人間が可聴できる全周波数範囲をカバーできるようにも思われるが，符号化の精度は多少落ちてしまう。刺激音の波形が神経インパルスの時間的様相を変化させるという発見（Rose, Brugge, Anderson, & Hind, 1967）も時間説を支持している。一方ヘルムホルツは「場所説」を提案している。これは先に述べた蝸牛管の特異な構造が手がかりになっている。その渦巻き構造内の基底膜に沿った異なる場所のおのおのが，違う音高を検知するという。各場所の有毛細胞は皆同じ構造だが，それぞれが違う神経系を介して情報を脳に送ることが重要である。音高についてその質の違いが脳の情報処理でも保証され，符号化の際にも効率的である。場所説は，おそらく楽器等の共鳴現象から類推されたのであろうが，耳の蝸牛管の構造は弦楽器ほど精緻なものではない。基底膜はほとんどすべての周波数に対して振動してしまうが，それでも周波数によって振動が最大になる部位は異なるらしい（von Bekesy, 1960）。ただし50 Hz以下の低い周波数では基底膜全体がほぼ均等に振動してしまうため，この範囲を場所説で

説明するのは難しい。そのため低周波数帯では時間説に基づく機構が，高周波数帯では場所説のそれが知覚を主導するという折衷案も提案されている。

1.2 感覚システムの基本性能と感度

聴覚だけではなく，すべての感覚系の基本性能は，閾値という心理物理学的測定値に基づく感度によって記述できる。感度と閾値は逆数関係にあり，一般に閾値が低いと感度は高い。感度は絶対閾による絶対感度と相対閾による相対感度に大きく分けられる。絶対閾はある刺激がない状態から確実にその刺激を区別できる最小量を決定することである。静寂な状態から確実にある音を区別できる最も弱い音波を決定することができる。視聴覚の絶対閾は概して小さいので絶対感度は良好といえる。また物理刺激の有無だけではなく，その変化に対しても私たちは敏感である。定常的な世界の中では，変化する様相こそが生存にとって決定的に重要だろう。大きさの違う2つの音を区別する場合，物理的にどの程度の違いが必要だろうか。この場合には，一方の音刺激を基準（基準刺激）として，他方の音刺激（比較刺激）の大きさを調節して，より大きい（あるいはより小さい）と知覚できるレベルまで持ってゆく。このように2つの刺激を区別するのに必要な最小の差を決めることができる。この一対の刺激における相対閾を弁別閾あるいは丁度可知差異と呼ぶ。

ウェーバー・フェヒナーの法則 一般に，基準刺激が大きくなると弁別閾は高くなる。さまざまな感覚モダリティにおいて弁別閾ΔIと刺激強度Iの比（ウェーバー比）が一定になるというウェーバーの法則と，その一般的適用として，感覚量は刺激量の対数に比例するというフェヒナーの法則が知られているが，総称してウェーバー・フェヒナーの法則と呼ばれる。この法則が成立するのは，現在ではある程度限られた刺激強度の範囲であることが知られており，刺激強度が極端に高いか低い場合は修正が必要である。特に視覚においては，側抑制など付加的感度調整システムが数多く組み込まれている

ため，刺激の面積などの物理的特性によって感度等が大きく影響を受ける。そのため感覚刺激の評定等の応用に際しては条件ごとに刺激強度－応答特性の関数関係を測定するのが望ましい。

1.3 視　　覚

　人間の視覚が他の感覚より優れているのは，外界の特性を捉えるために多彩な方略を備えていることにあるのだろう。各方略を実行するサブシステムは特徴の微妙な変化を見落とすまいと精緻に調整されており，その性能は感度によって記述できる。視覚の受容器は外界の光エネルギーを電気信号に変換する。光とは電磁波の一種であり，量子という小さな粒子で実体がある。音波は空気等の媒体の揺れが伝わるもので実体がないため，揺れが伝わる媒体の存在しない宇宙空間などでは全く伝わらないが，電磁波は自由に宇宙空間を移動できる。電磁波にはまた音波と同じように波の性質もあり，量子自体が特定の周波数で振動しながら宇宙空間を進む。そのため周波数の逆数である波長で，電磁波を区別することが可能である。電磁波には光だけでなく，宇宙線，X線，TV波などの各種電波，あるいは赤外線・紫外線なども含まれ，物理的特性としては波長が異なるだけである。このように電磁波は最も波長の短い宇宙線から最も長い電波まで広範囲にわたる連続体であるが，その中で光は 400 nm（ナノメートル：10億分の1 m）から 700 nm というわずかの部分であり，この範囲だけが可視光として知覚できる。ただしこの可視光の範囲は人間を含む霊長類についてのもので，他の生物では多少異なる。たとえばヘビなどは，700 nm よりもやや長波長の赤外線領域を見ることができるので，暗闇であってもそこにネズミなどの動物が発する熱を見て（検出して），捕食することが可能である。

　視覚システムの構造　認知システムのどこまでを，視覚を構成する部分と考えるかは難しい問題である。霊長類の大脳の約 6～7 割（おそらく人間の場合でも 5 割弱）が何らかの形で視覚に関わっていると考えられるからである。

しかし視覚処理のために特殊化された機構だけを仮定すると，眼と大脳の後頭部位とそれらをつなぐ神経系および中継点からなる。眼（眼球）の機能は，光画像を結像させることと，光エネルギーを電気信号に変換することである。眼球はカメラとほぼ同じ構造を持っており（図1.2a参照），対象物から反射した光を，網膜というスクリーン上に結像させる。角膜は補助レンズの役割を果たしており，光を内側に屈折させる。水晶体はカメラのレンズにあたるもので，角膜を通過した光を網膜上に焦点を合わせ結像させる。カメラの場合フィルム面とレンズの相対距離を変えることで，さまざまな距離の物体に焦点を合わせるが，水晶体は毛様体という筋繊維の力でその厚みを変えて焦点を合わせる。瞳孔はカメラの絞りに対応するものであり，外界の光量に対し自動的に反応して直径が変化する円形開口部で入射光の量をほぼ同じレベルに保つ。普段気づかないが，太陽の高さに応じ外界の光量は大きく変化し，星明かりと晴天の正午ではおよそ10^8倍の差がある。それでも瞳孔によって光レベルによらず像の質を維持できるので，むしろ外界の光量変化に気づかないくらいである。カメラの露出を絞ると多くの空間距離に焦点が合って鮮

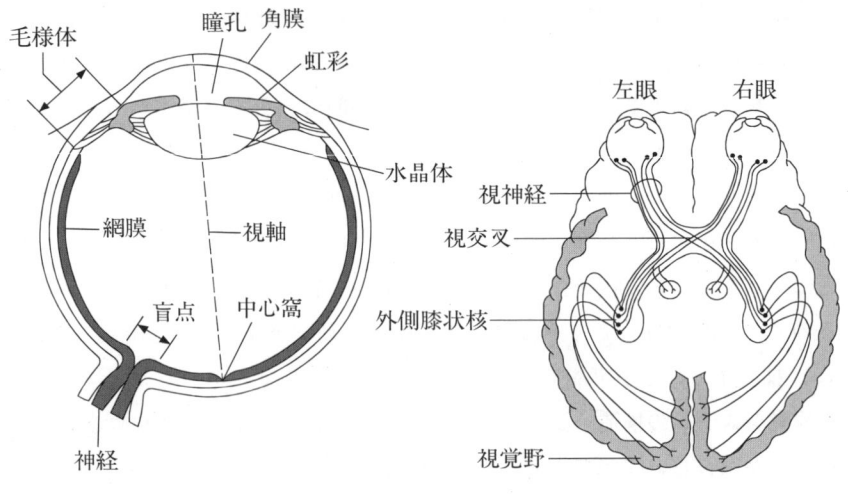

図1.2a　眼球の構造（右眼）　　　　図1.2b　視覚神経系

明な写真が撮れるが，同じことが眼球についてもいえる。瞳孔径の小さい昼間の視覚の方が光学的にもクリアな像を結ぶことが可能である。結像系を介してカメラではフィルムにあたる網膜に像が結ばれるが，ここには光受容器が存在していて，光エネルギーを電気信号に変換する。これ以降は電気信号の時空間的パターンとして情報が処理される。光受容器には感光色素が含まれており，光があたると化学変化を起こして電気エネルギーに変換される。受容器にはその形状から桿体と錐体と呼ばれる2種類があり，それぞれ約1億，約700万個が網膜にばらまかれるように分布している (Pirenne, 1967)。桿体に含まれる感光色素は高感度で，暗所の視覚のために設計されている。一方錐体は桿体ほどの感度はないが，光量の多い昼間など明所視覚を司る。網膜には受容器以外にも多くの神経がネットワークを構成しており，受容器の電気信号はそこを介し，最終的に神経節細胞と呼ばれる長い軸索を持つニューロンによって眼球の外に伝わってゆく（図1.2b参照）。この情報は視交叉を介して外側膝状核という神経ネットワークの中継点に伝えられ，ここでの処理を経て後頭部にある大脳視覚野に達する。大脳は左右半球に分かれており，たとえば聴覚においては，右耳の情報は反対の左脳に，左耳の情報は右脳に伝えられる。では左右の眼の情報はそれぞれ反対の半球で処理されるのだろうか。実はそうではない。図1.2bを見ると，左眼から出た神経系は視交叉に向かい，その半分は右半球の視覚野に入る。しかし残り半分は左半球に達しているので左眼の情報は両半球に入る。では左右の半球に入る情報はどこが違うのか。答えは右眼であれ左眼であれ，右視野の情報は左半球へ，左視野の情報は右半球に入る。つまり左右の視野を別々の半球で分割処理していることになるが，視野にそのような継ぎ目など見えない。

　視野と空間解像度　両眼は前額面に並んで配置されているため，見ることのできる範囲である視野は左右で200度，上下で150度くらいの角度しかない。しかしその域内ですべてが均質に見えるわけではなく，物体の詳細部分を確かめたいときには決まって，眼を動かして視線をその対象に合わせる。このとき視線の先にある対象の像は網膜の中心部分に位置する中心窩と呼ば

れる領域に投影されている。中心窩の範囲は直径でせいぜい5度程度の狭い範囲（左右視野の40分の1）であり，視力などの視認性は，視野の中心から10度離れると5分の1に，20度で10分の1に落ちてしまう。1.5の視力を持つ人でも，それは中心窩の視力であり，視野が10度のところでは0.7〜0.8程度，20度では0.1〜0.2程度の視力しかないことになる。この理由の1つは周辺視野に比べ中心窩に受容器が密集していることによる。通常のテレビに比べてハイビジョンテレビが鮮明なのは，単位面積あたりの表示画素数が多いためである。これと同様，中心窩は周辺部に比べて単位面積あたりの光受容器が多いため鮮明な映像を知覚できるのである。実験1では視認性が視野の位置によってどの程度違うか調べてみる。眼球には視神経が出ていくための穴が開いており，この部分は盲点と呼ばれ光受容器が存在しない（実験1の刺激パターンを使うとこのことも確認できる）。この領域にあたる刺激は見えないが視野に穴が開いているようには見えず，脳が自動的に穴周辺の情報を使って補間していることがわかる。

　眼球運動　聴覚に比べ視覚は比較的詳細な空間定位を行うと述べた。しかし中心窩は視野全体の300分の1に過ぎない。なぜ詳細な処理が可能なのだろうか。この限界を解消するのが眼球運動である。眼球運動は連続的に一定速度で動くのではなく，数ミリ秒の素早い移動であるサッケード（飛越）と数百ミリ秒の停留である固視という2つのパターンの繰り返しで行われる。カメラのシャッターを切るときに動かすとぶれた写真になってしまうが，サッケードと固視を繰り返す私たちの視覚にぶれは見られない。これは目蓋を開いていてもサッケード時の映像は神経系で遮断され，固視時の映像のみが使われるためである。私たちが周囲の様子を知覚できたと感じるのは，多くの眼球運動や首振りによる大きな視線移動を繰り返した後であり，普通は数秒程度の時間が必要である。しかしそのようにして構成される外界の表象[1]は，視野の解像度分布とは異なり，ほぼすべての領域の映像が鮮明であるように感じられる。私たちは複数の写真をつないでパノラマ写真を作るように，複数の固視で得られた画像の詳細な部分をつないで，脳内に詳細な視覚表象

を作るように思われる。視覚はカメラより時間的サンプリングを行うビデオカメラに近いのかもしれないが，最終的な外界表象はビデオテープのデータのように未整理で扱い難いものではない。視覚は効率的に継時サンプリングされたデータを記憶システムの助けを借りて適切に空間配置された表象に構成しているようだが，このあたりの処理過程についてはまだよくわかっていない。

順応によるダイナミックな変化　明所視と暗所視は受容器の感度の違いだけではなく，網膜での神経ネットワークの体制化でも異なっている。明所視では錐体は神経節細胞とそれぞれ1対1で接続しており，これは錐体に光があたると電気信号が対応する神経節細胞に伝わって活動レベルを上昇させるいわば促進的結合である。一方で各神経節細胞は隣接する神経節細胞の活動を低下させる抑制的結合関係も持つ（側抑制）。暗所視においては桿体は隣接する複数の神経節細胞と促進的結合を持っているが，神経節細胞間には明所視のように抑制的連絡がない。たとえば明所視で小さな光点が提示されたとき，光点の中心にある錐体とそれに接続する神経節細胞が最も活動する。この細胞は隣接する細胞の活動を抑制する。光点は周辺の錐体もある程度活性化させ，対応する神経節細胞もある程度活動しようとするのだが，それを押さえ込んでしまうわけである。光点周辺の信号が押さえられ，相対的に中心からの信号が明瞭になり，クリアな画質と正確な位置情報が脳に伝えられる。暗所視の場合は，光点の直径がたとえ1個の桿体径ほどであったとしても，この桿体は隣接する複数個の神経節細胞を活動させるため，小さい光でも脳により確実に伝わる。また非常に弱い光でも面積がある程度大きければ，1つの神経節細胞に複数の桿体が収束する構造を使って，この神経節細胞の活動を高めて検出することが可能である。しかしこのシステムでは正確な位置

1）知覚に基づいて心内に現れる外的対象の像。対象が現前している場合（知覚表象），記憶によって再生される場合（記憶表象），想像による場合（想像表象）などがある。感覚的・具体的な点で概念や理念と区別される。その他の表象については，6，8，9章参照。

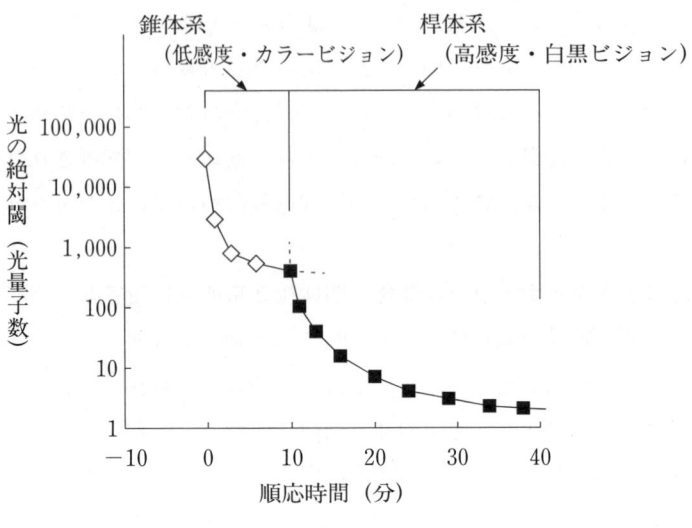

図 1.3 暗順応曲線

情報やクリアな画質は保証されない．実際，明所視では光を高感度で検出することより，対象のさまざまな細部を識別することの方が重要である．暗所視では逆に正確さを犠牲にして，弱い光でもとにかく見つけ出すことが大切である．この2つのシステムの作動はある光量レベルで切り替わるものではなく，夜明けや夕方のように両システムが働くような条件もある（薄明視）．

明るい部屋の照明を急に消してしまうと，最初はほとんど何も見えないが，だんだんと周りの様子が見えるようになり，数分すると置いてある家具などもよく見分けられるようになる（暗順応）．しかし再び電気をつけると眼を開けていられないくらいにまぶしく感じられるが，やはり数分で慣れてくる(明順応)．図1.3は，暗闇にいる時間の関数として光の絶対閾をプロットしたもので，暗順応の進行の様子がわかる．曲線は2つの部分からなり，上部は錐体系の順応を下部は桿体系のそれを示している．桿体系は絶対閾が低く高感度だが，順応の進行に時間がかかり，最高感度を発揮するまでにおよそ30分程度かかることがわかる．

色の知覚　明所視と暗所視では感度と画質の鮮明さ以外にも大きな違いが

ある。それはカラー画像と白黒画像の違いであり，暗所視では色が見えない。つまり色を見るための道具立てがないのである。明所視にあって暗所視にないものが色を見るための基本システムということになるが，それが後述する3原色機構と反対色機構である。ニュートンは太陽光がプリズムを通過する際の波長ごとの屈折率の違いを利用して，スクリーンの隣接する位置に波長の連続帯を投影すると虹の色のような色相の並びを観察できることを見出した。音波の場合は，波長の違いによって音の高さが連続的に変わっていくが，光の場合は連続的にある感覚が変わるというより，色相という異質のラベルがあてられていくようだ。450～500 nm の波長は青，520 nm 付近は緑，570 nm 付近は黄，650 nm 以上は赤といった具合で1次元の連続体の変化ではない。私たちはさまざまな物体を色によって区別するが，物体の色は反射される波長によってほぼ決まる。りんごは長波長光を，木の葉は 500～570 nm 付近の光を反射する。白い車はすべての波長光を反射し，黒い壁はすべての光を吸収する。ただし物体の色は周囲の物体の色によっても影響を受ける。あるいは色の恒常性など，照明光の変化にもかかわらず物体の特徴を強く示す色はあまり変化して見えない。色には色相という次元だけでなく，明るさと鮮やかさという次元がある。つまり同じ赤でも明るいものから暗いものまで連続的に存在しており，暗くなるにつれて黒に近づく。同様に鮮やかさの次元では赤から濃いピンク，薄いピンクと変化して白に近づく。この色の3次元的表現は画家のマンセルによって確立され，さまざまな色サンプルを記述する方法として利用されている。可視波長の範囲では，475 nm から 510 nm までおよび 560 nm から 620 nm までの範囲でおよそ 2 nm 以下の精度で弁別が可能である (Stabell & Stabell, 1984)。可視範囲全体では 150 程度の色相を区別することができる。色の明るさや鮮やかさを加えた色の3次元空間内で区別できる色数は 700 万個以上あり，そのうち1万弱には色名がある。

　テレビではさまざまな色が表示されているように見えるが，画面を拡大すると赤，緑，青という3原色に対応する発光素子（ピクセル）が，等間隔，等密度で配置された構造になっていることがわかる。おのおのの発光素子は

小さくて解像度の限界を超えているため確認できず，発光素子の原色が混じり合ってさまざまな色が表現される．たとえば580 nmの波長光は黄色に見えるが，テレビで黄色を表現する場合は赤と緑のピクセルを同程度に発光させる．実際650 nmと500 nmの波長光を混ぜると黄色になり，580 nmの光と全く区別がつかない．一般に可視スペクトル内で適当に離れた光を3つ用意してやれば，3つの波長光のさまざまな強度の組み合わせでほとんどの色相を表現できる．この原理は3原色性と呼ばれ，ヤングとヘルムホルツによって展開された．実はこのテレビ画面に似た3原色の構造が網膜上にも存在する．網膜には桿体と錐体という2種類の光受容器が存在するが，錐体はさらに3つの型に区分される．つまり比較的短い波長（青領域）に感受性が高いS錐体，中程度の波長（緑・黄領域）に対するM錐体，長波長（橙・赤領域）に対するL錐体であり，3つの受容器の活性比率が脳に伝えられ色覚が生起すると考える．

　3原色性は色覚の多くの事実を説明するのだが，それでも十分ではない．ヘリングは色の見えは，赤，緑，黄，青の4つのうち1つか2つで成立することに気がついた．つまり黄緑は緑と黄，橙は黄と赤，水色は青と緑の2つの色成分からなっている．彼はまた，同時に存在できない色成分があることも見出した．緑っぽい赤あるいは青みがかった黄という色は知覚できないし，実際に赤と緑を混ぜると全く違う色相の黄が生まれ，青と黄を混ぜると白になる．ヘリングらの考えはハービッチらにより反対色と呼ばれる理論にまとめられた（Hurvich, 1981）．赤と緑および青と黄という2つの反対色対が存在し，この対は混じり合って同時に知覚できない．反対色システムは天秤のような機構を想像すればよい．天秤の右の棹に緑のおもりが乗ると右側に傾いて，傾いた量が目盛りにたとえば+10のように示されるが，これが緑の知覚量を示す．赤に対しては左側の棹が傾くことでたとえば−8と表示される．赤と緑の両方が同程度提示されたときには，天秤はちょうど釣り合ってしまい，結果として出力はゼロになる．青と黄に関しても同じシステムを仮定する．このように考えると，赤か緑あるいは青か黄のうち1つの色相しか同時

に知覚できないことが説明できるし，また赤緑反対色システムが赤方向に，青黄反対色システムが青方向に傾いているときには2つのシステムの組み合わせで紫が知覚されることも想像できる。3原色性は網膜の受容器レベルで実現されているが，反対色性の基盤となるような振る舞いをする神経細胞が，網膜から脳への中継点である視床の外側膝状核や大脳視覚野で見つかっている。天秤では緑を＋で赤を－で示し，0で釣り合うと考えたが，神経の電気的活動では，定常的な発火率で釣り合っているとすると，赤い光には発火率が高まり，緑の光に対しては発火率が低下すると考えればよいだろう。色相の処理については，3原色と反対色機構によってほぼ完了しているが，この後大脳視覚野において飽和度や明度について，音の高さのように連続次元上での精緻化処理が行われるはずである（川端，2000）。これらの機構についてはまだ明らかではない。実験2で反対色機構の存在を体験してみよう。

1.4　その他の感覚

　嗅覚は人間においては主要な感覚ではないが，たとえばイヌなどでは最も重要な感覚であり，感度も格段に優れている。人間が大脳皮質の多くを視覚処理に振り分けているように，イヌは大脳の3分の1を嗅覚処理に使っている。そのほか，昆虫や魚類においても嗅覚は主要な感覚である。物体が発する揮発性の化学物質が，においの物理的刺激である。鼻孔から入ったこの物質に受容器である線毛が接触することによって，電気的活動が始まる。この活動は神経系によって中継点の嗅球を介して側頭葉内側の嗅皮質に投射される。においに対する人間の嗅覚システムの感度は確かにイヌの100分の1程度であるが，それでも日常生活の多くの側面で利用可能なレベルであり，私たちは数万程度のにおいを区別して対象の認知に利用している。また嗅覚における女性の優位性（Cain, 1988）や香水の調香師やソムリエなど特に優れた能力を示す個人についての報告（Dobb, 1989）がなされている。

　味覚は舌や喉，上顎にある味蕾と呼ばれる受容器から始まり，神経系を介

して脳の味覚野に電気信号が伝えられる。味蕾の終端部が口中の溶液と接すると電気インパルスが生じる。舌の部位によって検知される味が異なることが知られている。甘さは舌の先，しょっぱさも舌の前部だがやや両側部で，酸っぱいものは中部の側面で，苦いものは舌の根元部分で主に検知されるが，それぞれの味覚領域はある程度重なって存在する。4つの基本味に対する絶対感度は比較的高いが，おのおのの味の強度に対する識別閾はやや高くその感受性は低い。調理においては各味の調味料をすべて配合することで味に広がりが出るといわれ，少ない量でも各味は検知できるが，各味の強さを変えるためには相当な量の調味料が必要となるのかもしれない。4つの基本味に対応して4種類の神経系が存在するようであるが，最近ではうまみという要素も基本の味に加えるべきという報告もある。

触覚に関しては，圧，温度および痛みに反応する3つの皮膚感覚が含まれると考えられている。圧は手や唇，頬などで最も敏感であり，その部位の皮膚には受容器が多く存在する。多くの感覚と同様に，圧覚もその変化に対しては敏感であるが，長時間かかる圧は順応によって感じなくなってしまう。温感は冷受容器と温受容器により規定され，それぞれ温度の下降と上昇を検知する。皮膚は温度変化に対して敏感であり，日常的なレベルの平温においては，数分の1℃の変化を検知できる。痛覚を起こす物理的刺激はさまざまであるが，私たちの皮膚中にはその刺激を受容する痛受容器が存在する。受容器にはいくつかの種類があり，特殊化された神経伝達系を持つ。たとえば一過性の痛みと持続的な痛みは別々の経路で大脳皮質に伝えられる。

1.5 まとめ

場所説や時間説の限界を指摘したときにも述べたが，感覚知覚能力をすべて受容器レベルで説明しようとすると，恐ろしく精巧な機構が必要となるし，はずれ値のすべてをフォローするセンサーを設計しようとすると膨大なコストがかかってしまう。要は外界の検知機構を作り上げるときに，外界に接す

るセンサーの部分（受容器）に力点を置くか，得られた情報を処理する計算システム（大脳）に重点を置くかという問題であるが，前者に力点を置いて正確だが硬直的な感覚機構を形づくった他の生物に対し，中枢神経系が発達した人間は後者に力点を置いて可塑性の高いシステムを獲得したように思われる。人間などは進化のある時点で，末梢系のセンサーとしての受容器の精度を高めるという進化方略をやめてしまったのではないか，とも思えてしまう。粗い情報を大脳に送ってあとはそこでの精緻化処理に任せ，特殊な処理は体験に応じて発達的に構成されていく。実際，眼球や蝸牛管の構造は，カメラや弦楽器ほど精巧なものではなく，そこから伝わる情報そのものは，現代の情報処理の観点から見ても目立って精度の高いものではない。ただ時間的に常に情報が入り，変化する部分が重視されるということは特筆すべきであろう。おそらくハードの部分では，眼球運動のようにビデオカメラが動くような動的構造であっても，現代の技術を持ってすれば早晩設計できるだろう。にもかかわらず私たちの感覚系の振る舞いと効率的な情報収集能力を実現するソフトの部分はまだ十分に解明されていないようである。

● 実験してみよう ●

実験1　空間解像度と盲点

【目的】縞パターンを使って，さまざまな視野位置での解像度（ここでは縞視力）を測定する。視野の中心部と周辺部ではどのくらい解像度が違うだろうか。またほぼ同じ刺激を用いて普段は気がつかない盲点の位置を確認してみる。

【方法】解像度の実験では5種類の太さが異なる縞パターンを用いて，視認できる限界の大きさを画面の指示に従いながら測定する。縞視力は視野の中心付近，視野の端およびその中間部の3つの位置でそれぞれ測定する。はじめに画面と顔の距離（観察距離）をおよそ1～3mの範囲で固定する。左眼を手で覆い，右眼のみで観察する。画面の右端に提示される黒い点（注視点）を見ながら，マウスをクリックすると，左近傍に太い縞が提示される。注視

点に視線を向けながら縞を見極めることができれば，クリックして縞の太さを小さくしていく。縞が見えなくなったら，画面に表示されている大きさ番号を記録しておく。縞は5段階にわたって小さくなるが，最も細い縞でも見える場合は観察距離を伸ばして実験を行う。中心付近での測定に続き，同じ要領で中間部，視野の端についても縞視力の測定を行う。

　盲点の観察も画面の指示に従いながら行う。今度は右眼を閉じて，左眼で緑の十字を見ながら，眼とディスプレイの距離を変えてみる。ちょうど青い丸が見えなくなる距離があるはずである。そこで眼とディスプレイの距離を固定する。この盲点がどのくらいの大きさか確かめるため，青い丸を大きくして丸が見えはじめるかを確かめる。丸の色を赤に変えても見え方に変化はないだろうか。さらに眼とディスプレイの距離を固定したまま，次の画面に進む。赤い1本のラインが見えるだろうか。最後に閉じていた右眼を開ける。
【結果と考察】視野の中心付近，視野の端，その中間部の3つの位置でそれぞれ見えなくなった縞の太さを，ディスプレイに定規をあてて測る。また注視点から縞刺激の中心部までの距離も測る。横軸に注視点からの距離，縦軸に縞の太さを取り，2つの関数関係について検討する。縞の見かけの大きさや注視点との距離は観察距離により変わってしまうので，横軸と縦軸の単位はメートルよりも眼に対して張る角度である視角（°）で表した方がよい。この角度は縞の大きさ（あるいは注視点からの距離）および観察距離と正接関係（タンジェント）にあるので，関数電卓のアークタンジェントを用いて簡単に計算することができる。この実験から，視野の映像の不均一性や盲点付近の画像の曖昧さが示唆されるが，視覚系はそのような映像の不正確さをどのような形で補っているのだろうか。

実験2　白の反対は黒，では赤の反対は？
【目的】明るい電球をしばらく見ていると，視線をそらしても残像が見えることがある。これは視野のその部位の神経組織だけが疲労（順応）してしまうためと考えられるが，この現象を利用して，色の見えにおける反対色性に

ついて体験してみよう。ここでは白と黒および色の4原色である赤，緑，青，黄を見つめた後，どんな色が観察できるか調べる。

【方法】ディスプレイの大きさに応じて，画面と顔の距離（観察距離）をおよそ0.5～1 m程度で固定し，以下画面の指示に従いながら実験を行う。マウスをクリックして白黒の順応刺激が提示されたら，中心点から眼を離さず1分ほど観察する（順応段階）。順応が終わったら，マウスをクリックして一様な灰色のテスト刺激を提示する。このとき眼は中心点から離さないようにする。残効が見えるはずなので，十分観察する。残効は次第に弱まるので，テスト刺激が提示されてから残効が消えるまでの時間を計る。残効がほぼ消えたところで，見えたパターンと色，残効の持続時間を紙に書き写す。1～2分休憩して次の画面に進む。これ以降，順応刺激は赤，緑，青，黄および4原色が同時に提示される計5パターンが提示されるので，同じ要領でそれぞれについて実験を行う。

【結果と考察】用いた6つの色（白，黒，赤，緑，青，黄）について，観察された残効の色を書き出してみる。次に最後の画面にある色環を用いて，順応色と対応する残効色が色環の対極位置にある（反対色）ことを確認する。横軸に6つの順応条件，縦軸には残効の持続時間を取って棒グラフを作成する。順応によってその色を見る機構は疲労するはずであるが，そのときに反対色が見えるためには，どのような仕組みを仮定したらよいか考えてみよう（たとえば最初に赤を見ると，赤緑反対色システムの赤成分が疲労によって効率的に作動できなくなり，相対的に緑成分が効率的に働くため，物理的には白色であるにもかかわらず－白色には赤や緑をはじめ，あらゆる成分が含まれている－緑を知覚するなど）。

引用文献

Cain, W. S. 1988 Olfaction. In R. C. Atkinson, R. J. Hernstein, G. Lindzey, & R. D. Luce (Eds.), *Stevens' handbook of experimental psychology*. Vol. 1. New York : Wiley. Pp. 409-459.

Dobb, E. 1989 The scents around us. *The Sciences*. **29**, 46-53.

Hurvich, L. M. 1981 *Color vision*. Sunderland : Sinauer.

川端康弘　2000　色覚の時空間周波数特性　日本視覚学会（編）　視覚情報処理ハンドブック　朝倉書店　Pp. 232-236.

Pirenne, M. H. 1967 *Vision and the eye*. 2 nd ed. London : Chapman and Hall.

Rose, J. E., Brugge, J. F., Anderson, D. J., & Hind, J. E. 1967 Phase-locked response to lower frequencytones in single auditory nerve fibers of the squirrel monkey. *Journal of Neurophysiology,* **390**, 769-793.

Sloan, L. L. 1968 The photopic acuity-luminace function with special reference to parafoveal vision. *Vision Research,* 8, 901-911.

Stabell, U., & Stabell, B. 1984 Color-vision mechanisms of the extrafoveal retina. *Vision Research,* **24**, 1969-1975.

von Bekesy, G. 1960 *Experiments in hearing* (E. G. Weaver, Trans.). New York : McGraw-Hill.

Weaver, E. G. 1949 *Theory of hearing*. New York : Wiley.

Williams, R. A., & Fender, D. H. 1977 The synchrony of binocular saccadic eye movements. *Vision Research,* **17**, 303-306.

知　　　覚

　私たちは，感覚器を通じて外界のさまざまな情報を取り込み，それを自らの生活に役立てている。感覚器で得た情報は分析・統合されて，何らかのまとまりのある事物や事象として認識される。このように，まとまりのあるものとして事物や事象を認識すること，あるいは自己の状態などを認識することを知覚 (perception) という。知覚は認知活動の1つであり，その顕著な特徴は，「外界の対象や出来事を，今ここで自分が実際に見たり聞いたりしている」という現実感が伴われるところにある。

2.1　知覚の成立

　知覚の成立については，大きく分けて生得説と経験説という2つの考え方がある。生得説では，知覚世界は，大脳の生理的過程に生得的に備わった体制化の力によって成立すると考える。他方，経験説では，知覚世界は学習や経験によって，徐々に形成されていくと考える。しかし，これらの説のいずれか一方のみが正しいという単純な図式は成り立たない。

　生得説　生得説を支持する証拠としては，生まれて間もない乳児が眼の焦点を合わせ，図と地 (2.2参照) の区別ができるようになることが挙げられる。しかし，乳児の基本的な視覚能力は，生後4ヶ月の間に劇的な成長を遂げるとされている。そしてまた，この4ヶ月を過ぎた後も，それらの基本的能力はさらに成長を続けていくと考えられている。図2.1が示すように，人の視力は生後数ヶ月の間に劇的に向上するが，大人と同等になるのは5歳ぐらいであるといわれている。図と地の区別，運動方向や方位の弁別，奥行視

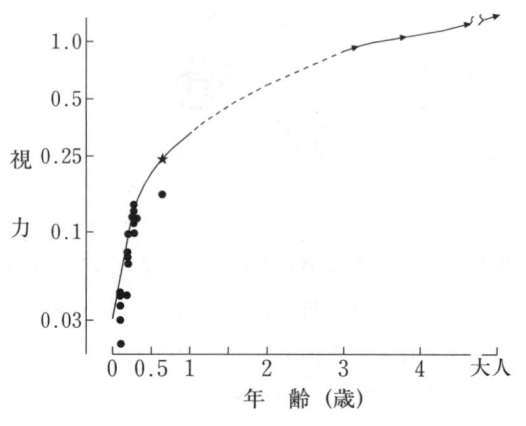

図 2.1　年齢の関数としての視力
　　　　（Atkinson, 1995）

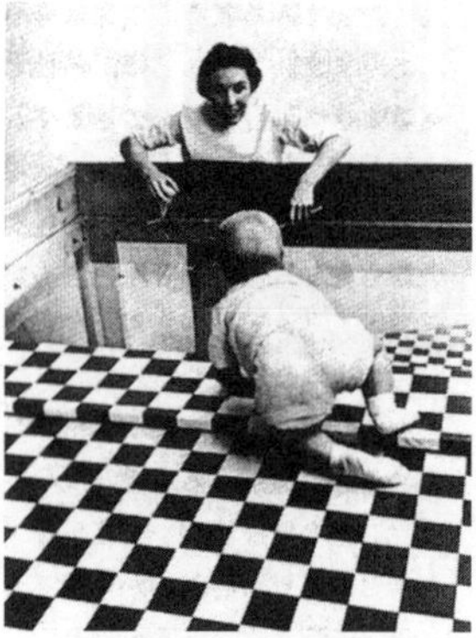

図 2.2　視覚的断崖
（Gibson & Walker, 1960）

などは，生まれた直後はほとんどできないが，視力の向上に伴って，生後3ヶ月から6ヶ月になるとできるようになる。中でも奥行視に関しては，ギブソンら（1960）が行った視覚的断崖（visual cliff）の実験が有名である。この実験では，図2.2のような装置の中央に生後6ヶ月の乳児を置いて，母親が断崖の反対側から呼び寄せてみる。断崖の上には厚い透明のガラスが張ってある。乳児が奥行きを知覚することができなければ，恐がらずに母親のもとまでガラスの上を這っていくが，奥行きを知覚することができれば，断崖が恐くて先へ進むことができないと考えられる。実験の結果では，ほとんどの乳児が，恐がって動くことができなかったことから，彼らが奥行きを知覚できることが示された。一般に，この実験結果は，奥行視が生得的であることを示す証拠であるとみなされている。しかし，乳児が生後6ヶ月の間に経験を積んで奥行視を身につけたという可能性も否定できない。

　経験説　経験説を支持する証拠としては，先天盲開眼者の研究がある。チェセルデン（1728）は，白内障だった13歳の少年に開眼手術を施した後の経過について報告している。少年は生後早期に白内障によって失明し，手術以

前には，昼夜の区別，白，黒，スカーレットなどの色の区別はできたが，ものの形は知覚できなかった。彼は，最初に片方の眼を，2〜3ヶ月後にもう一方の眼を手術した。最初の開眼手術の直後には，距離に関しては全く判断ができず，少年によれば，あらゆる対象が，あたかも触れたものが皮膚に接触しているかのように感じられたといわれている。また，開眼手術直後は見たものが大きく感ぜられ，2番目に手術した眼で見たものは最初の眼の方に比べて2倍の大きさに見えたという。センデン（1932）は，手術直後の視覚体験が，開眼手術前にどの程度の視覚機能（これを残存視覚という）を保持していたかによって異なり，その程度によって，明るさの弁別のみが可能な群，色の知覚まで可能な群，形態の知覚まで可能な群，に分けられると報告している。これらの研究は，人がはじめて光に対して開かれたとき，はじめは何も認めることができないが，経験によって徐々にものを見ることができるようになることを示している。

逆転眼鏡の研究　知覚の成立を考える上で興味深い研究の1つに逆転眼鏡の研究がある。ストラットン（1897 a, b）は，視野が正立して見えるためには網膜像は逆さまでなければならないかどうかを明らかにするため，自ら逆転眼鏡をかけて，その答えを見出そうと試みた。彼は，左眼を眼帯で覆い隠し，右眼はレンズを組み合わせて上下左右が逆転する眼鏡を長期間着用し続けた。夜間に眼鏡をはずす際には目隠しをつけ，日中は普通に生活を続けた。逆転眼鏡をはじめて着用すると，視覚と聴覚，視覚と触覚の間で不一致が生じ，眼に見える対象と触れる対象が一致せず，眼に見える自分の体と内的に感ぜられる体が一致しないなどの不適応が生じる。しかし，彼は8日間着用した後に，この逆転した世界に見事に順応したと伝えられている。この実験の結果は，逆さに見える世界が，学習や経験によって逆さに見えなくなることを示しているが，順応によって見え方が変わるという視覚系の可塑性を示しているともいえる。ストラットンの報告の後，多くの研究者がこの研究に関心を持って追試を行っているが，逆さが本当に逆さでなくなったのか否かに関しては，いまだに疑問が残り，明確な結論は得られていない。

2.2　知覚の体制化

　知覚システムが最初にする重要な働きは，背景からさまざまな対象を区別することである。たとえば，図2.3を見てみよう。これは何であろうか。はじめてこれを見た人は，黒いしみが位置を逆にしたカスピ海と黒海のように見えるであろう。このような見えは，眼の網膜内の個々の視細胞が明暗の感覚的情報を個別的に脳に伝達し，それらを単純に記憶と照らし合わせることによって得られたといえる。しかし，図2.3の白い領域にもっと多くの注意を向けて，黒い領域が何の影であるか考えながら見てみよう。すると突然，それが何であるかがわかる[1]。このような知覚のプロセスは，記憶や思考のプロセスとも類似しており，知覚が感覚の単純な寄せ集めでないことを見事に示している。このようにして，私たちは白黒の図から1つの意味のあるまとまった形を見ることができる。これと同様に，私たちは音楽のメロディを単なる音の寄せ集めとしてではなく，意味のあるまとまりとして聞くことができる (7.2参照)。このように，知覚システムが，見たり聞いたりするものを意味のあるものにまとめようとする働きを知覚の体制化 (perceptual organization) という。

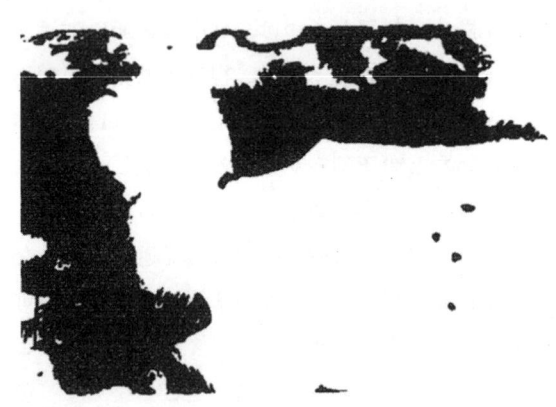

図2.3　これは何か

群化の規則　ゲシュタルト心理学者たちは，知覚の体制化の原理を追求して，いくつかの規則を見出した。それらは群化（grouping）の規則と呼ばれている。その規則としては次のようなものがある。①近接の規則：時間的空間的に近いものどうしをまとめる。②類同の規則：類似したものどうしをまとめる。③閉合の規則：閉じたものどうしをまとめる。④連続の規則：なめらかに連続しているものどうしをまとめる（図2.4参照）。⑤共通運命の規則：同じ方向に同じ速度で動いて運命をともにするものどうしをまとめる。これらの規則は単独で作用するというよりも，いくつかが同時に作用してまとまりを形成しているのが普通である。このまとまりの現れ方は，全体として簡潔で秩序のあるまとまりであるといわれており，ゲシュタルト心理学者たちはこれをプレグナンツの法則と呼んでいる。

図と地　私たちは，注意して見たり聞いたりしている対象を図（figure）とみなし，それが現れる背景を地（ground）とみなしている。たとえば，図2.5では，黒い部分を図として見ると互いにみつめ合う2人の横顔が見えるが，白い部分を図として見ると盃が見える。この反転図形をはじめて紹介し

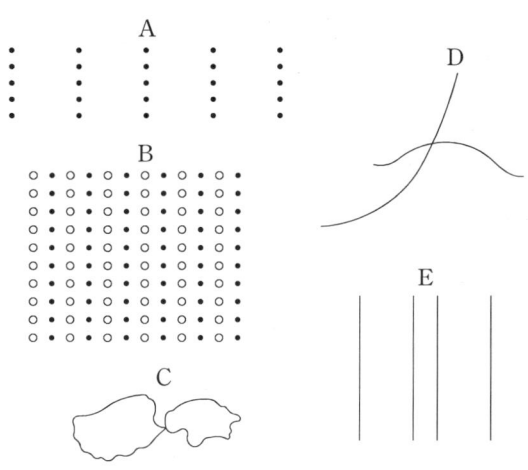

図2.4　群化の規則（Wertheimer, 1923）
A：近接の規則，B：類同の規則，C：閉合の規則，D：連続の規則，E：割り切れの規則

2章　知　覚　25

図2.5 ルビンの盃（Rubin, 1915）

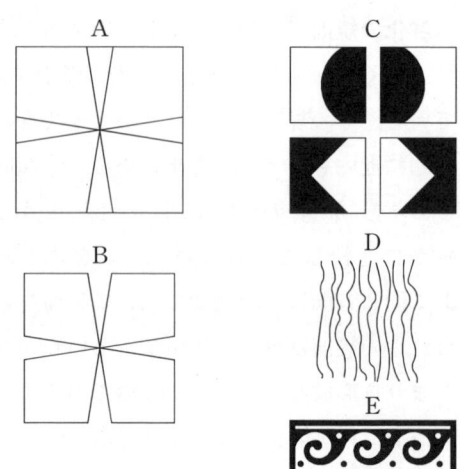

図2.6 図形成の要因（Metzgar, 1953）
A：狭小，B：閉合，C：内側ないし凸側，D：同じ幅，E：下から上

ルビン（1915）は，図や地として見えるものに次のような特性があると述べている。①図は形を持つが地は形を持たない。②図と地を分ける境界線は図に属して見える。③図は物の性格を持ち，地は材料の性格を持つ。④図は色が堅く，密で定位が確定的である。⑤図は観察者の近くに定位される。⑥図は地よりも，印象的で意識の中心となり，記憶されやすい。

図と地の特性としてはそのほかにも，図は地に比べて立体に見えやすい，図は地の前にあるように見える，などがある。また，どのような領域が図になりやすいかという図形成の要因としては，①狭小，②閉合，③内側ないし凸側，④同じ幅，⑤空間方向，⑥周囲との明度差大，⑦絶対的明度大，⑧寒色より暖色，⑨経験・態度，などが知られている（図2.6参照）。

反転図形 図2.5には図と地が逆になる反転図形としての特徴がある。すなわち，横顔と盃を同時に図として見ることはできない。また，横顔をじっ

1）図2.3にはウシの顔が見える。

と見ていると次第に盃が現れ，盃をじっと見ていると次第に横顔が現れる。私たちの意識とは別に，それらは自動的に反転してしまう。その反転時間を意識的に長くしたり，短くしたりすることもできるが，その速さには上限と下限の限界がある（章末の実験1をやってみよう）。しかし同じ反転図形でも，図2.7の反転図形をはじめて見る人は，しばらくの間2つの対象のうちの一方しか見えないかもしれない。これは意味的に2つの対象を見ることのできる意味反転図形と呼ばれる図形である[2]。

図2.7　意味反転図形

2.3　知覚の恒常性

　知覚システムには，対象が何であり，それがどこにあるかを知るばかりではなく，対象が不変で安定した属性を持っているものとして捉える特性がある。たとえば，部屋に置かれた長方形の机を見たときに，私たちの眼の網膜上ではそれがさまざまな大きさと形の像として写し出される。机に近づくと，その網膜像は徐々に大きくなっていくが，私たちには机が実際に大きくなったようには見えない。机の周りを動くと，机の網膜像の形は変化するが，私たちには机の形が実際に変化したようには見えない。机の網膜像は，私たちの動きに伴って，位置，陰影，色なども変化するが，それらも実際に変化したようには見えない。このように感覚器で受容した情報を脳で調整し，外界を安定した不変のものとして知覚する働きのことを知覚の恒常性（perceptual constancy）という。

　大きさの恒常性　知覚の恒常性の中で最もよく研究されているのは大きさの恒常性である。対象の大きさを判断する場合，網膜像の大きさが判断の手がかりになるが，それだけでは大きさの判断はできない。眼から対象までの距離が半分になると網膜像の大きさはほぼ2倍になるが，対象の見えの大き

さは，網膜像の大きさや視角に対応せず，距離が変化しても一定に保たれる。これを大きさの恒常性という。大きさの恒常性は，対象の見えの大きさが，網膜像の大きさだけではなく，対象までの見えの距離に依存していることを示している。一般に，網膜像の大きさが一定であれば，対象の見えの大きさは対象までの見えの距離に比例し，見えの距離が2倍になれば大きさも2倍に知覚される。これを大きさ・距離不変仮説という。大きさの恒常性は，大きさ・距離不変仮説のメカニズムによって達成されていると考えられる。

その他の恒常性 形の恒常性とは，上記の長方形の机の例のように，対象を見る位置や角度によって網膜上の像の形は変化しても，対象の形が不変に見えるということである。これは，私たちが対象の2次元的な形を見るだけではなく，その対象を過去においてさまざまな角度から見た経験をもとにして，対象の3次元構造を推論しているからであると考えられている。位置の恒常性とは，静止した対象を見ると眼や頭を動かしながら見てもやはりそれは静止して見える，あるいは運動対象を追視しながら見るとその網膜像は静止するがやはり運動して見えるということである。これは，対象の位置の知覚が，網膜から脳に伝わる情報と脳から眼や頭を動かす筋肉に伝わる情報の相互関係によって決定されるためであると考えられている。明るさの恒常性は，たとえば，太陽光のもとで黒い石炭を見ると，それがどれほど照らされて明るく光っていても，やはり黒く見えるという現象によって例示される。これは対象の明るさ（厳密にいえば対象の反射率）を眼に入射する光の強さと独立に知覚することであり，眼に入力される光の強度だけではなく，対象と背景のコントラストを考慮することによって達成されると考えられている。色の恒常性は，青色の照明光のもとでも緑色の照明光のもとでも，赤いリンゴは赤く知覚されるという現象によって例示される。これは対象の分光反射率を独立に知覚することであるが，明るさの恒常性と類似した原理によって説明されている。

---

2) インディアンの横顔かエスキモーの後ろ姿のどちらかが見える。

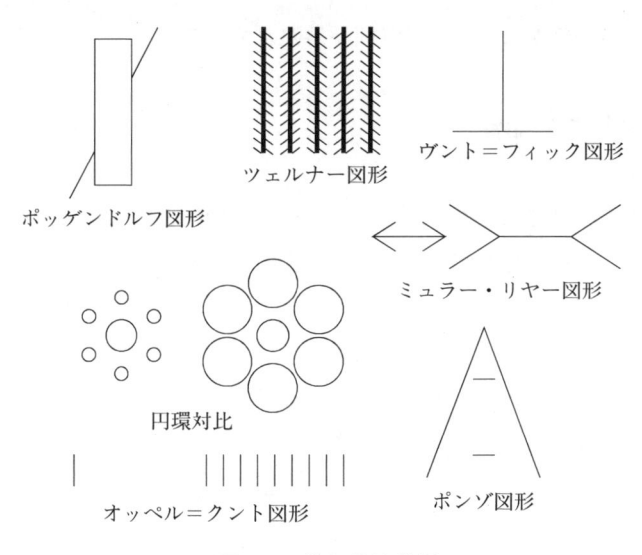

図 2.8　幾何学的錯視

錯視　知覚の恒常性は，感覚器に入ってくる情報が異なるにもかかわらず，対象を同じものに見る特性であるが，それとは逆に，感覚器に入ってくる情報が同じであっても，それが異なるものに見えるのが，錯視であるといえる。錯視と一口にいってもさまざまなものがあり，それらを明確に分類することは難しい。図 2.8 には，幾何学的錯視といわれる錯視を示した。これらは，昔から視覚システムの基本的原理を探るために研究されており，大きく分けると，角度・方向に関する錯視と大きさ・長さ・距離・面積に関する錯視に分けられる。これらよりもっと劇的な錯視としては月の錯視がある。月の大きさはそれ自体が不変であり，また地球と月の間の距離もほとんど一定であるため，網膜上の月の像の大きさはほとんど一定のはずである。しかし，月は天頂にあるより地平線付近にある方が大きく見える。月の錯視が見られるのは，大きさの恒常性が崩壊し，天頂にある月よりも地平線付近の月の方が見えの距離が大きくなるためであると考えられている。しかし地平線付近の月の方が見えの距離が短いという報告もあり，見えの距離の違いのみで錯視

が説明できるか否かについては疑問が持たれている。

2.4 奥行きの知覚

　私たちの網膜は球面であるが，2次元平面と同様の広がりしかないため，3次元である奥行きや距離の情報は網膜上から容易に得られないと考えられる。2次元情報から3次元情報を再現することは逆光学上の問題であり，これは解を持たない不良設定問題であるともいわれている。しかしながら，私たちはいとも簡単に奥行きのある空間を知覚している。いったいどのようにして奥行きを知覚しているのであろうか。

　奥行きの手がかり　一般に，私たちは，奥行きを知覚するために，次のような手がかりを利用しているといわれている。①輻輳：両眼が対象に焦点を合わせるときに，両眼と対象を結ぶ視線のなす角度（輻輳角）は距離によって異なるが，そのときの眼球を内側に向けて回転させる筋肉感覚の違い。②調節：対象に眼の焦点を合わせるときに，眼の水晶体のふくらみを変化させる毛様体筋の筋肉感覚の違い。③陰影：明るい部分は暗い（陰影の）部分より手前にあるように見える。④隠蔽：覆い隠すものは覆い隠されるものよりも前にあるように見える。⑤線遠近法：対象が与える視角が眼からの距離に反比例して小さくなる。⑥大気遠近法：遠くにあるほど大気中のちりやかすみによって明暗の差が小さく彩度が落ちる。⑦網膜像の大きさ：対象の大きさを知っている場合に手がかりとなる。⑧きめの勾配：石や草花など，遠くにあるものほどそれらの間隔が狭くなり，きめが細かくなる。⑨運動視差：頭や体の動き（乗物に乗って移動する場合も含める）によって網膜像に生じる時間的な視差。⑩両眼視差（binocular disparity）：両眼の網膜像の水平方向上の違い。

　①と②は眼球に関わる生理的手がかり，③から⑦は画家が絵を描くときに用いてきた絵画的手がかり，⑧と⑨は生態学的手がかり，⑩は両眼の手がかりであるといえる。両眼視差のみを手がかりとして奥行きが知覚できること

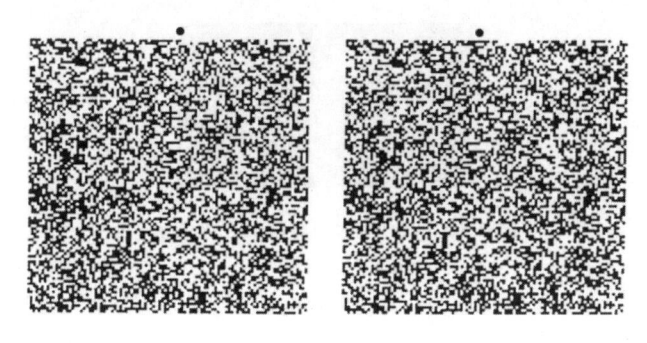

図2.9　ランダム・ドット・ステレオグラム（Julesz, 1971）

は，図2.9に示すランダム・ドット・ステレオグラムによって示される。この図は左と右のパターンを左右の眼で独立に見てそれを融合すると，中央に正方形のパターンが浮き上がって見えるというものである（左右のパターンの上にある黒丸を融合した後，下を見る）。このパターンは，片眼の手がかりが全くない状態でも，融合して，脳内で両眼視差の情報を抽出することによって，輪郭，そして奥行きが知覚されることを示している。

2.5　運動の知覚

　私たちは時々刻々と変化する環境の中で生活している。運動の知覚は，このような環境の中で，自らの行動を適切な方向に修正していくために重要な役割を果たしている。たとえば，自分に向かってくる車を避けたり，ボールを受けたりする上で，運動の知覚は不可欠である。

　運動検出と速度弁別　人が運動を検出できる最小の速度は視角にして1秒間に1〜2分であるといわれている。この速度閾は明暗が変化に富んだ不等質な視野において測定した場合であるが，等質な視野では運動が検出しにくく，その値は10倍から20倍へと変化する。また，この閾値は観察条件や刺激の大きさや明るさ，背景の有無などによって変動する。一般に中心視は周辺視よりも運動に対する感度は高いが，対象を追視すると背景を凝視するよ

図2.10　運動刺激（縦縞の正弦波縞）

りも遅く見える。これは運動に対する感度から考えると矛盾しており，アウベルト・フライシュルの逆説と呼ばれている。私たちは速度の違いに敏感で，2つの速度を同時に比較すると，一方が他方の5％程度の速度差があれば，その違いを認めることができる。しかし知覚速度は，離心度[3]，視野の大きさ，刺激の大きさや空間周波数[4]，明るさ，背景とのコントラストの違い，周囲の対象の存在の有無などによって変動することが明らかにされている。一般に，対象の速度は同じであっても，対象と背景のコントラストが小さくなると，また対象が大きくなると速度は減少して見える，といわれている。

運動残効　知覚速度を変動させる要因の中で最も顕著なものは，運動順応によるものであろう。図2.10のような垂直縞を右方向に動かしたものを2分間ほど見て順応し，その後に順応縞と同じ方向にそれより遅い速度で動くテスト縞を見ると，その速度は減少して見える。これを周辺視で観察すると全く静止して見えることもある。右方向に動く順応縞に順応した後に，静止したテスト縞を見ると，それはしばらく左方向に動いて見える。このような運動順応の効果は運動残効（motion aftereffect）と呼ばれている。これと同様の現象として滝の錯視がある。これは，滝を何分間かじっとみつめた後に傍らの岩に眼を転じると，岩肌に下から上へと動くものが見えるという現象である（実験2参照）。

3）Eccentricity。注視点からどれほど離れているかを視角で表したもの。
4）Spatial Frequency。空間周波数は，図2.10のような静止した正弦波縞において，視角1度あたりの縞の数（cycle/deg）で表される。縞の間隔が狭いほど空間周波数が高く，広いほど空間周波数が低い。

仮現運動　運動残効や滝の錯視のように，私たちは対象が実際に動いていない場合でも，それを動いているものとして知覚することがある．それらは広い意味で仮現運動 (apparent motion) と呼ばれている．たとえば，月が雲に隠れて雲が動くと月が動いて見えたり，電車に乗って隣の電車が動くと自分の電車が動いているように見えることがある[5]．これらは誘導運動 (induced motion) といわれるが，広義の意味ではやはり仮現運動に含まれる．しかし，最も典型的な仮現運動は，ネオンサインのように光が連続して位置を移動して出現と消失を繰り返すときに，一方から他方へと動いて見える運動である．このような運動は β 運動と呼ばれている．β 運動が明瞭に見える条件はコルテの法則として知られている．この法則は，最適な β 運動を見るためには，刺激間の距離が大きい場合には，刺激強度あるいは刺激間時間 (ISI) や刺激提示時間を大きくする必要があることを示している．映画やテレビの仮現運動は，β 運動よりも実際運動を見るのに近いメカニズムが関与していると考えられている．そのような仮現運動は，対象の位置の手がかりを省いて，図2.9に示した左右のパターンを同じ位置に継時的に提示して得られるランダム・ドット・キネマトグラム (RDK) によって例示される．β 運動では，2つの刺激間の距離が比較的大きくても刺激間に運動が見られるが，RDKでは，2つのパタンのずれが短い場合のみしか運動が見られない[6]．そのため，前者を長域過程の仮現運動，後者を短域過程の仮現運動として区別することもある．

●実験してみよう●

実験 I　意識の時間的限界

【目的】奥行き反転図形を用いて，意識の切り替えの時間的限界を測定する．2.2に示したように，反転図形を観察した場合に，反転するまでの時間を意

---

[5] 電車の例は自分自身が動いたように感じる現象で，より厳密には self vection と呼ばれるが，一種の誘導運動とみなすことができる．
[6] RDK が見られるずれの最大値 (D_{max}) は，視角にして15分程度で固定していると考えられたことがある (Braddick, 1974)．

識的に長くしたり，短くしたりできる。しかし，その長さには上限と下限の限界がある。ここでは，その限界時間を測定することによって，意識の時間的限界を測定してみる。

【方法】《刺激図形および装置》図2.11のネッカーの立方体を一辺を6 cmの大きさに拡大コピーし，それを刺激図形として用いる。ストップウォッチ（もしくは腕時計）を用意する（CD-ROM の ch02 というフォルダの中にある Readme 02.pdf の2ページを参照のこと）。

《課題》ネッカーの立方体を50 cm の距離をおいて観察し，右下の正方形を前に見たり（これを右下前の見方と呼ぶ），左上の正方形を前に見たりして（これを左上前の見方と呼ぶ），意識的に反転させ，その際に反転するまでの最大反転速度と最小反転速度を測定する。前者の課題を上限課題，後者の課題を下限課題とする。

《手続き》最初に準備段階として，ネッカーの立方体を観察し，右下前の見方と左上前の見方ができるか試してみる。続いて，右下前の見方と左上前の見方を交互に反転させ，反転速度を速くしたり遅くしたりすることができるか試してみる。それができたらテスト段階に入る。テスト段階では，上に示した2つの課題を行う。上限課題では，1分間の間に，右下前の見方と左上前の見方をできるだけ速く反転させ，その反転回数を心の中で数える。下限課題では，1分間の間に，右下前の見方と左上前の見方を意識的に反転させないようにする。それにもかかわらず反転してしまった回数を心の中で数える。いずれの課題も実験者の合図とともに実験が始まり，合図とともに終わる。これが終わった段階で，心の中で数えた数を記録用紙に記録する。その後，若干の休息をとり，再び同じ手続きを繰り返す。各被験者は，最初の課題を10回程度繰り返してその課題の実験を終了した後で，もう一方の課題を行う。

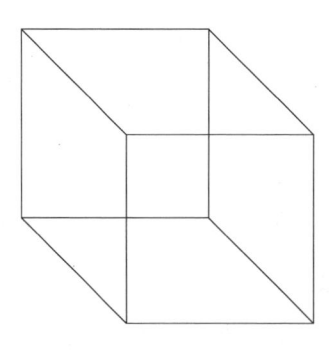

図2.11　ネッカーの立方体

【結果と考察】各課題で得られた反転回数（RN）を平均して求め，その値から60/RN（秒）を計算する。それを意識の切替えの上限と下限の限界時間とみなし，表や図に示してみる。課題間でどの程度の違いが見られるか，また，同じ課題でも被験者間でどの程度の違いが見られるか，比較してみる。上限課題からは，意識の切り替えの最短時間が測定されるが，それを一般的な光や音などに対する反応時間と比較してみよう。下限課題からは，意識の切替えの最長時間が測定されるが，その最大値は3秒であるという報告があるので（Pöppel, 1985），それと比較してみるとよいであろう。

実験2　運動残効の時間

【目的】滝の錯視を模擬して運動残効の持続時間を測定する。2.5に示したように，運動残効とは，ある方向に動く刺激に順応した後に，静止した縞を見ると，それが逆の方向に動いて見えるという現象である。運動残効は，これまでさまざまな観点から調べられているが，ここでは順応刺激のコントラストと速度の違いによって，その効果がどのように異なるかを調べる。従来の研究では，順応縞のコントラストや速度の大きい方が運動残効の効果が大きいことが知られている（Keck, Palella, & Pantle, 1976；Wright & Johnston, 1985）。ここではそれらの知見の妥当性を検討する。

【方法】《刺激図形および装置》図2.10の刺激を横にしたような運動刺激を4種類用いる。これらはCD-ROMのch02というフォルダの中にQuick Time形式のファイルとして入っている。Readme02.pdfを参照されたい。ストップウォッチ（もしくは腕時計）を用意する。

《刺激条件》刺激条件はコントラストの大きさが2条件，速度の大きさが2条件で，それらを組み合わせると合計4条件である。上の運動刺激はそれらの条件に対応し，①コントラストも速度も大きい刺激，②コントラストは大きいが速度は小さい刺激，③コントラストは小さいが速度は大きい刺激，④コントラストも速度も小さい刺激，の4種類である。

《手続き》各被験者は，4種類の刺激をおのおの観察して実験を行う。各

刺激は，再生の繰り返しを選択してQuickTime Playerのスタートボタンをクリックすると正弦波縞が上から下へと連続して動き出すので，50 cmの距離を置いて，注視点に眼の焦点を合わせてしっかり見る。1分間観察した後，刺激を停止させ，同時にストップウォッチのボタンを押して測定を開始する。刺激は静止していても，順応の効果によって，最初は反対方向に動いて見えるはずである。その後，動きが小さくなって静止して見えることもあるが，やがて再び動いて見えたりする。完全に静止するまで見続け，完全に静止した段階でストップウォッチのボタンを押す。測定した時間を記録用紙に記入し，1回の測定を終える（できれば他の人に実験者となって時間を測定してもらうのが望ましい）。1回の測定を終えた後に，運動残効の影響が完全になくなるまで休息をとる。続いて次の刺激の測定に入る。4種類の刺激についてこのような測定をおのおの1回ずつランダムな順番で行う。この手続きを5回繰り返して，実験を終了する。

【結果と考察】各条件において測定された残効時間の平均を求める。次に，速度条件の違いをプールしてコントラストの大小によって残効時間の平均がどのように異なるかを図示してみる。また，コントラスト条件の違いをプールして，速度の大小によって残効時間の平均がどのように異なるかを図示してみる。上述したように，コントラストや速度が大きい場合に残効時間が長くなるか調べてみよう。もしも，そうならなかった場合には，その理由について考えてみよう[7]。

引用文献

Atkinson, J. 1995 Through the eyes of an infant. In R. Gregory, et al. (Eds.), *The artful eye*. Oxford : Oxford University Press. Chapter 7.

Braddick, O. J. 1974 A short-range process in apparent motion. *Vision Research*, **14**, 519-527.

---

7) この実験では，便宜上，順応刺激とテスト刺激を常に同じにしているため，実験結果を過去の知見と単純に比較することができないことに注意すること。

Chesselden, W. 1728 Observations made by a young gentleman, who was born blind, or lost his sight so early, that he had no remembrance of ever having seen, and was couched between 13 and 14 years of age. *Philosophical Transactions,* XXXV, 235-237.

Gibson E. T., & Walker, R. 1960 The visual cliff. *Scientific American,* **202**, 64-71.

Julesz, B., 1971 *Foundations of cyclopean perception.* Chicago : University of Chicago Press.

Keck, M. J., Palella, T. D., & Pantle, A. 1976 Motion aftereffect as a function of the contrast of sinusoidal gratings. *Vision Research,* **16**, 187-191.

Metzgar, W. 1953 *Gesetze des Sehens.* Frankfurt : Waldemar Kramer. (盛永四郎（訳）1968 視覚の法則 岩波書店)

Pöppel, E. 1985 *Grenzen des Bewußseins : Über Wirklichkeit und Welterfahrung.* Stuttgart : Deutsche Verlags-Anstalt GmbH. (田山忠行・尾形敬次（訳）1995 意識のなかの時間 岩波書店)

Rubin, E. 1915 *Synoplevde Figurer.* Gyldendalske.

Senden, M. von 1932 *Raum-und Gestaltauffassung bei Operierten Blindgeborenen vor und nachder Operation.* Leipzig : Barth. (Trs. by P. Heath 1960 *Space and Sight,* Methuen.)

Stratton, G. M. 1897a Upright vision and the retinal image. *Psychological Review,* **4**, 182-187.

Stratton, G. M. 1897b Vision and without inversion of retinal image. *Psychological Review,* **4**, 341-360, 463-481.

Wertheimer, M. 1923 Untersuchungen zur Lehre von der Gestalt, II. *Psychologische Forschung,* **4**, 301-350.

Wright, M. J., & Johnston, A. 1985 Invariant tuning of motion aftereffect. *Vision Research,* **25**, 1947-1955.

3章 パターン認知と注意過程

　人は，文字や物体，顔などの複雑なパターンが与えられると，そこに何らかの意味を見出そうとする。パターン認知 (pattern recognition) とは，このように，感覚器に到達した信号が意味のある知覚経験に変換されることである。また，パターン認知のような高次の知覚過程と密接な結びつきを持つプロセスとして注意がある。本章では，これらパターン認知や注意過程に関する諸事実，ならびにそれらを説明する代表的なモデルや理論を見ていくことにする。

3.1　パターン認知

　直接的に意味を与えるパターンとしては，文字や音声，あるいは単語や文章などがある。たとえばＡという文字を見て，それをＡであると認知することは誰しも容易にできるが，この認知のプロセスを説明することは非常に難しい。最初にパターン認知に関する基本的モデルを見ていくことにしよう。

　鋳型照合モデル　パターン認知のモデルの中で最も簡単なモデルは鋳型照合 (template matching) モデルである。このモデルでは，パターン認知は外界から入ってくる信号を長期記憶に蓄えられたパターンの内的表象（あるいは鋳型）と照合することによって達成されると考える。たとえば，私たちがＡという文字を見た場合，網膜上でもＡという文字に対応する一組の細胞のパターンが興奮する。これらの細胞の束が脳の中の１つの細胞と結合してＡと認知できるような鋳型が存在すると仮定する。しかし，Ａという文字１個だけでも，大きさの異なるＡや傾いたＡなど無数の鋳型を仮定しなけ

ればならない。したがってこのような鋳型照合は実際上ありそうもない。そこで，大きさを拡大縮小したり回転したりといった前処理を施した後に鋳型と照合すると仮定すれば，もう少し柔軟な対応が可能になる。しかし，このような仮定によっても，手書き文字の認知など，人が普通に行っているパターン認知の過程を説明することはできない。

特徴分析モデル　もう1つのパターン認知の基本的なモデルとして，特徴を分析してパターンを認知すると考える特徴分析（feature analysis）モデルがある。たとえば，Aという文字の特徴としては，2本の斜線と1本の水平線，そして3つの鋭角がある（表3.1参照）。このように特徴を抽出し，それらを組み合わせて，記憶の中の表象と照合すると考える。アルファベットの中でこのような特徴の組み合わせを持っているパターンはAしかないため，Aと認知される。人間の顔の場合には，2つの目，1つの鼻や口，顎，2つの耳などがあるので，それらの特徴が抽出され，それらを組み合わせて照合されると考える。このような特徴分析モデルの優れた点は，鋳型照合モデルの弱点であったパターンの大きさや傾き，その他の詳細がどのようなものであろうと構わないということである。とにかくいくつかの特徴を満たしていれば，私たちはそれをあるパターンとして認知することができる。実際，大脳の神経細胞には感覚信号から特定の特徴を抽出するという特異的な機能を果たしているものがある。視覚システムに限ると，ある特定の傾きを持った線分，方位，空間周波数（32ページの脚注参照），色，特定方向の運動に同調する細胞があり，各細胞は特定の特徴を分析するようにできていて，これらは特徴分析器と呼ばれている。したがって，この特徴分析モデルには神経生理学的な裏付けがあるといえる。しかし，特徴分析モデルによっても手書き文字などの複雑なパターンがどのようにして認知できるのかを説明することは容易にできない。

ボトムアップ処理とトップダウン処理　一般にパターン認知の処理の仕方にはボトムアップ処理（bottom-up processing）とトップダウン処理（top-down processing）という2種類があるといわれている。ボトムアップ処理とは，入

表 3.1　アルファベットの 7 種類の特徴

	垂直線分	水平線分	斜線分	直角	鋭角	連続曲線	不連続曲線
A		1	2		3		
B	1	3		4			2
C							1
D	1	2		2			1
E	1	3		4			
F	1	2		3			
G	1	1		1			1
H	2	1		4			
I	1	2		4			
			・・・	・・・	・・・		
			(中略)				
			・・・	・・・	・・・		
X			2		2		
Y	1		2		1		
Z		2	1		2		

力刺激をその物理的特性に依存して処理する方法であり，パターンが認知されるまでデータの処理を帰納的に積み重ねていく処理の方法である。上に示した鋳型照合モデルや特徴分析モデルはその例である。しかし，手書き文字の認知のように，ボトムアップ処理によってパターンを認知することができない場合がいろいろある。たとえば，図 2.3 をはじめて見た人には，この図からウシを見つけ出すことは難しかったはずである。しかしそこにウシがいると教えられると，それを見出すことが容易にできる。これは知識や概念が処理を助けるということである。このように個人の知識や経験，また文脈に依存して，そこに何があるという仮説を立て，そこから演繹的に推論してその証拠を探すような処理のことをトップダウン処理という。これら 2 種類の処理はどちらも起こり，両方向の処理がパターン認知に関わっていると考えられる。

3.2　3次元物体と顔の認知

　私たちはそこにある3次元物体がいったい何であり，またそこにいる人が誰かを即座に判断できる。また，それがどの角度から見ても同じであるか否かを判断できる。これらの3次元物体や顔の認知はどのようになされているのであろうか。ここではこれらに関する代表的なモデルを見ていくことにする。

　計算論的モデル　視覚研究において計算論的アプローチを採用したマー (1982) は，複雑な3次元の物体を認知する上で，私たちは3段階の視覚的表象を形成すると仮定した。第1段階は原始スケッチ (primal sketch) であり，これは光の強度変化による情報，すなわち斑点や棒，エッジや境界などの特徴によって形成される表象である。これらが寄せ集まって第2段階の表象である $2\frac{1}{2}$ Dスケッチが形成される。$2\frac{1}{2}$ Dスケッチとは，2次元と3次元の中間の表象という意味であり，初期の視覚過程の目標はこれを形成することであると考えられている。$2\frac{1}{2}$ Dスケッチには，両眼視差，運動視差，陰影等の処理を通じて得られた物体の表面の方向（どちらを向いているか）や観察者からの距離などの情報が含まれている。これは網膜上の情報に基づいており，観察者の視点に依存した，観察者中心座標系によって表現される。第3段階は3次元モデルの表象であり，観察者の視点に依存しない物体中心座標系によって表現される表象である。3次元モデルの表象として，マーは一般円錐と軸の組み合わせを考えた。一般円錐とは，その断面が，円ではなく三角形や四角形でも構わないが，大きさの大小に関係なく，すべてが同じ形をしているような立体を意味している。たとえば，人間の形は，図3.1のような円柱の組み合わせによって記述される。一般に人間の脚の軸は腕の軸よりも長いが，ゴリラはその逆になるので，人間とゴリラはこの特徴の違いによって区別できると考えられる。

　ジオン構造記述モデル　マーの3次元モデルの記述とほぼ同様，視点に依存しない物体認知のモデルとして，ビーダーマン (1987) の提唱したジオン構造記述モデルがある。彼は，どのような複雑な物体もジオン (geometric

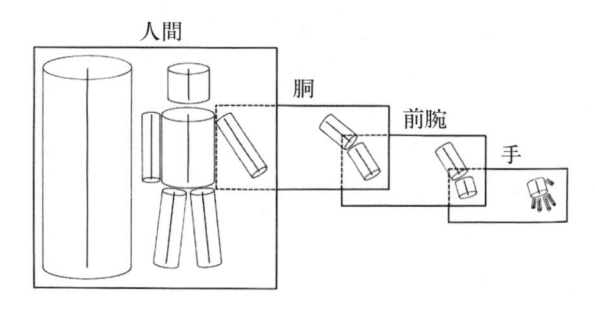

図 3.1 人間の形の一般円錐による表現（Marr, 1982）

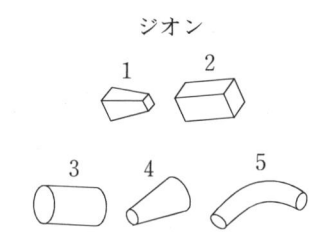

図 3.2 基本的な形態要素としてのジオン（Biederman, 1990）

icons）と呼ばれる基本的な形態要素を組み合わせることによって記述できると考えた。ジオンとして図 3.2 に示すような角柱，楔，円柱，円錐，弧などの合計 36 個の形を考えた。たとえば，コップとバケツはいずれも弧と円柱という 2 つのジオンの組み合わせで記述できる。この 2 つは弧が円柱の横にあるか上にあるかによって区別される。コップを見たときに，私たちはこの画像を分析して物体の持つジオンの情報を抽出し，それを脳内に蓄えたコップの表象，もしくはジオン構造記述モデルと照合することによって，それがコップか否かを判断する。ここでの問題は，この画像をどのように分析するとジオンの情報が抽出されるのかということである。彼は，マーのモデルと同様，最初の段階では，輝度や色などに基づいてエッジを抽出することを考えたが，次の段階では，エッジの保有する窪み（凹面，concavity）や平行性，境界線，対称性などの普遍的特徴の抽出を考えた。とりわけ窪みの情報は物体の認知にとって重要であることを明らかにしている。たとえば，図 3.3 の

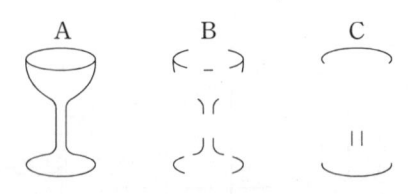

図 3.3　グラスの形（Biederman, 1987）
A：元の形，B：直線を削除した場合，C：窪みを削除した場合。

　Aのようなグラスを観察する場合，グラスの直線部分のみを削除したB（ジオンの復元が可能な図）よりも，グラスの窪みの情報を削除したC（ジオンの復元が不可能な図）の方が，グラスの認知が著しく妨げられることは，窪みの情報の重要性を示している。

　顔認知のモデル　顔の認知には，物体の認知の延長として考えられない側面がいくつかある。たとえば，どの人も形態上は目や口，鼻の相対的位置が同じであるにもかかわらず，私たちはそれらの微妙な違いに基づいて人の顔を区別する。また，その人が見たことのある人だとわかっていても，何をしている人か，名前が何かわからないということがある。また同じ人の顔からさまざまな表情が認知される。これらの現象をひととおり説明するモデルとしてブルースとヤング（1986）の顔認知モデルがある。このモデルは，図3.4に示されているように，顔認知のシステムはいくつかの独立したモジュールによって構成されていると仮定する。まず，図3.4の左側部分では，その人の表情や何を話しているかなどに関して，表情分析や発話情報分析のユニットによって独立した処理がなされると仮定されている。他方，図3.4の右側部分では，その人が誰であるかを認知するために以下の4つの過程が仮定されている。①特定の視点から見た私たちの網膜上に写った像から，その人の顔の構造的符号化がなされる（構造的符号化過程）。②その符号化した顔が，顔認知ユニット内の過去表象と照合され，知っている人か否かの既知性判断がなされる（顔認知ユニットの活性化）。③その人がどんな人か，たとえば，学生か先生か，あるいは政治家かというような意味情報にアクセスし，個人を

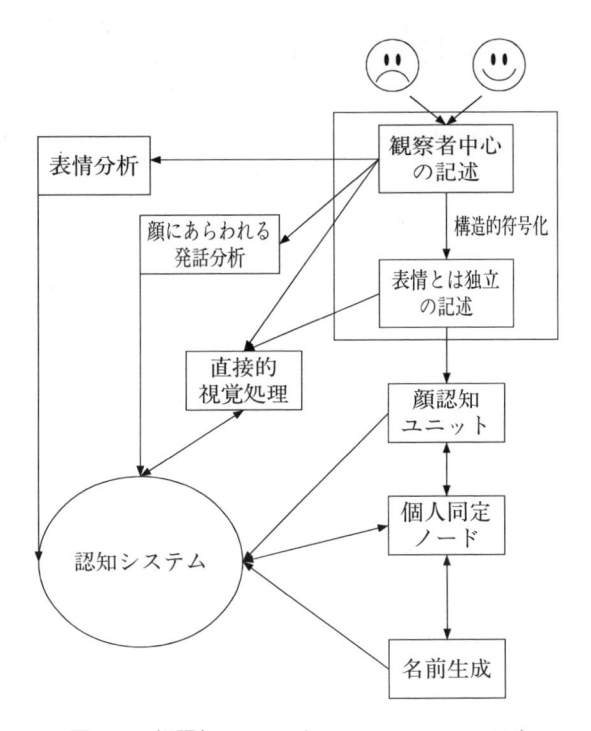

図 3.4　顔認知モデル（Bruce & Young, 1986）

同定する（個人同定ノードへのアクセス）。④その人の名前にアクセスして名前を生成する（名前生成）。これらの仮定の妥当性は，顔認知に関する実験，相貌失認といわれる顔認知障害の症例，日常の顔認知の経験などによって検証されている。日常経験でいうと，たとえば，私たちは，ある人を見たときに，その人を見たことはあるが何をしている人かわからないということがある。また，その人のことをよく知っているけれど，どうしても名前が思い出せないということがある。このような経験は，顔認知における複数の過程の独立性を示唆している。上の4つの過程の中で特に問題となるのは②の顔認知ユニットにおいて，いったいどのようにして既知性の判断がなされるのかということである。これについてはまだよくわかっておらず，さまざまな議論がなされている。

3.3 注意の基本的機能と選択的注意

　注意とはいったい何であろう。注意ということばを辞書で調べると，気をつけること，用心すること，意識を集中させること，などさまざまな定義がある。それらをあえて統一的に定義するとすれば，注意とは，生体がその環境の中で適応的に生きるために必要な情報を効率的に獲得するためのメカニズムであるといえるかもしれない。ここでは，注意のさまざまな機能，ならびにそれらを説明する代表的なモデルや理論を見ていくことにする。

　注意の基本的機能　注意の基本的機能を示す例としては以下のものがある。たとえば，部屋の中で突然電話が鳴ると，私たちはすぐに音の鳴る方向に注意を傾ける。これは，特定の空間方向に注意を傾けた空間的注意（spatial attention）の状況にあるといえる。これと似ているが，私たちは，何かある特徴や部分にのみ注意を集中して，情報処理を活発に行うことがある。このような注意は集中的注意（focused attention）と呼ばれている。しかし，たくさんあるものの中から特定のものに注意を集中するということは，特定のものを取捨選択してそれ以外を拒否することでもある。その場合には，選択的注意（selective attention）ということばを用いる。また，私たちは，車を運転しながら人と話をするというように，複数の異なる作業を同時に行うことができる。このような場合は，集中的注意や選択的注意と異なり，複数の事象に同時に注意を分配している状況であるため，分割的注意（divided attention）と呼ばれている。そのほか，計器を監視して異常がないかいつもじっと神経をとがらせているような注意の状況はビジランス（vigilance）と呼ばれている。

　選択的注意　私たちは，大勢の人が集まる混雑したパーティーの会場で耳の中にさまざまな雑音や音声などが入ってくるにもかかわらず，特定の人の声のみを聞き分け，その人と話をすることができる。これがなぜできるのかという選択的注意の問題は，イギリスのチェリー（1953）によって，カクテルパーティーの問題として提起された。彼の研究では，人は使用可能な情報

のすべてを使って選択的に情報を抽出するということ，また同時になされる複数の会話を分離して聞く必要がある場合には，話し声の性質，強弱などの物理的手がかりを使って聞き分け，それができない場合には，話の文法的・意味的内容という心理的手がかりを用いて聞き分けることが示された。この選択的注意の過程を明らかにするために，彼は異なる2つのメッセージを磁気テープに録音し，それを1人の被験者に同時に右耳と左耳に分離して提示するという両耳分離聴取の実験を行った。被験者は片耳から聞こえてくる話にのみ注意を傾けて，それを正確に追唱（shadowing）することが求められる。これは容易にできる。しかし，注意しなかった耳に何が聞こえたかを尋ねられると，ほとんど何も答えられない。注意しない耳に与えられたことばは，注意した耳に与えられたことばとその音声の物理特性が似ていれば，それが異なる言語に切り替わっても，テープを逆回転したものであっても気がつかないが，女性の声と男性の声のように物理特性が異なる場合には気がつくといわれている。

フィルターモデル　このような選択的注意の過程を説明するモデルとしてブロードベント（1958）のフィルターモデルがある（図3.5参照）。このモデルでは，感覚入力に到達した情報は限られた量しか分析されず，脳には希望するメッセージを受容してそれ以外を拒絶するように調整できる選択的フィルターがあることを仮定する。また，神経系は単一チャンネルとして作用して限界容量を持ち，選択作用はこのチャンネルへの入力に対してなされる。選択はランダムに作用するのではなく状況によって決定される。この古典的モ

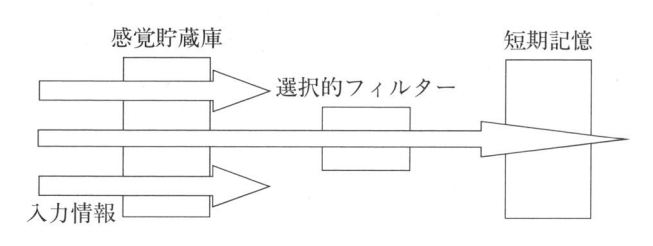

図3.5　フィルターモデル

デルは，注意には限界があるという私たちの常識に合致する仮定を含むが，1つのチャンネルしか扱えないことや注意の切替えが説明できない，また注意の選択作用における心理的属性の役割が説明できないなどの欠点があるといわれている。

3.4　空間的注意と視覚探索

空間的注意　サイレンの音を聞いたときに，私たちは思わずそちらの方を向いてしまう。視覚的刺激の場合でも，動いたり点滅したりする刺激を目にすると，思わずそちらの方に注意を向けてしまう。このような空間的注意の過程は単純な光刺激や音刺激の検出や識別に対する反応時間を測定することによって調べることができる。たとえば，ポズナー (1980) は，被験者に視線をモニター中央の注視点に固定した状況で，注視点の左右のいずれかにターゲット光を提示し，それを検出したらできる限り素早くキーを押してもらうという実験を行った（図3.6および後述の実験1参照）。その際，ターゲット光を提示する前に，それを取り囲む枠組みを光らせて手がかり刺激として提示する条件を設けた。その結果，ターゲット光と手がかり刺激の提示位置が一致した条件では，手がかり刺激がない条件に比べて反応が早くなり，一致しない条件では，反応が遅くなることが明らかにされた。また，光る枠組みの代わりに，視野中央に右向きか左向きの矢印を手がかり刺激として提示し

図3.6　空間的注意の実験（手がかり刺激が光る枠組みの場合）
(Posner & Raichle, 1994)

た実験によっても，手がかり刺激による同様の効果が得られた（図3.10参照）。しかし，これらの2種類の手がかりの条件の間では性質上の違いが見られたため，光る枠組みを手がかり刺激とする場合には，自動的に注意がシフトしてしまう外発性のシステム（exogenous system）が関与するが，矢印を手がかりとする場合には，被験者の意図や意志によって制御された内発性のシステム（endogenous system）が関与すると考えた。彼はまた，人がこのように注意をシフトする場合，①所与の刺激から注意を解き放ち（disengage），②他の新しい刺激に注意をシフトし（shift），③新しい刺激に注意をロックする（lock），という3段階の過程を経ることを提唱した。またこのような注意のシフトはスポットライトの移動にたとえられると論じている。しかし，エリクセンとジェームズ（1986）は，注意はそのようなスポットライト説によっては説明できない複雑なものであり，注意はある領域に向けられるが，その領域の大きさは課題の負荷に応じて縮小したり拡大したりするズームレンズのようなものであると仮定する，ズームレンズ説を提唱している。

視覚探索と特徴統合理論 たとえば混雑した待ち合わせ場所で友人を見つけたり，大勢の写った写真の中から特定の人を見つけたりするということは，日常生活の中でしばしば見出される集中的注意の例である。このような探索は視覚的探索（visual search）と呼ばれ，さまざまな視覚パターンを用いて，その基本的な過程について調べることができる。たとえば，図3.7のaやbのように白丸の中の黒丸や白四角の中の白丸をターゲットとする場合，ターゲットは特に探索する必要もなく，すぐに飛び出して見えてくる。このようなターゲットはポップアウト（している）と呼ばれている。このように，私たちは，明るさや色，大きさや方位，奥行きなどの特徴が少しでも異なれば即座にターゲットを探し出すことができる。このような単一の特徴に対する探索は特徴探索と呼ばれ，ターゲットを探し出すまでの探索時間の測定から，ポップアウトするターゲットの探索時間はいずれも短く，妨害刺激の数に関係なく，一定であるといわれている。このことは，それらのパターンを私たちが同時並列的に処理しているからであると考えられている。また，このよ

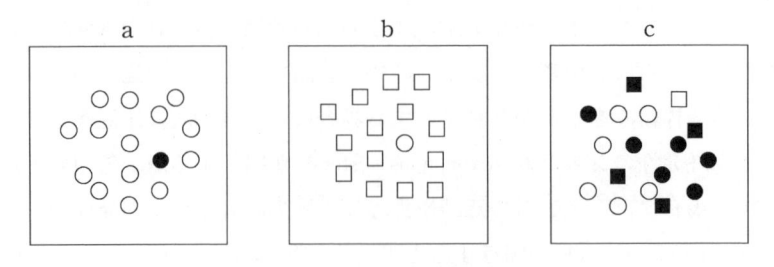

図 3.7　視覚探索の刺激例
a ＆ b：ポップアウトする刺激，c：結合探索の刺激の例。

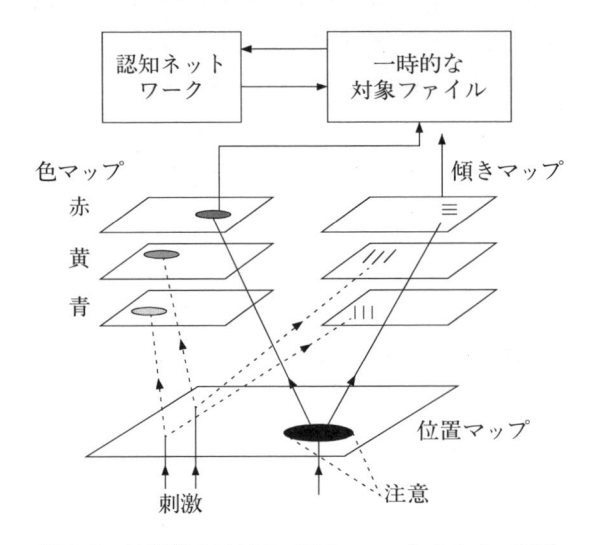

図 3.8　特徴統合モデル（Triesman & Gelade, 1980）

うな処理は，対象を認知する以前の処理，もしくは注意を向ける以前の処理と考えられており，この処理過程は前注意過程と呼ばれている。単一の特徴に対する探索よりももっと複雑な探索として，たとえば，図 3.7 の c のようにターゲットとなる刺激が 2 つ以上の特徴を結合したものとなる結合探索がある（たとえば色と形を結合して白い四角をターゲットとする，および実験 2 参照）。結合探索では，ターゲット以外の妨害刺激の数が増加すると，探索時間も増加し，逐次的な処理が行われるといわれている。以上の特徴探索や結合探索

の現象を説明するためにトリースマンとゲラーデ (1980) は，特徴統合理論を提唱した（図3.8参照）。この理論では，視覚情報処理が2段階から形成されることを仮定し，第1段階の前注意過程では，個々の特徴が並列的に処理されて独立した特徴間マップに書き込まれるが，第2段階の注意過程では，位置に関するマップを基本として特徴マップの情報の結合がなされ，パターンが逐次的に処理されると仮定している。

3.5 分割的注意と自動化

注意容量モデル 私たちは新聞を読みながらりんごをかじったり，人と話をしながら車を運転することができる。このように同時に複数のことを行う場合には，注意は複数の事象に対して分割されることになる。このような分割的注意の状況を説明するためにカーネマン (1973) は注意容量のモデルを提唱した。このモデルでは，ある心的活動を行う場合，その活動に特異的な情報の入力のほかに心的努力（mental effort）とか注意などの入力があり，複数の活動をする際の限界は，注意の総量によって決定されると仮定している。図3.9に示すように，心的活動は，注意や努力の入力によって可能な活動群となる。活動群の中の各活動はいずれも限界容量を奪い合う関係にある。必要とされる努力の大きさは簡単な課題と難しい課題で異なるが，いずれを遂行するにしても注意の供給が需要を満たさなければならない。このモデルによれば，行動がうまくいかないのは，注意の供給が需要を十分に満たさないか，心的資源（mental resource）の配分方針が有効容量を他の活動へ向けてしまうからである。また，適切な情報入力が不十分な場合にも行動は損なわれる。

注意の自動化 車の運転や楽器の演奏などの運動系の動作などは，はじめは綿密な注意を払うが，長年の訓練によって次第に注意を必要としなくなる。これは訓練によって情報処理が自動化されたためである。しかし，ラジオを聞きながら難しい本を読むことは訓練してもなかなかできない。読書に際しては，内容の理解のためにどうしても注意の集中が必要である。上のカーネ

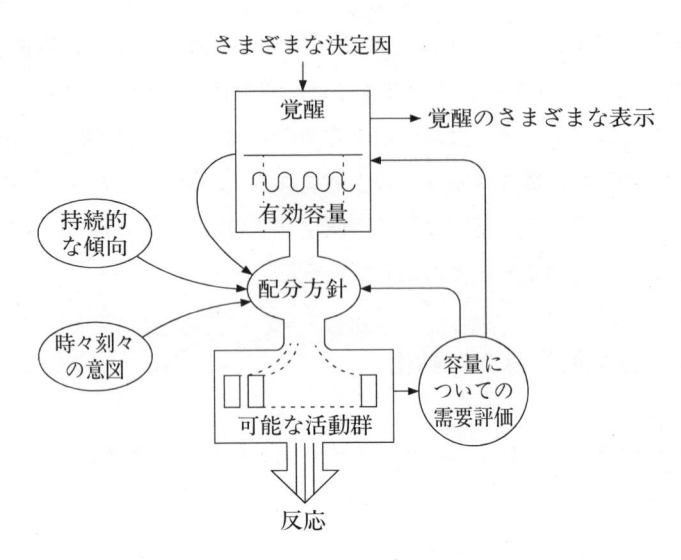

図 3.9　注意容量モデル（Kahneman, 1973）

マンのモデルに従えば，このような場合には，多くの心的努力や心的資源の配分が必要であるということである．私たちの情報の処理が自動化されると，心的努力や心的資源の配分を必要としなくなる．

● 実験してみよう ●

実験 I　空間的注意の実験

【目的】3.4 に記述されているポズナー（1980）の行った矢印を手がかり刺激とした場合の空間的注意の実験を再現してみよう．すなわち，ターゲットを検出する際に，矢印のみを手がかり刺激として提示しても，それが検出を促進するか否かを検証する．

【方法】《刺激図形および装置》図 3.10 のようにパソコンのモニター中央に矢印が提示された後，ターゲットが矢印の左右のいずれかに提示される．ターゲットが出現してから，マウスを押すまでの時間を検出時間として計測する．このような課題を実行するプログラムは CD-ROM の ch03 というフォルダの中に EndogenousCue というファイル名で入っている．Readme03.

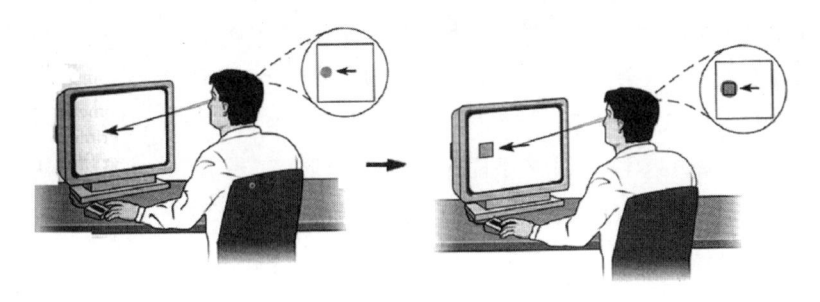

図 3.10 空間的注意の実験（手がかり刺激が矢印の場合）
(Posner & Raichle, 1994)

pdf を参照して実行されたい。

《刺激条件》矢印が提示されてからターゲットが提示されるまでの時間を手がかり先行時間（cue leading time，以下ではCLT）として 100，200，400，800 m 秒の 4 条件を設ける。左右のいずれにターゲットが出るかは常にランダムであるが，ターゲットが手がかり刺激の示す位置に出現する場合（以下では valid）と反対の位置に出現する場合（以下では invalid）の 2 条件があるので，刺激条件としては合計 8 条件ある。

《手続き》各被験者は，EndogenousCue（.exe）という名前のファイルを 2 回クリックしてプログラムを起動する。最初にウィンドウが現れるので，その中のスタート（start）ボタンをクリックして実験を開始する。クリックした後，各被験者は常に画面中央の＋印を注視点として見る。観察距離は 50 cm とする。上記の 8 条件の刺激がランダムな順に提示されるので，被験者は，それらに対して反応する。各試行では，まずビープ音がなり，その後 1 秒を経過した後に，＋印が矢印に変わる。被験者は視線を矢印に固定したまま，注意のみを矢印の示す方向に向ける。その後，ターゲットが現れるので，それに対してできるだけ素早くマウスを押して反応する。マウスを押す位置は，そのウィンドウ内でなければならない。8 つの刺激はランダム順に提示されるが，それらに対しておのおのひととおりの試行が行われた後，順序を変更してもう 1 度繰り返されるので，合計 16 回の反応を行った時点で

実験が終了する。実験結果はその場でモニターに表示される。モニターには上に示した各実験条件における2回の平均反応時間が表示される。これを記録用紙に書いて記録する。その後，スタート（start）ボタンを再度クリックして実験を繰り返す。以上の手続きを5回繰り返して結果を集計する。実験をすべて終了した時点で終了（Exit）のボタンをマウスでクリックするとプログラムは停止する。

【結果と考察】実験終了後，書き写したすべてのデータを集計して，手がかり先行時間を横軸に平均反応時間を縦軸にプロットした図をvalidとinvalidの別に書いてみる。手がかり刺激の存在が効果を持つならば，invalidのグラフよりもvalidのグラフの方が，全体的に反応時間が短くなるため，下に位置するであろう。手がかり刺激の効果がないとすれば，validとinvalidのグラフが重なるであろう。先行時間の違いによって重なる部分がないか調べてみる。invalidのグラフの方が全体的にvalidのグラフよりも下に位置するような場合は，予測と異なる結果なので，その原因を考えてみる。実験は簡単に繰り返すことができるので，結果に再現性が見出されるまで，できるだけ繰り返してみることが望ましい。

実験2　視覚探索の実験

【目的】3.4に記述されている視覚探索の実験を行ってみよう。同じターゲットの場合でも，それがポップアウトする場合と結合探索による場合で検索時間が異なるか否かを調べる。

【方法】《刺激図形および装置》ターゲットと妨害刺激としては，いずれも図3.7に類似した刺激を用いる。ただし，この実験では，赤と緑からなる色の特徴と丸と四角からなる形の特徴という2種類の特徴を設ける。ターゲットはすべて赤丸である。5 cm四方の枠組みの中に提示されるターゲットと妨害刺激の中から，ターゲットの赤丸を見つけてマウスを押すまでの時間を探索時間として計測する。このような課題を実行するプログラムはCD-ROMのch03というフォルダの中にVisualSearchというファイル名で入っ

ている。Readme03.pdfを参照して実行されたい。

《刺激条件》特徴探索条件と結合探索条件の2種類を設ける。特徴探索条件では，妨害刺激として緑丸しか提示されない。結合探索条件では，妨害刺激として緑丸のほかに，赤四角，緑四角も同数だけ提示される。妨害刺激数として3，9，15，21個の4条件を設ける。したがって，刺激条件としては合計8条件がある。

《手続き》各被験者は，VisualSearch（.exe）という名前のファイルを2回クリックしてプログラムを起動する。最初にウィンドウが現れるので，その中にあるスタート（start）ボタンをクリックして実験を開始する。クリックした後，各被験者は常に画面中央の＋印を注視点として見る。観察距離は50 cmとする。上記の8条件の刺激がランダム順に提示されるので，被験者は，それらに対して反応する。各試行では，まずビープ音がなり，その後1秒を経過した後，ターゲットと妨害刺激がランダムな位置に現れるので，ターゲットを見つけたらできるだけ素早く手元のマウスを押して反応する。マウスを押す位置は，そのウィンドウ内でなければならない。8種類の図形はランダム順に提示されるが，それらに対しておのおのひととおりの試行が行われた後，順序を変更してもう1度繰り返されるので，合計16回の反応を行った時点で実験が終了する。実験結果はその場でモニターに表示される。モニターには上に示した各実験条件における2回の平均反応時間が表示される。これを記録用紙に書いて記録する。その後，スタート（start）ボタンを再度クリックして実験を繰り返す。以上の手続きを5回繰り返して結果を集計する。実験をすべて終了した時点で終了（Exit）のボタンをマウスでクリックするとプログラムは停止する。

【結果と考察】実験終了後，書き写したすべてのデータを集計して，妨害刺激数を横軸に平均反応時間を縦軸にプロットした図を特徴探索条件と結合探索条件の別に書いてみる。特徴探索条件では，妨害刺激数の大きさに関係なく，探索時間が一定になることが予測されるが，結合探索条件では，妨害刺激数とともに探索時間が大きくなることが予測される。そのようになるかど

うかを調べてみる。そうならなかった場合には,その原因について考えてみる。実験は簡単に繰り返すことができるので,結果に再現性が見出されるまで,できるだけ繰り返してみることが望ましい。

引用文献

Biederman, I. 1987 Recognition-by-components : A theory of human image understanding. *Psychological Review,* **94**, 115-147.

Biederman, I. 1990 Higher-level vision. In D. N. Osherson, S. Kosslyn, & J. Hollerbach (Eds.), *An Invitation to Cognitive Science : Visual Cognition and Action.* Cambridge, MA : MIT Press.

Bruce, V., & Young, A. W. 1986 Understanding face recognition. *British Journal of Psychology,* **77**, 305-327.

Broadbent, D. E. 1958 *Perception and Communication.* London : Pergamon Press.

Cherry, E. C. 1953 Some experiments on the recognition of speech, with one and two ears. *Journal of the Acoustical Society of America,* **25**, 975-979.

Ericksen, C. W., & St. James, J. D. 1986 Visual attention within and around the field of focal attention : A zoom lens model. *Perception & Psychophysics,* **40**, 225-240.

Kahneman, D. 1973 *Attention and Effort.* Englewood Cliffs, N. J. : Prentice-Hall.

Marr, D. 1982 *Vision—A computational Investigation into the Human Representation and Processing of Visual Information.* New York : W. H. Freeman & Company. (乾　敏郎・安藤広志（訳）1987　ビジョン：視覚の計算理論と脳内表現　産業図書)

Posner, M. I. 1980 Orienting of attention. *Quarterly Journal of Experimental Psychology,* **32**, 3-25.

Posner, M. I., & Raichle, M. E. 1994 *Images of mind.* New York : Scientific American Library. （養老孟司・加藤雅子・笠井清登（訳）1997　脳を観る　日経サイエンス）

Treisman, A. M., & Gelade, G. 1980 A feature-integration theory of attention. *Cognitive Psychology,* **12**, 97-136.

4章 記憶

　今まで出会った人々，今までに遭遇した出来事，そして，今まで目にしてきた本や映画，これらの多くが何らかの形で「現在の自分」の形成に関わっているはずである。ではこうした過去の経験と「現在の自分」を結びつけているものとは何か。そう，それこそがまさに記憶である。本人がそれを意識するもの，しないものを含めたさまざまなタイプの記憶が「私」を形成しているといえる。本章ではこうした記憶について解説していきたい。

　記憶に関してはさまざまな理論があるが，情報保持時間の観点から記憶システムを瞬間的な感覚記憶，20秒前後の短期記憶（ワーキングメモリ），それよりも長期にわたる長期記憶の3つのシステムに分類できるという考え方は，比較的広く認められている。以降の節ではこうした区分に沿って各システムに関する説明を行い，加えて，記憶の変容に関わる知見も紹介する。

4.1 感覚記憶

　感覚記憶（sensory memory）は，感覚器官から受け取った情報を，意味づけなどによる加工は行わないそのままの状態で瞬間的に貯えるものである。すなわち，外界から取り入れられた情報は感覚記憶から短期記憶そして長期記憶と進むにつれて意味的処理などの影響が強くなり，より整理されたものへと変わっていくと考えられているが，感覚記憶は最も加工がなされていない状態といえよう。感覚記憶は，視覚，聴覚，嗅覚，味覚，皮膚感覚，運動感覚，平衡感覚，内臓感覚など，各感覚に固有のものであり，その中で視覚的なものをアイコニックメモリ（iconic memory），聴覚的なものをエコイッ

クメモリ (echoic memory)，触覚的なものをハプティックメモリ (haptic memory) と呼ぶ。感覚記憶が情報を保持することができる時間は，情報が入力される感覚器官の特性に由来し，アイコニックメモリでは500m秒以下，エコイックメモリでは5秒以下といわれている。

　こうした感覚記憶の存在そのものについては古くから想定されてきたのだが，たとえば，アイコニックメモリの存在を工夫を凝らした興味深い実験によって実証し，さらに情報保持期間についても示して見せたのがスパーリング (1960) である。彼の実験では4×3のアルファベットの文字列を瞬間提示し (50m秒) その文字を実験参加者に報告させるという方法を基本的パラダイムとして採用している (図4.1)。その際に，アルファベットの文字すべてを報告させるよう求めた場合 (全体報告法，whole report method)，12文字中約4.5文字という40％の再生率が得られた。一方，刺激提示直後に3種類の異なる音高による手がかり (高音，中音，低音) を与えて，上中下段の文字列のどれか1つだけを報告させた場合 (部分報告法，partial report method)，どの段を報告する場合でも4文字中約3文字 (75％) を再生することができた。ただし，部分報告法において，刺激提示から手がかり音を与えるまでの時間 (遅延時間) を変数として操作したところ，遅延時間が500m秒を越えた場合には，全体報告法における再生率との差がほぼ見られなくなった。

　これらの結果は，刺激提示直後の段階ではアイコニックメモリは正確かつ鮮明なものであるが，時間経過とともにそれらは急速に失われていくこと，

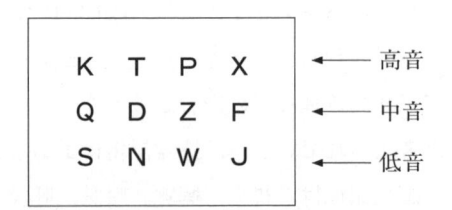

```
K T P X   ← 高音
Q D Z F   ← 中音
S N W J   ← 低音
```

図4.1　部分報告法実験の刺激文字列の例
(Sperling, 1960を一部改変)

そして，その持続時間は500m秒以内であることを示している。

スパーリングの実験に類似した簡易的なアイコニックメモリのデモンストレーションを章末の実験1に掲載する。

4.2 短期記憶・ワーキングメモリ

19世紀末においてすでにジェームズ (1890) が，情報を短期間だけ心に留めておくための機能を担う一次記憶と，知識の永久的な貯蔵の機能を担う二次記憶という分類を提案している。1960年代になってからこうした考え方が再び脚光を浴びることとなり，アトキンソンとシフリン (1968) は，短期記憶 (short-term memory) と長期記憶 (long-term memory) の違いを明確に打ち出した二重貯蔵モデルを提唱した (図4.2)。

このモデルでは，外界の情報はまず感覚記憶に入り，そこでわずかな間だけ保持された後に短期記憶に送られる[1]。短期記憶に保持できる情報の容量には制限があり，リハーサルを行うことによってはじめて，情報は半永久的な情報保持機構である長期記憶に転送される。すなわちこのモデルにおいて，短期記憶は，感覚記憶から入ってきた情報が最終的に長期記憶に送られるための中継の役割を担うと考えられている。

短期記憶の容量 短期記憶にいったいどのくらいの量の情報を保持しておくことが可能なのであろうか。ミラー (1956) は，記憶容量に関する実験をレビューし，「マジカルナンバー7±2」という論文を発表した。この論文には，ランダムな数字やアルファベットを聴かせてそれを直後に再生させるようなタイプの実験研究がいくつか紹介されており，ミラーはそれらに基づき一般成人の記憶容量が7±2であることを提唱した。

---

[1] この記憶モデルは情報貯蔵の側面に比較的重点が置かれており，感覚記憶，短期記憶，長期記憶に対応する各システムの名称として，感覚登録器 (sensory register)，短期貯蔵庫 (short-term store)，長期貯蔵庫 (long-term store) ということばが使用されている。

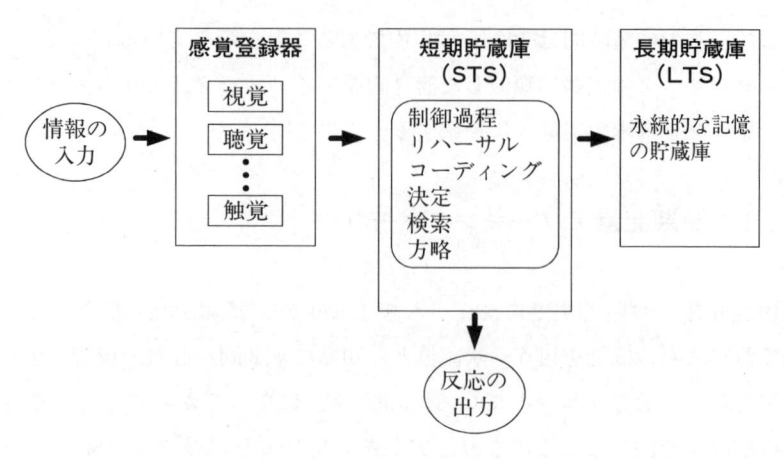

図 4.2　二重貯蔵モデル（Atkinson & Shiffrin, 1971 を一部改変）

　ただし，ここでいう記憶容量は何を基本単位として 7±2 になるのか注意する必要がある。以下の 2 つのアルファベット列をそれぞれ覚えてみていただきたい。はたしてどちらが覚えやすいだろうか。

　　VCLODIGTKXLICKV
　　ANATBSNECJALNHK

おそらく，たいていの人が下段を覚える方が容易であると答えるであろう。ここで「チャンク」ということばが重要になる。「チャンク」（chunk）とはまとまりを持った情報のかたまりのことを指し，記憶容量はこのチャンクを基本単位として 7±2 であるとミラーは唱えている。上記の例の場合，上段はアルファベットを無作為に選出してきたものであるため，チャンクはそのままアルファベット数の 15 となり，とても記憶容量内には収まらない。一方，下段では 3 字からなる日本の企業名に分けることにより，5 つのチャンクに変換することができ，7±2 の記憶容量内に収めることが可能となる。数字を覚える際，193 を「一休さん」，794 を「鳴くよ」と語呂合わせしたりするのは，チャンク数を減らし短期記憶への負荷を小さくする試みともいえる。

短期記憶の保持期間　ピーターソンとピーターソン (1959) は，XHF のような無意味綴りを提示した後に，リハーサルを妨害するため 3 桁の数字から 3 を次々と引いていきその数字を報告するような課題を挟み，最初の無意味綴りが何であったか答えさせるような実験を行った。その結果，刺激提示直後には 80％を越えていた再生率が，3 秒から 9 秒後くらいにかけて急速に減少し，18 秒後には 10％程度にまで落ちてしまった。このことは，短期記憶の情報保持期間が 20 秒前後であることを示している。

ワーキングメモリ　これまでは，短期記憶を情報の短期的保持機構として捉えていた。しかしながら，近年，こうした枠組みに取って代わり，短期記憶における保持の機能に，処理機能を付加したワーキングメモリ (working memory) という概念が主流になりつつある。

二重貯蔵モデルは，あくまで記憶の機能に重点を置いたものであり，他の認知活動との関係についてそれほど考慮したものではなかった。しかしながら，たとえば，暗算という認知活動は，それまでの計算結果を一時的に保持しつつ，それをもとに計算処理を進めていくことによってはじめて成り立つ。また，文章理解も，直前の内容の保持と新たな入力情報に関する処理の 2 つが揃うことにより，可能になる。すなわち，一般的な認知活動において，複数の情報の保持と処理は密接に関わっていると考えられる。こうした 2 つの役割を併せ持ち，思考や言語など多様な認知機能のベースとなる作業場として短期記憶を捉え直したものがワーキングメモリといえる。

代表的なモデルとしてバッドリー (1986) のものが挙げられる。彼のモデルでは，システム全体を制御し，情報の操作を行う中央実行系 (central executive) に加えて，言語的情報保持に携わる音韻ループ (phonological loop) と視覚や空間情報保持に携わる視空間スケッチパッド (visuo-spatial sketchpad) という，2 つの従属システムを想定している (図 4.3)。これら 3 つのシステムで構成されるワーキングメモリモデルを支持する知見として，二重課題法を用いた実験がある。二重課題法 (dual task method) とは 2 つの課題を同時に遂行させる手法のことであり，仮定する複数のシステム間に独立性が

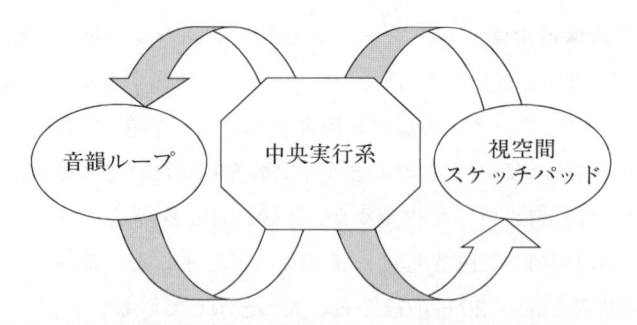

図 4.3　ワーキングメモリのモデル（Baddeley & Hitch, 1974）

見られるのか否かを検証するのにも使用されるアプローチの1つである。たとえば，言語的情報と視空間的情報の保持が1つの統合されたシステムによって行われるのか，独立した2つのコンポーネントによって行われるのか，二重課題を用いて検討したいとする。その場合，たとえば，言語的情報もしくは視空間的情報の保持が必要とされる主課題と同時に，言語的ないし視空間的処理が必要となる二次課題を行わせるような手続きが考えられる。その結果として，言語的二次課題から言語的主課題へ，空間的二次課題から空間的主課題への選択的な干渉効果が見られたならば，言語的情報保持システムと視空間的情報保持システムは独立していると考えることができる。逆に，選択的干渉効果は見られず，各二次課題が各主課題に同程度の干渉を与えるとするならば，言語的情報と視空間的情報の両方を処理する単一のシステムを想定すればよい。

　こうしたアプローチを用いた実験によって，音韻ループと視空間スケッチパッドの間，音韻ループと中央実行系の間，さらには，視空間スケッチパッドと中央実行系の間にある程度の独立性が保たれていることが示されている。

4.3　長　期　記　憶

　精緻化リハーサル・維持リハーサル　前述したとおり，短期記憶は情報

（特に無意味なもの）を約20秒以内しか保持することはできないが，それを長期記憶へ転送し強固な記憶痕跡として定着させるには，短期記憶内に貯蔵された情報に対し意図的または無意図的にリハーサルすることが有効である。

リハーサルには維持リハーサル (maintenance rehearsal) と精緻化リハーサル (elaborative rehearsal) という2つのタイプがある。維持リハーサルとは，たとえば，892-0135という電話番号を単純に何度も繰り返して唱えるタイプのリハーサルであり，短期記憶内に情報を留めておくには有効である。一方，精緻化リハーサルとは，情報を自分なりに咀嚼し，有意味化したり加工したりするタイプのリハーサルのことで，一般的に短期記憶から長期記憶へ情報を定着させようとする場合，精緻化リハーサルの方が維持リハーサルよりも有効であると考えられている。先ほどの電話番号 (892-0135) を「役に(たつ)冷蔵庫」と語呂合わせして覚えたり，覚えたい項目をノートに工夫してまとめたりして覚えるのもこのタイプのリハーサルである。これは情報について「自分なりに理解する試み」といい換えることができ，特に年齢が上がるにつれ，丸暗記よりもこのように理解して覚える試みが有効になるようである。

処理水準　種類によって記憶痕跡の強度が異なるという前述のリハーサルと関連するが，クレイクとロックハート (1972) は処理水準 (levels of processing) という概念を提出している。彼らは，人間の情報処理過程には処理の深さによる段階的な水準が存在し，浅い処理よりも深い処理を行った方がより強固な記憶痕跡が形成されると主張した。たとえば，クレイクとタルビング (1975) の実験では，偶発学習時（実験参加者に後に記憶テストがあることを告げないタイプの学習）に，単語が瞬間提示され，そこで事前に教示を受けた何らかの判断が求められる。まず，形態的判断ではたとえば提示される単語が大文字で書かれているか否かの判断が求められる (TABLEはYes, tableはNo)。音韻的判断では提示される単語がたとえばWEIGHTと同じ韻を踏むかの判断が求められる (crateはYes, MARKETはNo)。カテゴリー判断ではたとえばその単語が魚かどうかの判断が求められる (SHARKはYes, heavenは

No)。文章判断では,単語がたとえば"He met a _____ in the street."という文章に適合するかどうかの判断が求められる(FRIENDはYes, cloudはNo)。そして,学習後に予告なく,新たに提示される単語が学習時に提示されたものかどうかを問う再認テストが課された。各学習条件で提示された単語の再認成績を比較したところ,再認率は形態的判断が0.18,音韻的判断が0.78,カテゴリー判断が0.93,文章判断が0.96と,浅い形態処理から深い意味処理に進むに従って成績が高くなった。すなわち,彼らのいうとおり,処理水準が深くなるほど強固な記憶痕跡が形成されたということになる。

転移適切性処理 しかしその後,処理水準がより浅いはずの音韻的処理を行った単語の方が,処理水準が深い意味的処理を行った単語よりも成績が高くなるケースが報告された(Morris et al., 1977)。これは,テスト時に提示される単語と韻を踏む単語が,学習時にもあったかどうかを尋ねるような音韻的判断を求められる記憶課題では,学習時に音韻的判断を行った方が,文章判断を行うよりも再認成績が高くなるというものであった。こうした結果は,学習時に行う処理だけではなく,それとテスト時に行う処理との類似性によって記憶パフォーマンスが決定されることを示している。モリスらはこうした現象を転移適切性処理(transfer appropriate processing)と呼んだ。

長期記憶の分類 研究者によって長期記憶の分類の仕方は多少異なるが,ここではスクワイアー(1994)の分類に従って見ていきたい(図4.4)。長期記憶は記憶における情報の内容によって,宣言的記憶と非宣言的記憶に大きく区分される。また,宣言的記憶はエピソード記憶と意味記憶,非宣言的記憶は主に手続き記憶とプライミングに分けられる(厳密にはそのほかに古典的条件づけ,非連合学習も非宣言的記憶に含まれるが,この節では説明を割愛する)。

①宣言的記憶 宣言的記憶(declarative memory)とは,その内容について言語もしくはイメージによって記述することができる記憶のことであり,「出来事や事実に関する記憶」と換言することができる。この宣言的記憶と比較的類似した意味合いを持つ記憶の概念として,顕在記憶(explicit memory)が挙げられる。顕在記憶とは,過去に経験した出来事や事実に関する,

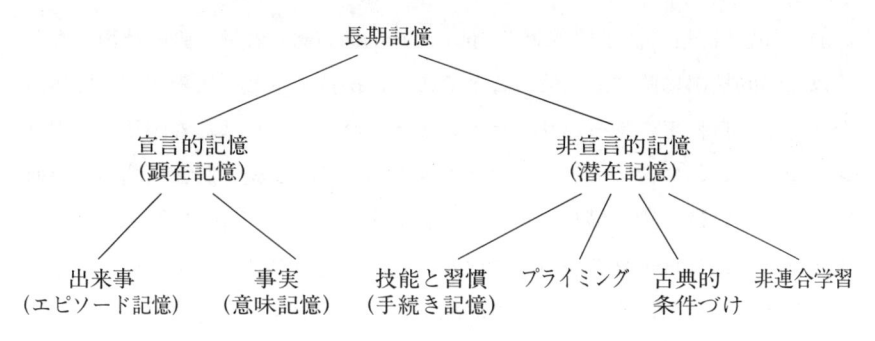

```
                          長期記憶
                    ┌────────┴────────┐
                 宣言的記憶          非宣言的記憶
                 (顕在記憶)          (潜在記憶)
              ┌─────┴─────┐     ┌────┬────┬────┐
            出来事       事実   技能と習慣 プライミング 古典的  非連合学習
          (エピソード記憶) (意味記憶) (手続き記憶)        条件づけ
```

図 4.4 長期記憶の分類（Squire, 1994 を一部改変）

想起意識（思い出そうとする意識）を伴う記憶のことである。

　a) エピソード記憶　　エピソード記憶 (episodic memory) とは，「いつ，どこで」といった時間的情報および空間的情報を伴う出来事の記憶を指す。「昨日，食堂で牛丼を食べた」という記憶がこれにあたる。再生・再認課題などの課題では，「先ほどのリストに提示された単語を書きなさい」（再生）もしくは「次に提示される単語が先ほど見たリストにあったのかどうか答えなさい」（再認）という類の質問を行うが，その中には時間的もしくは空間的情報が内包されているので，これらはエピソード記憶を測定する課題であると考えられる。

　b) 意味記憶　　意味記憶 (semantic memory) とは，単語や記号やその指示対象，および，それらの間の関係について記述した辞書のようなものである。私たちが「イヌは哺乳類である」と知っていること，また，実物のイヌを見たときそれがイヌであると認識できるのはこの意味記憶のおかげである。

　②非宣言的記憶　　非宣言的記憶 (nondeclarative memory) とは，その内容について言語やイメージなどでは記述することができない記憶のことである。非宣言的記憶と比較的類似した意味合いを持つ記憶の概念として，潜在記憶 (implicit memory) が挙げられる。潜在記憶とは，顕在記憶と対をなすもので，過去経験に関する想起意識がない状態でも，無意識的に認知や判断に影響を与えるタイプの記憶のことである。

a) 手続き記憶　　手続き記憶（procedural memory）とは行動的技術，もしくは認知的技術に関する記憶のことである。換言すると「技の記憶」である。たとえば，自転車に乗ったり，ピアノを弾いたり，または，外国語のヒアリングなどがこれに含まれる。心理学実験の場面で，手続き記憶に関連した研究を行う際には，鏡映描写課題などがよく使用される。鏡映描写課題とは，手元を映し出す鏡を見ながら，星形の図形をなぞったり文字を書いたりする課題である。最初は視覚と運動の混乱が起こりなかなかうまくできないが，何度か繰り返し練習すると上達する。脳損傷による重度の健忘症のため新しい出来事をほとんど覚えられない患者（エピソード記憶に障害）を対象に，鏡映描写の訓練を施し，その後時間を置いてまた鏡映描写課題を行わせた。すると前に鏡映描写の訓練を行った事実については全く覚えていないのにもかかわらず，技能は向上していた（Corkin, 1984）。これはエピソード記憶と手続き記憶が別のシステムに依拠している可能性を示す事例といえよう。

b) プライミング　　プライミング（priming）とは，先行刺激の受容が後続刺激の処理に促進効果を及ぼすことをいう。補足すると，本人が先行刺激を受容したことがあるという事実に気づかない場合にも，こうした促進効果は起こるのである。記憶研究の中で使われるプライミング課題として有名なものに，単語完成課題がある。これはいくつか文字が抜かれている単語のフラグメントを手がかりにして，元の単語を推定するものである。それでは以下の4つのフラグメントを完成させてみていただきたい。

　　　　　リ□ー□ル　　サ□グ□ス　　コ□パ□ト　　ヒ□リ□グ

こうした単語完成課題を行う前に，元の単語が何らかの形で提示されていた場合，本人はその単語が前に提示されていた事実に気がつかなくても，提示されていない単語に比べて単語完成課題の正答率が高くなるという知見が多数存在する。

また，プライミング効果の興味深い性質として，再認・再生課題などに代表される顕在記憶に比べて非常に長期にわたって残ること，また，再認・再

生課題を行わせたときに著しく低い成績を示す健忘症患者が，プライミング課題では健常者と同レベルの成績を示すことなどが知られている。

さて，上述の課題の正解は「リハーサル」「サングラス」「コンパクト」「ヒアリング」であった。前節から続けて読んでこられた読者は，維持リハーサル・精緻化リハーサルと手続き記憶の部分で「リハーサル」「ヒアリング」という単語を目にしているはずなので，これらのフラグメントは残りの2つに比べて容易に正解が導き出されたかもしれない。

4.4 記憶の変容と偽りの記憶

私たちが過去のさまざまな出来事を思い出しているとき，そこにはどのようなメカニズムが働いているのだろうか。「記憶の引き出し」という表現が存在するように，脳のどこかには記銘時の状態のまましまわれた情報が存在し，思い出すという活動は，それをそのまま呼び起こす作業であるという印象を多くの方は持たれているかもしれない。

しかしながら，思い出すという認知活動はしまわれた情報をそのまま呼び起こしてくる作業というより，むしろ，断片的な記憶痕跡からもう一度その状況を再構成する作業であるらしいことがさまざまな研究から明らかになりつつある。また，再構成の際にもし欠落した部分があれば補完が行われるが，その際には現実に起こったことだけではなく，想像によって形成された記憶痕跡なども利用されることがあるようだ。以下では，「記憶は再構成される」ことを支持する古典的な記憶の再構成実験，そして目撃証言，偽りの記憶に関する知見について紹介する。

構成的記憶　カーマイケルら (1932) は，曖昧な図形を提示する際のその図形への命名の仕方が，後に再生される図形に影響を与えることを示した。図4.5のように，2つの円を直線で結んだ図形を提示する際，眼鏡もしくは鉄アレイというラベルを与えると，のちにその図形の再生を求められたときに，符号化時のラベリングに近い形が再生された。この研究は，符号化時に

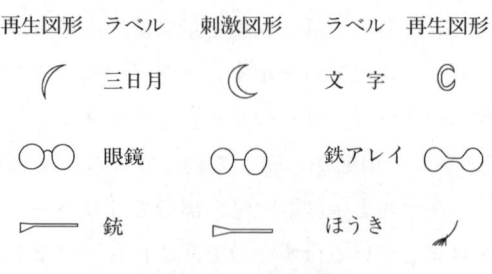

再生図形	ラベル	刺激図形	ラベル	再生図形
(	三日月	☾	文字	C
○○	眼鏡	○-○	鉄アレイ	○○
▷—	銃	▷—	ほうき	—🖌

図 4.5 命名による再生図形の変容
（Carmichael et al., 1932 より一部抜粋）

与えられる周辺情報（この場合は命名）が後の再生に歪みを生じさせるケースがあることを示している。

目撃証言 思い出すという認知活動が，記憶痕跡からもう一度状況を再構成する作業であることを示唆するものとして，ロフタスの交通事故に関する目撃実験（Loftus & Palmer, 1974）が挙げられる。この実験では，実験参加者に自動車の交通事故に関する映像を見せた後，事故時のクルマのスピードについて問うのだが，実験群によって質問に使うことばを変える。「Smashed」群では「クルマが激突した（Smashed）とき，どれくらいのスピードが出ていたか」，「Hit」群では「クルマがぶつかったとき（Hit），どれくらいのスピードが出ていたか」という質問の仕方をする。

その結果，「Smashed」群では自動車の評価スピードの平均は16.8km/h，「Hit」群では平均 12.9 km/h と，質問に使うことばによる差異が見られた。また，この実験を受けた実験参加者に，1週間後，事故映像に関する質問紙に回答させた。その際，質問紙の中に「壊れた窓ガラスを見たか」という質問項目を入れておいたところ，「はい」と報告したのは「Hit」群が14％だったのに対して，「Smashed」群は 32％であった。しかしながら，実際の映像では自動車のガラスは壊れていなかった。

この研究は，同じ刺激を見た場合でも，その刺激を想起する際の周囲の環境からの働きかけ（この場合は質問に使用することば）によって，想起される記

憶内容が変容してしまうことを示している。ロフタスらは，記憶のもととなる情報には，元の出来事に関する知覚から集積される情報と，出来事が起こった後に提供される外部情報の2種類があり，時間が経つとともにその2つの統合が起こり，その記憶がどちらの情報に由来したものであるのか区別ができなくなると提唱している。

偽りの記憶　上述した知見は，経験によって得られた記憶が外的な働きかけによって変容するといったものであるが，人は実際には経験していない出来事を，あたかも経験したことがある事実のように「思い出す」ことさえある。これを偽りの記憶（false memory）と呼ぶ。

ロフタスとピクレルは，成人を対象にした実験で，現実には存在しない出来事を実際にあったもののように「思い出させること」に成功している（Loftus & Pickrell, 1995）。この実験では事前に，実験参加者の親や兄，姉，親戚などをとおして，実験参加者が幼少期に体験した出来事を調査しておいた。そして，参加者に，幼少期に実際に存在したエピソード3つと存在しないエピソード1つを書いた冊子を見せ，それらのエピソードについて覚えていることを書くよう，また，覚えていないことに関しては「思い出せない」と書くよう指示した。ちなみに実際に起こっていなかった偽のエピソードとは，行ったことがないはずの買い物場所で5歳のときに迷子になり，そこで老婦人に助けてもらって家族と再会するというものであった。実験参加者24名の記述を集計した結果，実際に体験していない偽の出来事に関して，29％の参加者（7名）が冊子を読んだ直後にその一部もしくは全体を「思い出し」，2回目の面接でも6名の参加者がその主張を変えなかった。

また，こうした偽りの記憶の形成には，エピソード場面をイメージするという行為が重要な意味を持つという知見が存在する。ハイマンら（Hyman & Pentland, 1996）の実験では，72名の大学生に，1日おきに行われる3回の面接で，2〜5つの実際にあった出来事と1つの偽の出来事を思い出すよう求めた。その際，出来事について思い出せない場合にとる方略として，思い出せない出来事に関する心的イメージを思い浮かべた上でそのイメージについ

て描写する誘導的イメージ群と，静かにその出来事について1分間ほど考える統制群を設けた。その結果，第1回目の面接で思い出すことができなかった出来事を，2回目以降の面接で思い出したと報告する割合は，実際にあった出来事（統制群29％，イメージ群65％）と偽の出来事（統制群12％，イメージ群38％）両方ともにイメージ群の方が統制群よりも高かった。このことは，経験していない出来事に関するイメージ喚起を行うことが，偽りの記憶の形成を促進させることを示唆している。

●実験してみよう●

実験1　感覚記憶

【目的】デモンストレーションをとおして，アイコニックメモリの存在と情報保持時間に関して考察してみる。

【方法】まず，添付CD-ROMのch04というフォルダ内のiconicmemoryというフォルダにあるiconicmemory-index.htmlというファイルをインターネットブラウザ（インターネット閲覧アプリケーション）で開く。そうすると「実験1　感覚記憶」という名前のページが表示される（もしうまく開かない場合はiconicmemory-index.htmlファイルをブラウザのアイコンの上に重ねてみていただきたい）。

　手続きに関する詳細な説明は，ブラウザで開いたページに記述されているので，まずはこの部分をよく読んでいただきたい。本書では紙面の都合もあり，詳細な説明は割愛する。デモンストレーションは，前述したスパーリングの実験に類したもので，瞬間的に（200m秒）提示される12個のアルファベット（4×3）を全体報告法，または，部分報告法のいずれかで用紙に記入するものである。また，部分報告法では，アイコニックメモリの情報保持時間を検討するため，刺激提示後から手がかり（上段，中段，下段のどの段を回答するかを示すマーク）が示されるまでの遅延時間を4種類設けて（0, 250, 500, 1000m秒）それらを比較する。

【結果と考察】①全体報告法の正答率（正答した文字数/12文字）と部分報告法

による正答率（正答した文字数/4文字）を比較してみよう。そこからごく短時間で消失するアイコニックメモリの存在について考察する。

②遅延時間による正答率の変化をグラフにし，アイコニックメモリの情報保持時間はどの程度のものなのか考察する。

実験2　記憶範囲の測定
【目的】短期記憶貯蔵庫に，どの程度の量の情報を貯蔵しておくことができるか測定する。
【方法】ch04フォルダ内のmemoryspanフォルダに，memoryspan-index.htmlというファイルが収められている。これをブラウザで開くと「実験2　記憶範囲の測定」という名前のページが表示され，そこに刺激提示方法に関する説明が記述されている。

　手続きの概略としては，パソコンの画面上に順番に提示される数字を，すべての数字が提示された直後に，提示順序どおりに紙に書くというものである。まずは，3桁の数字から始める。1試行が終わるたびに正解を確認し，正解した場合には次の4桁の数字，さらに正解した場合には5桁の数字と桁数を1つずつ上げていく。間違えた場合にはその時点で終了とし次の桁には進まない。
【結果と考察】たとえば，6桁の数字を正解し次の7桁で間違えた場合は，6桁目と7桁目の間に記憶範囲の限界があると考え，6.5桁をその人の記憶範囲とする。

引用文献

Atkinson, R. C., & Shiffrin, R. M. 1968 Human memory: A proposed system and its control processes. In K. W. Spence, & J. T. Spence (Eds.), *The psychology of learning and motivation: Advances in research and theory.* Vol. 2. New York : Academic Press. Pp. 89-195.

Atkinson, R. C., & Shiffrin, R. M. 1971 The control of short-term memory. *Scientific American,* **225**, 82-90.

Baddeley, A. D. 1986 *Working memory*. Oxford : Oxford University Press.

Baddeley, A. D. & Hitch, G. J. 1974 Working memory. In G. A. Bower (Ed.), *The psychology of learning and motivation*. Vol. 8. New York : Academic Press.

Carmichael, L., Hogan, H. P., & Walter, A. A. 1932 An experimental study of the effect of language on the reproduction of visually perceived form. *Journal of Experimental Psychology,* **15**, 73-86.

Corkin, S. 1984 Lasting consequences of bilateral medial temporal lobectomy: Clinical course and experimental findings. *H. M. Seminars in Neurology,* **4**, 249-259.

Craik, F. I. M., & Lockhart, R. S. 1972 Levels of processing: A framework for memory research. *Journal of Verbal Learning and Verbal Behavior,* **11**, 671-684.

Craik, F. I. M., & Tulving, E. 1975 Depth of processing and the retention of words in episodic memory. *Journal of Experimental Psychology: General,* **104**, 268-294.

Hyman, I. E., & Pentland, J. J. 1996 The role of mental imagery in the creation of false childhood memories. *Journal of Memory and Language,* **35**, 101-117.

James, W. 1890 *The Principles of psychology*. New York : Dover (reprinted 1950).

Loftus, E. F., & Palmer, J. C. 1974 Reconstruction of automobile destruction : An example of the interaction between language and memory. *Journal of Verbal Learning and Verbal Behavior,* **13**, 585-589.

Loftus, E. F., & Pickrell, J. E. 1995 The formation of false memories. *Psychiatric Annals,* **25**, 720-725.

Miller, G. A. 1956 The magical number seven, plus or minus two: Some limits on our capacity for processing information. *Psychological Review,* **63**, 81-97.

Morris, C. D., Bransford, J. D., & Franks, J. J. 1977 Levels of processing versus transfer appropriate processing. *Journal of Verbal Learning and Verbal Behavior,* **15**, 519-533.

Peterson, L. R., & Peterson, M. J. 1959 Short-term retention of individual verbal items. *Journal of Experimental Psychology,* **58**, 193-198.

Sperling, G. 1960 The information available in brief presentations. *Psychological Monographs,* **74** (No. 11, Whole No. 498).

Squire, L. R. 1994 Declarative and nondeclarative memory: Multiple brain systems support learning and memory. In D. Schacter, & E. Tulving (Eds.), *Advances in the Study of Memory and Memory Systems.* Cambridge : M. I. T. Press, Pp. 203-231.

5章 思考と学習

　どんな簡単な問題であっても，それを解くのにはいくつかの構造の異なる方略（strategy）があるのが普通である。その問題についての素人は効率の悪い方略を用いるが，プロはきわめて効率よく問題を解くことができる。プロもはじめは素人であったはずだから，素人がプロになる過程もあるはずである。本章では，問題を解く領域や学習する対象に関して，知識がある状況とない状況とを比較し，問題解決や学習において知識がいかに重要な役割を果たしているかを説明したい。

5.1　問題解決における方略の学習

　まずはじめに，簡単な構造を持つ問題について熟達化の過程を見てみよう。
　一般的な問題解決は，問題理解の段階と解法の吟味・実行の段階とに大別される。たとえば，図5.1はハノイの塔パズル（Tower of Hanoi puzzle）と呼ばれる思考心理学で最もポピュラーな実験課題の1つである。読者の中にはこの問題を解いたことがある人がいるかもしれないが，それでもハノイの塔パズルに関する一般的な解決方略は知らないはずである。そのような意味で，大多数の読者はこの問題については素人であり，問題領域に関する知識はそれほど豊かであるとはいえないであろう。
　この問題を解く場合には，何が初期状態で，どういう状態がゴールであるか，そして，それぞれの状態においてどのような操作（操作子；operator）が実行可能かが理解されている必要がある。このように，初期状態，目標状態，実行可能な操作によって定義される状態群は，問題空間（problem space）と

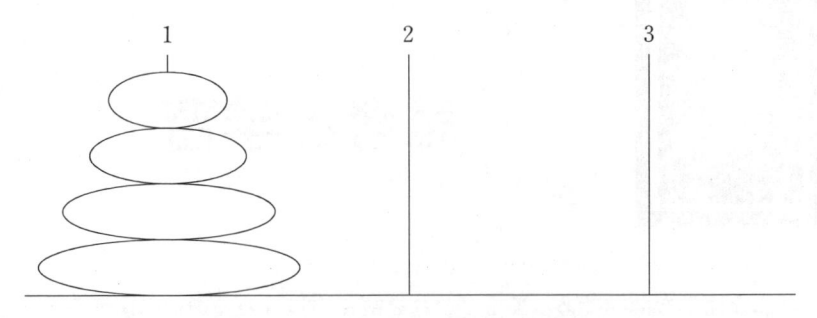

図 5.1　ハノイの塔パズル（初期状態）
大きさの異なる4つの円盤が杭（ペグ）に積み重ねられている。円盤を動かして，一番右の杭に同じ形に積み直せ。ただし，一度に動かせる円盤は杭の一番上の1枚だけで，小さい円盤の上に大きい円盤を載せることはできない。また，円盤は3本の杭以外の場所に置くことができない。

呼ばれる（図5.2）。紙幅の都合上，3枚版の問題空間を掲載したが，円盤が何枚になろうとも基本的な構造はこれと同じである。

　問題を解くことは，初期状態を目標状態へと変換するプロセスとみなすことができ，解法を吟味することは，問題空間の中での最短の道のりを探し出すことと等しいといえる。このとき，問題の解決方略を分類してみると，当該の問題領域とは関係なく一般的に用いられるような方略と，特定の領域において有効な方略とに分けることができる。前者の一般的な解決方略としては，手段・目標分析（means-end analysis）というものが存在する。この方略は，「目標状態との差異が最も小さい状態になるように操作子を選ぶこと」である。

　たとえば，図5.1のハノイの塔パズル（4枚版）の初期状態から考えてみよう。一番上に載っている円盤の移動先は2か3のいずれかになる。「ゴールへの近さ」という観点で考えると，3にすべての円盤が移動していることが望ましいため，はじめの1手は最小の円盤を3へ移動することになる。しかしながら，次に移動対象となる2番目に小さい円盤は2の場所へ移動せざるを得なくなり，「ゴールへの近さ」という観点でいうと，目標から遠ざかることになる。すなわち，単純な手段・目標分析だけではすぐに破綻するこ

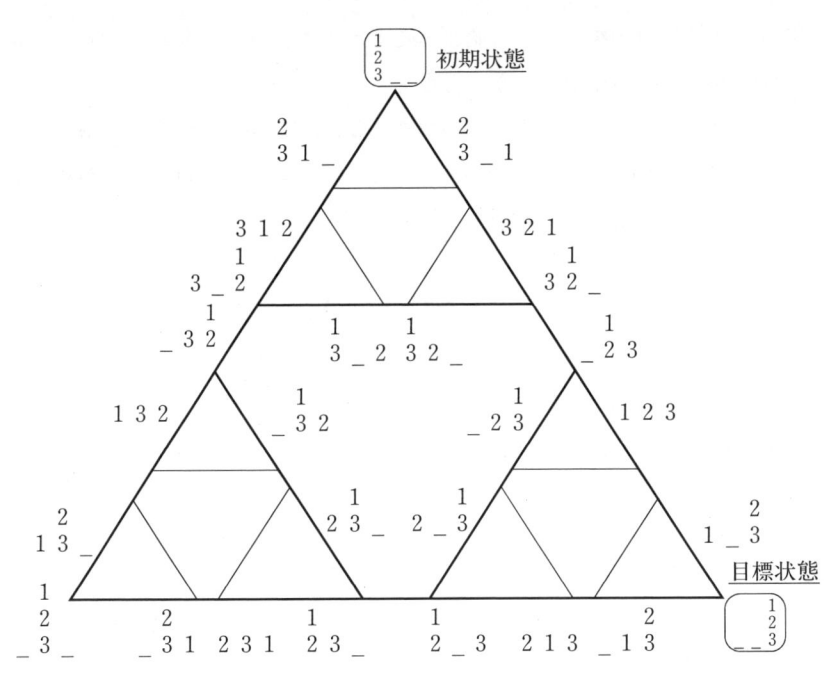

図 5.2　ハノイの塔パズルの問題空間（Karat, 1982 より抜粋）

それぞれの数字は大・中・小の円盤を表し，下線「＿」はその杭（ペグ）の場所に円盤が存在しないことを表している。この図より，3 枚版のハノイの塔パズルが最短で 7 手で解けることがわかる。

とがわかるであろう。

　常に目標状態との差異を小さくできるような問題であれば，手段・目標分析だけで解くことができるが，一般には問題空間上で何らかの「迂回」が必要となることが多い。問題を解くことがうまくなるとは，こういった迂回を上手に行い，最短の経路で解くことができるような方法を身につけることである。たとえば，ハノイの塔パズルは問題空間を網羅的に検索することによって解くこともできるが，人は必ずしもこのような探索のみを用いて問題を解いているわけではない。課題の下位目標を設定するなど，手段・目標分析のような基本的方略以外の解決方略を発見し，それを上手に使い効率よく問題を解いている。はじめは手段・目標分析といった弱い方略（weak method）

を用いた試行錯誤的な探索から始まったとしても，次第に無駄のない効率の良い解決方略を用いるようになると考えられる。

たとえば，アンザイとサイモン（1979）は1名の学生にハノイの塔パズル（5枚版）を4回連続して解かせ，その発話プロトコルを分析した。被験者は，まずはじめに試行錯誤的に問題を解決していった。しかしながら，実行可能な手が2，3個に限られているというパズルの構造的特性と，「直前の状態にすぐ戻るのは効率が悪い」という基本的方略などが働くことによって，第1手を除けば打つべき手はほとんど一意に決まってくる。このような方略は「選択的探索方略」と呼ぶことができるであろう。

第2試行以降は，第1試行目と異なって下位目標の概念が明確になり，一番大きい円盤をゴール・ペグへ移すことを第1目標とし，順次，より小さい円盤をゴール・ペグに移すことを目標にするというゴールの階層が作られてくる。このような方略は「ゴール・ペグ方略」と呼ぶことができ，問題解決にきわめて有効な方略となっている。しかしながら，第2試行目の時点では，ゴール階層の中の下位目標から1つ1つの手を見出す行動がまだ探索的に行われている。第3試行目に入って，ようやく，円盤1個，…，4個の問題を順次解いていくという，円盤移動についてゴール再帰的な解法[1]を帰納的に導き出し，それを用いて円盤5個の問題に挑戦するようになる。このような方略は，「再帰的下位目標方略」と呼ぶことができる。

この被験者は，第4試行目に入ってもさらに解決方略を洗練させていったが，第1試行目からの発展過程をまとめると，「試行錯誤的探索」→「悪い手を見出す」→「悪手を避ける方略の生成」→「良い手を見出す」→「下位目標の生成」→「目標・手段方略の生成」→「下位目標の系列におけるパターンの発見」→「下位目標のパターンに基づく方略の発見」という段階を経

---

[1] 問題を効率よく解くためには，適切な下位目標を設定することが必要である。ハノイの塔パズルの5枚版は2つの4枚版の問題に分割が可能で，4枚版は2つの3枚版の問題に分割可能である。そして，3枚版は2つの2枚版の問題に分割が可能である（図5.2参照）。ハノイの塔パズルでは，このように分割される節目が下位目標となっており，下位目標の系列が入れ子構造になっている。

ていた。

　以上の分析から示唆されるように，問題解決における学習プロセスとは，初期の探索的な試行錯誤から，下位目標を明確に設定した解決方略へと推移し，そして，下位目標間の一連の操作を手続きとしてまとめ直し，より効率の良い方略へと方略を洗練させていくプロセスとなっている。問題解決の熟達化過程は，突発的に起きるのではなく，はじめに利用した解決方略を洗練させていくような形で徐々に進むと考えられる。

5.2　学習の転移

　私たちはそもそも何のために学習するのかと聞かれれば，学んだ知識を別の場面でも利用できるからと通常は答えるであろう。このように学習した知識を別の場面に応用することを学習の転移（transfer of learning）と呼ぶ。古典的な学習理論では，学んだ知識と新規に取り組む課題の重複度が転移を成立させる重要な要因と考えられていた（Osgood, 1948）。しかしながら，問題の解決方略が学習されたとしても，別の解決場面で用いることができるかどうかというと，実はそれほど自明ではない。むしろ，これまでの研究では，学習の転移について悲観的な実験結果が報告されることの方が多い。

　たとえば，次ページに示した中国のお茶会問題を読んで，実際に解けるかどうか挑戦してみてほしい（この問題の解決方略を思いつくか，少なくとも3分間は解決方法を考えてから，これ以降の文章を読むようにしてください）。

　数学や理科の一般的な教科書では，まずはじめに基礎的な例題を学習し，次に応用問題へと移るようにレイアウトされている。どの国の教科書を見てもおおむねそのような配置になっているし，知識の重複度の高さという観点でも理に適っているといえるであろう。しかしながら，実はお茶会問題とハノイの塔パズルの3枚版が全く同じ問題構造であるといわれたならば，あなたはどのように感じるであろうか？　おそらく，基礎的な例題から応用問題へという提示順序だけでは，問題が解けるようにならない可能性があること

お茶会問題 （Kotovsky et al., 1985）

　中国のある農村では，年に一度正月にお茶会が開かれる。お茶会の主人となる家は毎年持ち回りで決められており，村長と村の長老がその茶会に招かれる。客人である村長と長老が席に着くと，主人が客人に以下の3つのもてなしの儀式を執り行う。これらの儀式には村人たちが抱いている気品度が存在し，お茶会では，その儀式を執り行う権利が参加者の間で譲り渡される。気品度が最も高い詩吟の人気が高く，お茶会でこの儀式を行えないことは大変不名誉で屈辱的なこととされている。

　　　　　①詩を吟ずる　②踊りを舞う　③茶を入れる
　　　　　　高い←　　　　　　　　　　→低い

　このお茶会では出席している3人の誰でも，「あなたのためだけに，おもてなしをして差し上げましょうか」と尋ねることができる。そして，もてなしの儀式を受けてはじめて，それと同じ儀式を執り行う権利を持つようになる。しかし，そのもてなしの儀式を執り行った人間は，それと同じ儀式を受けるまでその儀式を行うことはできない。また，尋ねられた人は，尋ねた人が行う権利を持っている儀式のうち，気品度の最も低いものを頼まなければならない。尋ねられた人が，何かすでに儀式を行う権利を持っているのであれば，それらの儀式よりも高い気品度の儀式を頼むことができない。儀式に関与しない残りの参加者はその儀式を静かに見守っており，儀式の終了と同時にかけ声をかけ，かしわ手を3回打つことになっている。

　以上の手順に従って参加者間でもてなしあうが，はじめの時点では茶会の主人だけが客人に儀式を執り行うことができる。そして，このお茶会は，儀式を執り行うすべての権利を村の長老が持つようになると終わりになるという。それぞれの儀式が約10分かかるとして，このお茶会が最短で終了するのは，何十分後であろうか？　答えだけではなく，その導出過程も簡単に示しなさい。

が実際に体感できたであろう。

　これは，抽象的で本質的な理解ができるとどんなに信じていても，課題のゴールや規則といった制約条件（constraints）の文脈的な類似（カバーストーリーの類似）が，知識を転移させる場面では重要な役割を果たしているからである。このように，抽象的な構造の違いではなく，表面的な違いによって学

習した知識がうまく機能したりしなかったりする現象は，知識の領域固有性 (domain specificity) と呼ばれている。

　たとえば，最も気品度の低いお茶を入れる行為はハノイの塔パズルでいえば最も小さな円盤に相当していて，最も気品度の高い詩を吟ずる行為は最も大きな円盤に相当している。そして，すでに気品度の低いもてなしを受けている状態は，すでに小さい円盤が杭に存在している状態に相当している。このように考えることができれば，中国のお茶会問題もハノイの塔パズルの3枚版と同じく最短で7手で解くことができることが容易にわかるであろう。

　つまり，問題解決の学習場面では，手続きの理解と同様に，学習した手続きを別の問題状況へとあてはめる方法を理解することも重要なのである。学習した手続きを新たな問題でも利用できるようにするためには，事例どうしの類似関係を見抜く力や，規則を適用するために問題状況を適切に分節化させる力を習得する必要があるといえるであろう。解決手順を正しく理解しているということと，解決手順の適用条件や適用方法が理解されているということとは別の話であり，両者を含んだ理解を目指して学習すべきであるといえる。

　また，学習の転移が成立するための条件は，単なる知識の重複度ではなく，課題の同型性を判断する能力と関係していることもわかるであろう。このような同型性の判断は，新たに出会う問題状況が，すでに学習されている問題と同じカテゴリに含まれるかどうかの判断となっているので，カテゴリ的な判断 (categorical judgment) と呼ぶことができる。つまり，問題解決における学習場面では，問題カテゴリの理解がきわめて重要な役割を果たしているといえるであろう。たとえば，本章で紹介した例では，課題が同型であることの定義として，問題空間の類似を採用した。この定義に基づけば，ハノイの塔パズルの4枚版を問題カテゴリの中心的な事例とした場合，3枚版に相当する中国のお茶会問題は4枚版に包含される基礎的な課題とみなすことができるであろう（78ページの脚注1を参照）。

　しかしながら，ハノイの塔パズルでは円盤を移動させること自体に特別な

価値は与えられていなかったが，お茶会問題ではもてなしを施すことや客人のメンツを立てることも重要視されていた。そのため，ゲームの規則として記されてはいなかったが，お茶会で全員が詩を吟ずることも必要であると感じた人がいるかもしれない。もしもそのように判断したのであれば，中央の杭に相当する村長も詩を吟ずる必要が生じ，ゴールまでの最短経路がオリジナルのハノイの塔パズルと異なってしまう。たとえば，ハノイの塔パズルの3枚版でいえば，村長も詩を吟ずる行為は一番大きなディスクが中央の杭に移動している状態に相当し，最短でも11手要することになる。つまり，このようにもてなしを執り行う価値を重要だと判断した場合には，問題の目標状態に関して同型性が成立しないことになり，お茶会問題をハノイの塔パズルと異なったカテゴリに属す問題と判断しても不思議ではないであろう。

5.3　知識を用いた問題解決と学習

　ここまでは特定の知識があまり必要とされないタイプの問題解決と学習について説明してきたが，実際には，全く知識がない白紙の状態でスタートすることはまれであろう。はじめに，チェイスとサイモン (1973) が行ったチェスのマスタープレーヤーと素人の記憶を例にとって，新しい情報を記憶するときの知識の役割について説明してみたい。

　4章で紹介されたように，短期記憶の中で私たちが一度に処理できる情報量はかなり限られている。たとえば，ミラー (1956) は人間の短期記憶が7個程度の記憶情報しか保持できないことを明らかにしている。しかし，一説によれば，将棋の名人やチェスのマスタープレーヤーたちは，50手先まで読んでから次の一手を決めるといわれている。そして，将棋盤，チェス盤の上に置かれた駒の記憶についても，マスタープレーヤーは驚くべき記憶力を持つという。実際に，チェスの名人たちは，盤の上に置かれた25個の駒の状態を一度見ただけで90％近くも再生でき，3回も見ればほぼ100％再生できるようになる。それに対して，チェスをプレーし始めて間もない初心者

は，盤を一度見ただけでは30％程度しか再生できない上に，10回見ても100％の再生率に到達しない（Chase & Simon, 1973）。

　それでは，名人たちの短期記憶が常人と比べて格段に強力であり，チェスや将棋の訓練を積むことによって短期記憶の物理的な容量が増加するのであろうか？　はたまた，そもそも名人になるためには，生まれながらの強力な短期記憶が必要とされるのであろうか？

　チェイスとサイモンはこれらの疑問に答えるために，チェスのマスタープレーヤーと初心者を被験者にして駒の配置を記憶する実験を行った。記憶する課題として，①実際の対戦場面に出てくるような駒の配置と②実際の対戦場面では出てこないような駒をランダムに置いた配置の2種類を用意し，それぞれの被験者群の記憶再生率（盤の再現率）を比較した。その結果，①の課題は上述したようにマスタープレーヤーたちの方が初心者よりも明らかに高い再生率を示したが，②の課題では差がほとんど見られないことが明らかにされた。つまり，マスタープレーヤーの記憶力の良さは，駒の配置が実際の対戦場面でもありそうな場合に限って発揮され，それ以外の一般的な記憶に関しては通常の人間と同じということになるであろう。この実験結果から示唆されることは，新たに何かを記憶する場合にも，問題解決と同様に領域固有性が示されるということである。そして，このような学習場面における領域固有性は，学習対象となる領域に関する知識の多寡と密接に関係している。

　たとえば，上述したチェスのマスタープレーヤーの有能さは，基本的なチェスの駒の配置が長期記憶の中に膨大に蓄えられていることによって実現されている。そして，この基本的な駒の配置は，決して無意味でランダムな構成ではなくて意味のあるまとまり（チャンク）としてラベル付けがされている。その結果，新しく駒の配置を覚えなければならない場面でも，既存のチャンクに対する差異を記憶するだけで対処できるようになるのである。逆にいえば，マスタープレーヤーといえども，既存のチャンクを活用できないようなランダムな配置を記憶する場合には，初心者と同様にすべての配置を記憶しなければならないため，初心者と同程度の成績しか示さないことになる。

同様に，将棋の名人やチェスのマスタープレーヤーが50手先まで読んで次の手を考えることができるのも，一連の操作（戦術の展開）がチャンクとして記憶されているからである。たとえば，50手という一連の操作の系列も，7つ程度のチャンクに分けることが可能であれば，短期記憶という限られた注意資源の中でも十分に対処できることがわかるであろう。つまり，エキスパートが素人よりも優れた成績を示す理由の1つとして，特定の領域に関する膨大な知識があることが考えられるのである。このことをいい換えれば，エキスパートといえども，領域に関する知識を十分に利用できないような状況では，高い成績を示す保証がないということにもなる。

　ところで，チェスのエキスパートと素人の比較は日常的な感覚では実感しにくい極端な例かもしれないが，取り組む領域が変わると有能さが大きく異なることはよく見られる現象である。たとえば，このような学習場面における領域固有性は，学習方略（learning strategies）の違いとして現れることもある。

　新しく学習する概念を長期間正確に保持・再生できるように記憶するときには，熟知している領域の概念と関連づけて記憶する方略を選択することが望ましいと考えられる。このような学習方略は精緻化方略（elaboration）と呼ばれている。たとえば，チェスのマスタープレーヤーが効率よく駒の配置を学習できたのは，新規に学習する駒の配置と既存の知識構造（チャンク）との違いを分析し，その違いを知識構造に関連づけることができたからである。このように，既存の知識構造を活用した学習は理科の教科書などでも広く使われている。たとえば，原子核の構造を学習するときには，太陽系に関する知識から類推するように求められることが多い。同様に，電子回路を学習するときには，水路に関する知識から類推して学習するように求められたりする。つまり，精緻化方略は，既存の知識構造に新たな情報を追加するだけなので学習効率が高く，また，記憶の中で利用しやすい安定的な知識構造と関連付けられるため，新たに学習した内容を忘れにくいというメリットもあるのである。

このように学習方略として非常にメリットの多い精緻化方略であるが，学習方略の利用の発達的な変化という観点でいうと，比較的早い段階から利用できるようになっている。たとえば，一般に4歳程度の幼児が用いる記憶方略は単純な繰り返し（維持リハーサル）を基本としたものであるが，6歳にもなれば，精緻化方略を学習方略として利用可能な状態になっている。

　しかしながら，精緻化方略が実際に利用されるようになるのは，早くとも小学校の高学年に入ってからであると考えられている（豊田，1995）。これはなぜだろうか？

　自分の知識状態を的確に判断しそれに応じた学習方略をとるためには，自分の理解状態に対するメタ認知（meta-cognition）ができなければならない。6歳の児童はこのメタ認知に関する能力がまだ十分ではないため，精緻化方略を思考の道具として十分に使いこなすことができない可能性も考えられるであろう。しかし，より直接的には，新たに学習する概念に対して関連付けるベースとなる知識が，6歳の児童にはそもそも存在しないことが理由として考えられる。つまり，学習場面で精緻化方略を利用するためには，関連付けるベースとなる知識が必要とされており，知識がない状況では，単純な繰り返しによる学習方略を利用せざるを得ないということである。

● 実験してみよう ●

実験　問題状態の類似度評定

【目的】知識が獲得され構造化されるに従って，問題状況の捉え方も変化することが知られている。たとえば，大西ら（1993）は被験者がハノイの塔パズルの初心者からエキスパートに変化していく過程で，問題状況の理解の仕方が変化することを明らかにしている。実験では大西らが行った実験の再検証を行うことで，上記の現象を理解することを目的とする。

【方法】はじめに，付録CD-ROMに収録されているハノイの塔パズルの評定課題に取り組んでほしい。評定課題は，ハノイの塔パズルの途中経過を模した2つの状態図を見て，互いにどの程度似ているかを判断することである。

各スライドの評定時間はおおむね30秒程度とする。類似度の評定は，0（全く似ていない）から10（とても似ている）の間の数値で評定し，必ず紙に書いて記録として残しておく。

　次に，ハノイの塔パズルに関するエキスパートになることを目標として訓練を行う。たとえば，4枚版の下位目標がどのような状態であるのか，5枚版，6枚版をどのように解くことができるのかを分析し，下位目標が再帰的な構造になっていることを実際に確認してみるとよいであろう。図やメモなどを一切用いないで，視覚的なイメージだけで4枚版の問題を最短手で解くことができる状態を目標に訓練してほしい。

　そして，訓練を十分に行い，自分がハノイの塔パズルのエキスパートになったと自信がついたら，最後に，はじめに取り組んだ付録CD-ROMに収録されている評定課題に再び取り組む（評定時間を含めて，全く同じ手続きで評定を行う）。なお，初回の評定結果と2回目の評定結果を区別できるように記録すること。

【結果と考察】たとえば，1回目の評定では見た目の類似以外に判断基準が存在しなかったはずである。しかし，2回目の評定では，見た目の類似以外にも，ゴールへの近さや下位目標としての適切さも判断基準として利用可能になっているはずである。その結果，1回目の評定結果と2回目の評定結果がかなり異なった値を示すと予想される。1回目と2回目の評定結果の違いが大きかったものを中心にして，判断基準にどのような変化が生じたかを考察してほしい。

引用文献

Anzai, Y., & Simon, H. A. 1979 The theory of learning by doing. *Psychologocal Review,* **86(2)**, 124-140.

Chase, W. G., & Simon, H. A. 1973 Perception in chess. *Cognitive Psychology,* **4**, 55-81.

Karat, J. 1982 A model of problem solving with incomplete constraint knowledge. *Cognitive Psychology,* **14**, 538-559.

Kotovsky, K., Hayes, J. R., & Simon, H. A. 1985 Why are some problems hard? Evidence from tower of Hanoi. *Cognitive Psychology,* **17**, 248-294.

Miller, G. 1956 The magical number seven, plus or minus two: Some limits on our capacity for process in information. *Psychological Review,* **63**, 81-97.

大西　仁・鈴木宏昭・繁桝算男　1993　状況に敏感な類似性判断のモデル　心理学評論，**36**, 633-649.

Osgood, C. E. 1948 The similarity paradox in human learning: A resolution. *Psychological Review,* **56**, 132-143.

豊田弘司　1995　精緻化の発達　心理学評論，**41**, 1-14.

6章 言語の認知・理解

　私たちの生活はことばに満ち溢れている。朝，新聞に目をやれば文字が，テレビをつければ音声が飛び込んでくる。外出すれば看板や標識に，お店に入れば商品表示やメニューに，ことばが書いてある。友人に会えば話しかけられるし，電話にせよメールにせよ，受け取る情報は言語である。毎日の暮らしの中で，言語情報処理をしない日はないといってもよいだろう。では，人間はどのようにして言語情報を認知し，理解するのだろうか。

6.1　言語の多義性と文脈の効果

　言語には多義性がある。たとえば，「こい」ということばには，恋，鯉，故意，来い，濃いなど，複数の意味が存在する。しかし，私たちは普段，「こい」ということばを聞いたときに，意味を取り違えることはほとんどない。それは，そのことばがどのような場面やどのような話の流れで使用されるかによって，意味が1通りに決まってしまうことが多いからである。恋愛の話の中で出てくれば「恋」であろうし，魚の種類が話題になっているときには「鯉」であろう。また，遠くからこちらに呼びかける状況で使われれば「来い」であろうし，コーヒーを飲みかけた人が発したならば「濃い」であろう。

　これは単語に限った話ではない。句や文においても同様のことがあてはまる。たとえば，「彼の絵」という句には3通りの意味が考えられるが，私たちが普段の会話の中でその句を聞いた場合に，その意味を取り違えてしまうことはあまりないだろう。彼は画家であるという状況のもとで出てきた場合

には「彼が描いた絵」を意味するであろうし，彼は絵のモデルになったという話の流れで出てきた場合には「彼が描かれた絵」になる。また，彼は絵の収集家であるという事前知識があれば「彼が所有している絵」という意味で理解されるに違いない。同様に，「太郎が次郎と三郎を殴った」という文についても，「太郎が1人で，次郎と三郎の2人を殴った」のか「太郎と次郎が一緒に，三郎1人を殴った」のかは，話の前後関係から明らかになることが多い。

　ある認知対象を取り巻く物理的・意味的な環境や情報のことを，広い意味で文脈（context）と呼ぶ。人間の言語には多義性があるが，言語が使用される文脈によってその多義性は解消されてしまい，他の意味の存在に全く気づかないことも少なくない。人間の言語の認知・理解は文脈の影響を大きく受けているのである。

6.2　言語理解と知識

　人間の言語理解においては知識が重要な役割を果たしている。生まれたばかりの赤ちゃんは，言語を理解することができない。ある程度ことばを覚えた幼児でさえ，大人の会話を十分には理解できないだろう。では，言語理解にはどのような知識が必要なのだろうか。

　言語知識と世界知識　ことばを理解するために必要な知識は，大別すると言語知識と世界知識に分けることができよう。言語知識とは，当該の言語について知っている知識のことで，たとえば単語の知識や文法についての知識がそれである。一方，世界知識とは，この世の中の"もの"や"こと"がどのような特徴や性質を持っているのかについての百科事典的な知識で，たとえばイヌは動物であるとか，雨が降ると地面が濡れるとか，あるいは人に親切にすることは望ましいなどといった，非常に多種多様な知識である。

　言語情報が与えられたとき，私たちはこのような知識と照らし合わせを行いながら，それを認知・理解している。たとえば，「えくつ」と言われても

何のことやらさっぱりわからないが，「つくえ」と言われればすぐにそれが意味する対象を認識できる。私たちは「えくつ」に対応する単語の知識は持ち合わせていないが，「つくえ」に対応する単語の知識は持っているのである。また，「私は赤いりんごを食べた」と言うべきところを「私に赤く食べたりんごに」と言えば，明らかに文法的におかしいと感じる。このときは，文法についての知識との照合が行われている。「りんごが歩いた」という文を聞いて驚くのは，りんごについての世界知識との照合が行われた結果であり，「暑くて凍えてしまった」と言われても納得できないのは，暑いときにどんなことが起こるかについての世界知識との照合が行われた結果である。

スキーマ　私たちが持っている知識は，各自がこれまでの人生において学習し，経験してきたことがらの単なる寄せ集めではない。私たちは，複数の経験事例を通じてそれらに共通な"何か"を見出し，より一般的・抽象的な知識をも構築している。このような，ある事物やことがらについての抽象知識のことをスキーマ（schema）と呼んでいる。

たとえば，私たちは「顔」についてのスキーマ（顔スキーマ）を持っている。目が2つあって，鼻が1つあって，口が1つあって，両側にはそれぞれ耳が1つずつあって，上部には髪があって，輪郭は楕円形に近い，等々，おおよそこのような情報が顔スキーマに含まれている。顔スキーマは，ある特定人物の顔の知識とは異なり，顔についての大きな枠組みを提供するものである。そして，私たちはこの顔スキーマを利用して，人間の顔を認知したり，顔に関係する情報を理解したりしている。以下の例を見てほしい。

(1) 太郎は次郎の顔を覗き込んだ。目は血走り，頬は紅潮していた。

この文章を読んだ人は，第2文の目や頬が第1文で述べられている次郎の顔の一部であることを何の苦もなく理解するであろう。しかし，その理解は，顔スキーマを利用することによって可能となるのである。

スキーマは事物に対するものだけではない。行為や出来事に対するスキーマも存在する。たとえば，「与える」という行為について考えてみよう。与えるという行為には，与え手，受け手，与える対象物が必ず存在する。そし

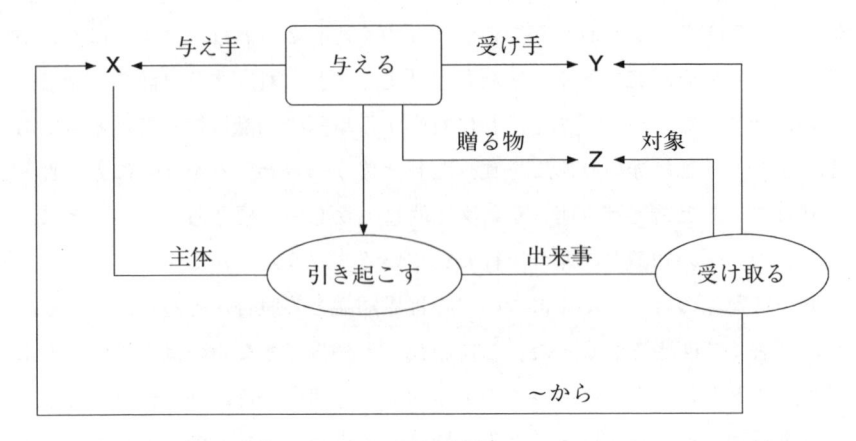

図6.1　"与える"スキーマの図的表現（Rumelhart & Ortony, 1977）

て，その行為の結果，対象物の所有権が与え手から受け手へと移動する（図6.1）。この「与える」スキーマは，誰が誰に対して何を与える場合にも利用できる。「与える」スキーマを利用することで私たちはさまざまな与える場面をそれぞれの場面に応じて理解するのである。

　さらに，一連の典型的な出来事の系列に関するスキーマも存在するだろう。シャンクとエイベルソン（1977）はそのようなスキーマをスクリプト（script）と呼んだ。たとえば，レストランに行ったときのことを考えてみよう。私たちはレストランでどんな状況に遭遇し，どんな出来事が順に起こり得るか，おおよそのことは知っている。レストランに入り，ウェイトレスに案内され，席に着いて，メニューを見て，注文し，しばらくして料理が運ばれてきて，料理を食べて，勘定を支払い，レストランを出る，というような流れである。レストランのスクリプトがあるからこそ，私たちははじめて入ったレストランでも戸惑うことなく行動できるし，架空のレストランでの出来事を記述した文章を理解することもできるのである。

　文章全体の構造についてのスキーマも存在する。たとえば，典型的な物語には物語特有の展開構造がある。まず物語の背景が示され（「むかしむかしあるところに…」），主人公が何らかの問題に直面し，それを解決するためのい

くつかの試みがあって，最終的に問題が解決されて「めでたしめでたし」，といったようなものである。このようなスキーマ[1]のおかげで，私たちは物語を読むときに次にどのような展開があり得るかを予測しながら読み進めることができるし，物語全体をより確かな形で理解することができる。

スキーマの活性化　言語理解においては，内容を理解するための適切なスキーマを持っていること，そして言語理解時にそれを頭の中で活性化することが重要である。次の文章を読んでもらいたい。

(2) その日，洋介はさやかと一緒だった。そいつはその場を何度も周回していた。洋介の財布の中には千円札が1枚あるだけだった。「ヤツと心中だな。」洋介はそうつぶやいて，窓口に小さな紙切れとその千円札を差し出し，別の小さな紙切れを受け取った。そして，2人は人ごみの中へと歩いていった。しばらくすると歓声が沸き上がった。人々の興奮は次第に高まってきた。そいつが真っ黒になって突っ込んで来るのが見えた。興奮がクライマックスに達したとき，洋介とさやかは抱き合って喜んだ。

文章を理解することができたであろうか。この文章は，競馬場で馬券を購入してレースを観戦し馬券があたった様子を物語風に述べたものである。競馬のことをよく知らない人は，文章を理解するためのスキーマ（競馬スキーマ）を持っていないため，十分な理解ができない。また，たとえ競馬スキーマを持っていたとしても，文章を読んでいる間にそれを活性化することができなければ，やはり理解は困難となる。

上の例では言語理解において適切なスキーマの活性化が重要であることを述べた。では，同じ言語情報を理解しようとするときに，情報の受け手によって活性化するスキーマが異なった場合にはどんなことが起こるだろう。次の文章を読んでほしい。

---

1) このような物語構造についてのスキーマは，1970年代後半に複数の研究者たちによって一連の規則の形で体系化が試みられ，物語文法（story grammar）と呼ばれている。

(3)「ウィンブルドン」

　練習が大切である，と彼はずっと思ってきた。努力だけで成功できる，というわけではないし，たしかに天性の力も必要かもしれない。しかし，彼の今の位置をこのまま保ち，さらに次の位置を得るためには，努力することは必要不可欠なものなのである。

　彼はすっかり手になじんだそれを取り出した。それは，彼にとって単なる道具ではなく彼の分身のようなものだった。ゆるやかな曲線，しっかりとはられた糸。彼がデビューしてから，これが彼をずっと支えてきたのだ。
　　　　　　　　　　　　　　　　　　　　　　西林（1994）より

　たぶん内容を理解できたであろう。では，質問である。彼が取り出したものは何か。この質問に対して，ほぼ全員がラケットと答えるであろう。では，ここでもう一度上の文章を読み直してもらいたい。ただし，今度はタイトルを「ライブハウス」に置き換えてである。どうであろうか。先ほどとは異なる理解がなされたことだろう。同じ質問に答えてほしい。彼が取り出したものは何か。今度は，ギター等の弦楽器が答えとして出てくるだろう。1回目と2回目とで，タイトルによって活性化されるスキーマが異なったのである。1回目はテニス関係の，2回目は音楽関係のスキーマが活性化されたわけである。それにより，同じ文章が全く異なる内容として理解されてしまったのである。このように，同じ言語情報でも，活性化されるスキーマが異なれば，理解される内容も異なってくることがわかる。

6.3　言語理解における推論

　まず，次の短い物語を読んでもらいたい。

　(4)メアリーはアイスクリーム屋がやってくる声を聞いた。彼女はお小遣いのことを思い出した。彼女は家の中に駆け込んだ。
　　　　　　　　　　　　　　　ラメルハートとオートニー（1977）より

では，質問である。「メアリーはなぜ家の中に駆け込んだのか。」答えは，

「アイスクリームを買うためにお金をもってこようとした」である。ほとんどの人がそう答えるだろう。しかし，そのことは実際には述べられていない。述べられてはいないが多くの人がそのような理解をしている。では，もう1つ質問である。「メアリーをどんな人だとイメージしたか。」きっと多くの人が「小さな女の子」をイメージしたことだろう。しかし，そんなことは一言も述べられていない。もしかしたら，メアリーばあさんかもしれない。だが，多くの人は小さい女の子のお話としてこの物語を理解したはずである。

言語情報を受け取るとき，私たちは実際に述べられた情報のみを理解するわけではない。実際には述べられていない多くの情報を推論して理解している。まさに「行間を読んでいる」のである。

橋渡し推論と精緻化推論　言語理解時に生じる推論にはさまざまな種類のものがあるが，それらは橋渡し推論 (bridging inference) と精緻化推論 (elaborative inference) に区分して論じられることが多い。

橋渡し推論は，先行する文と後続の文との間に意味的な結束性 (coherence) を確立するための推論である。

　(5)太郎は山頂でリュックサックを開いた。缶ジュースは生ぬるくなっていた。

このとき，「リュックサックの中に缶ジュースが入っていた」を推論しなければ，2つの文はつながらない。これが橋渡し推論である。

一方，精緻化推論は，文の意味内容をより詳細に，精緻なものにするために行う推論であり，先行文との意味的な結束性の確立に直接寄与するものではない。

　(6)彼女はコーヒーに角砂糖を1つ入れた。そして，コーヒーをかき混ぜた。

　(7)女性は教会に入り，数分牧師と話をした。それから，女性は祭壇の前にひざまずいた。

(6)では，コーヒーをかき混ぜたとき「彼女はスプーンを使った」ことが推論できる。(7)では，ひざまずいた後「女性は祈った」ことが推論できる。

これらの推論はいずれも，先行文と後続文とをつなぐ役割を果たしているわけではない。記述されている内容に対して，より詳細な情報を加える働きをするものである。このような推論が精緻化推論である。

推論のオンライン性　ある言語情報から考え得る推論はきわめて多い。しかし，私たちが言語情報を読んだり聞いたりしている間に，可能な限りの推論を行っているとは考えにくい。おそらく当該の言語情報全体を理解するのに必要十分なだけの推論をしているに違いない。私たちはどのような範囲で推論をしているのだろうか。

一般に，言語を読んでいる（聞いている）間に生じている処理過程は"オンライン"の過程と呼ばれ，読んだ（聞いた）後に言語情報を思い起こすなどして生ずる"オフライン"の過程とは区別される。これまでの多くの研究によれば，橋渡し推論はオンラインで生じていることがわかっている。シンガーら (1992) は，(8a)または(8b)のような文章のいずれかを被験者に提示し，直後に(8c)のような質問を行った。

　　(8a)メアリーは火にバケツの水を注いだ。火は消えた。
　　(8b)メアリーは火のそばにバケツに入った水を置いた。火は消えた。
　　(8c)水は火を消しますか。

(8a)では，2つの文は因果関係にあり，この関係を理解するためには「バケツの水が火を消した」という橋渡し推論をしなければならない。このとき「水は火を消す」という知識を活性化する必要がある。一方，(8b)では，2つの文の間に時間的な関係しか読み取れず，(8a)の場合のような橋渡し推論は生じないため，「水は火を消す」という知識が活性化されることもない。したがって，もし(8a)で橋渡し推論がオンラインで生じているとすれば，(8b)を読んだ場合に比べて，直後の(8c)「水は火を消しますか」という質問に対して素早く答えることができると予想される。シンガーらの実験の結果はこの予想のとおりであった。

橋渡し推論がオンラインで生じていることを示す研究は多いが，精緻化推論のオンライン性については，オンラインで生じるとする研究もあればオン

ラインでは生じないとする研究もあり，必ずしも統一的な見解が得られているわけではない。おそらく精緻化推論がオンラインで生じるためには，いくつかの条件があるのだろう。たとえば，その推論内容が言語情報からどれだけ限定的に特定されるかということや，読み手（聞き手）の目的，ワーキングメモリ容量，言語能力など，さまざまな要因が関係しているものと思われる。

6.4 言語理解における記憶表象

　言語を理解した結果，私たちの心の中には何かが記憶として残る。いったいどんな内容が残るのだろうか。人間の認知過程において心の中に作り上げられるもののことを表象（representation）と呼んでいる。ここでは言語理解における記憶表象について，いくつかの代表的な理論を紹介する。

　命題表象理論　人間の言語理解は，言語刺激から何らかの意味を抽出して心の中に表象を形成する過程である。命題表象理論においては，その意味の単位は命題（proposition）であると考える。命題は，文の形式で伝えることができる最小の意味の単位であり，具体的には状態や行為や出来事などに対応する。命題を構成するのは，1個の述語（predicate）と複数の項（argument）である。述語は動詞や形容詞などに対応し，項は名詞に対応する。それぞれの項は述語に対して何らかの役割を担っている。たとえば，行為を表す述語に対しては，行為者の役割を担う項，行為対象の役割を担う項などが存在する[2]。

　「太郎は花子に本を贈った」という文を例にとってみよう。この文は1つの命題と考えることができる。述語は「贈る」であり，項は「太郎」と「花子」と「本」である。そして，「太郎」は行為者であり，「花子」は目標，

---

2) このような述語と各項との間を格関係（case relations）と呼ぶ（Fillmore, 1968）。具体的には，行為者格，経験者格，道具格，対象格，源泉格，目標格，場所格，時間格などが挙げられる。

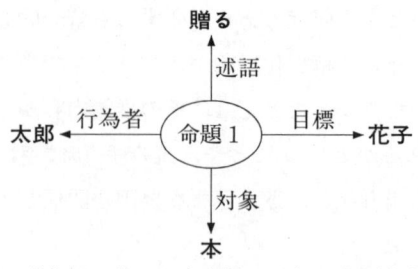

a 「太郎は花子に本を贈った」の命題表象

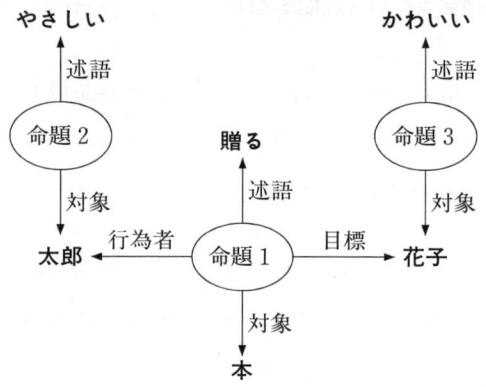

b 「やさしい太郎はかわいい花子に本を贈った」の命題表象

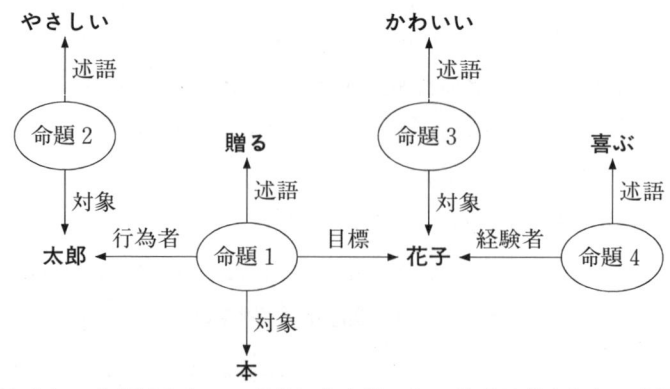

c 「やさしい太郎はかわいい花子に本を贈った。花子は喜んだ」の命題表象

図 6.2　命題表象理論による意味表象の図的表現例

「本」は対象の役割を担う。これを図で表現すると図6.2aのようになる（命題1）。

「やさしい太郎はかわいい花子に本を贈った」という文の場合はどうだろうか。この文は以下の3つの命題からなっている。

　　（9a）「太郎は花子に本を贈る」（命題1）
　　（9b）「太郎はやさしい」（命題2）
　　（9c）「花子はかわいい」（命題3）

「太郎」は（9a）と（9b）に共通の項であり，「花子」は（9a）と（9c）に共通の項である。よって，これら3つの命題は図6.2bのように連結した形で表現することができる。

さらに，もし，ここに「花子は喜んだ」（命題4）という文が続いたとすれば，すでに形成された命題表象の一部に新たな命題が組み込まれる形で命題表象が拡張されることになる（図6.2c）。

因果ネットワークモデル　トラバッソと共同研究者たち（1984）は，人間の物語理解における表象モデルとして，出来事間の因果関係に焦点をあてた因果ネットワークモデルを提案した。彼らの表象モデルでは，物語中の出来事や状態を表す各情報は1つのノードとして，またそれらの間の因果的関係はノード間の矢印として表現される。図6.3は，因果ネットワークモデルに基づいて表現された，ある物語の意味表象の例である。このような表象モデルを用いて，トラバッソらは，どのような情報が物語を理解する上で重要度が高く，記憶に残りやすいのかを調べている。彼らの実験の結果によれば，多くの因果的結合を持つ情報の方がそうでない情報よりも，また，物語のはじめから終わりに通じる因果連鎖上にある情報の方が途中で枝分かれして行き止まりになる部分（dead-end）にある情報よりも，重要度が高いと判断されやすく，記憶にも残りやすいことが明らかになっている。

ミクロ構造とマクロ構造　キンチとヴァンダイク（1978）は，テキストの意味の表象として，ミクロ構造とマクロ構造の2種類の構造を仮定している。ミクロ構造は，テキストから抽出される個々の命題が局所的にどのように関

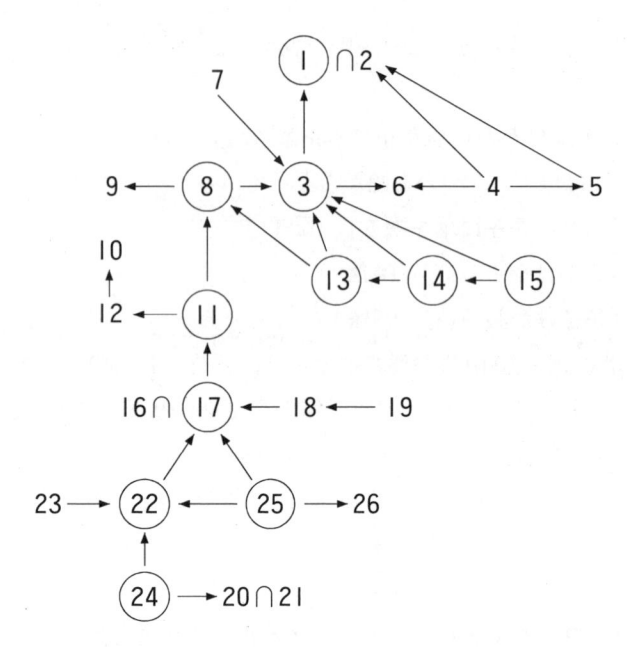

図 6.3　因果ネットワークモデルに基づく，ある物語の意味表象
(Trabasso, Secco, & van den Broek, 1984)
矢印は因果的に先行する出来事に向けられている。∩は言い換え，または共起関係を表す。
○で囲まれた出来事は，物語の因果連鎖上に存在する出来事である。

連しているかを表す構造である。一方，マクロ構造は，テキスト全体が大局的にどのような構造を成しているかを示す構造である。マクロ構造はミクロ構造をもとに作り上げられる。すなわち，ミクロ構造内の複数の命題が統合されてマクロ命題が形成され，さらにマクロ命題とマクロ命題とが統合されてより高次のマクロ命題が形成されていく。その結果，マクロ構造は階層性を持つことになる（図 6.4 参照）。私たちが 1 つのテキストをさまざまな抽象度で要約できるという事実は，このマクロ構造の階層性を反映しているといえよう。すなわち，要約する際にどの階層レベルのマクロ命題を言語化するかによって，要約の抽象度が変わってくると考えられるのである。

記憶表象の 3 つのレベル　ここまで紹介してきた記憶表象のモデルは，言

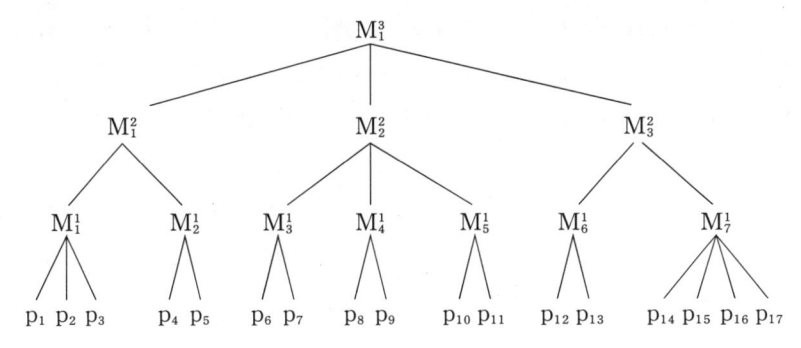

図 6.4 マクロ構造の例 (van Dijk & Kintsch, 1983 より)
p はミクロ命題,M はマクロ命題を表す。

語理解によって私たちの心の中に残るものは言語情報によって述べられた"意味"であるという仮定のもとに,それがどのような形で表現され得るかを示したものである。記憶に残るものが"意味"であるという仮定は,基本的には正しい。なぜなら,私たちは時間が経つと,言われたことの意味は覚えていても実際にどんな言語表現が使われたかは忘れてしまうことが多いからである。しかし,言語表現そのものの記憶が全く存在しないわけではない。ある特定のフレーズが忘れられないという経験はないだろうか。また,意味がわからなくてもある言語表現を記憶できたということはないだろうか。

ヴァンダイクとキンチ (1983) は,文章理解における記憶表象として3つのレベルの表象を区別した。第1は,表層的言語的表象 (surface memory) である。これは,いわゆる表現形態の記憶,すなわち,文章中で実際に用いられた単語やフレーズそのものの記憶である。第2は,命題的テキストベース (propositional text base) である。これは,文章によって記された意味内容の記憶である。これまで紹介してきた表象モデルは,ほぼこのレベルのものと考えてよいだろう。第3は,状況モデル (situation model) である。これは,文章それ自体にとどまらず,文章と理解者の既有知識とを統合することによって作り上げられる状況全体の記憶である。ここには読み手の知識に基づくさまざまな推論内容が含まれることになる。

このような記憶表象のレベルの違いは，言語理解時の理解の深さに対応するものと考えることができる。意味もわからずに丸暗記という事態では，表層的言語的表象のみが構築されている。述べられた内容がわかった（けれどそれ以上のことはわからない）という事態では，おおよそ命題的テキストベースまでが構築されたことになる。そして，非常によく理解できた，文章から十分に学ぶことができた，という言い方ができるのは，豊かな状況モデルが構築できたときに限られるのである。

●実験してみよう●

実験1　文章理解に及ぼす表題および挿絵の効果

【目的】表題や挿絵が文章の理解や記憶にどのような影響を及ぼすかを調べる。3種類の文章を使って，同一の文章に対して異なる表題が与えられた場合の比較，表題のある場合とない場合での比較，挿絵がある場合とない場合での比較をそれぞれ行う。

【方法】《材料》3種類の文章（文章Ⅰ，文章Ⅱ，文章Ⅲ）と文章Ⅲの挿絵は，付録のCD-ROMの中に用意されている。これらは，ブランスフォードとジョンソン（1973）が実験で用いたものである（文章は和訳され，多少の脚色・修正が加えられている）。文章Ⅰの表題として『宇宙飛行士W氏，地球に帰還する』と『ホテル最上階展望レストランから見た平和行進』の2種類を用いる。なお，文章Ⅰ中の「着陸はスムーズにいった。」は，2種類の表題のうち，前者に対しては合致するが，後者に対しては合致しない内容である。文章Ⅱの表題として『洗濯』を用いる。

　《手続き》被験者を2グループに分け，文章の表題として一方には『宇宙飛行士W氏，地球に帰還する』を，もう一方には『ホテル最上階展望レストランから見た平和行進』を提示する。次に両グループに対して，文章を聞いて内容をよく理解するように言い，文章Ⅰを読み上げる。あらかじめ録音したものを聞かせてもよい。聞き終わったら，手元の紙に，①その文章（または類似した文章）を事前に読んだり聞いたりしたことがあるかどうか（Yes／

No）と②文章をどの程度理解できたかの評定値（7段階尺度）を記入させる。同様の手続きを文章II，文章IIIについても繰り返す。なお，文章IIの際に事前に提示する表題は『洗濯』であるが，これは一方のグループにのみ提示し，もう一方のグループには表題は提示しない。また，文章IIIの際には，事前に提示する表題はなく，文章を聞いている間に参照できる挿絵を一方のグループにのみ提示しておく。3つの文章をすべて聞かせた後で，被験者に各文章を順に記述再生させる。再生はできるだけ原文どおりに正確に行うよう教示する。

【結果と考察】文章を聞いた直後の質問①で，その文章（または類似した文章）を事前に読んだり聞いたりしたことがあると回答した被験者のデータは，その文章に関する分析から除外する。3種類の文章それぞれについて以下の分析をしてみよう。まず，質問②の理解度評定値について，グループごとに平均を求め，比較する。次に，文章を構成している1つ1つのアイディアユニット（ほぼ単文に相当する意味のまとまり）[3]を，各被験者が正しく再生できているかどうかを判定する。判定に際しては，大体の意味が合っていれば再生できたものとする。そして，2つのグループ間でどのような差異があるか調べ，その理由について考察する（文章Iでは「着陸はスムーズにいった。」に注目してみよう。文章IIと文章IIIでは，文章全体の再生率を比較しよう）。

実験2　ワーキングメモリを測定する

【目的】言語理解過程において，読み手（聞き手）は，言語情報を処理しながら，処理し終えた内容を後続の情報処理のためにワーキングメモリ内に保持することが要求される。したがって，ワーキングメモリ容量の個人差は言語理解に非常に大きな影響を及ぼす。ここでは，言語処理に関わるワーキングメモリ容量を測定し，その個人差を明らかにする。

---

[3] 添付の CD-ROM の中にある文章はすべて，アイディアユニットに分けた形で表にしてある。

【方法】《課題》言語処理に関わるワーキングメモリ容量の測定には，リーディングスパンテスト（苧阪，2002）やリスニングスパンテストといった測定課題が用いられる。本実験ではリスニングスパンテストによって測定を試みることにする。リスニングスパンテストでは，被験者は聴覚提示される文を聞き取りながら，文の先頭の単語（ターゲット語）を記憶し，それを後で報告する。1回の試行（セット）で続けて提示される文の数は，2文の場合から5文の場合までである。したがって，たとえば5文のセットでは，5文続けて聞き取った後，5つのターゲット語を報告することになる。被験者が文の意味内容を正しく聞き取っていることを確認するために，文の提示直後に内容の真偽判断などを課すことが多いが，ここでは，ある行為を述べた文を提示してその内容が一般的に望ましいことであるかどうかの判断を課すことにする。

《材料》述べられている行為が望ましいことかどうかを判断できるような文を，2文条件から5文条件まで3試行分ずつ，合計42文作成した。また，練習試行用に，2文条件の材料を2試行分作成した。材料はすべて，付録のCD-ROMの中に用意されている。

《手続き》実験者はセット開始時に何文の条件であるかを告げ，文を読み上げる。あらかじめ録音しておいたものを聞かせてもよい。被験者は文の最初の単語を記憶しながら，文の内容が望ましい行為であるかどうかを判断する。1文を聞き終えるたびに，被験者は「良い／悪い」の報告をする。報告後，すぐに実験者は次の文を読み上げる。セット内の最後の文の判断を終えた後，実験者の合図により，被験者は覚えているターゲット語をすべて口頭で報告する。ターゲット語の報告順序は自由であるが，最後のターゲット語を最初に報告することは許されていない。報告のための制限時間は，ターゲット語の数×5秒を目安とする。2文の練習を2試行行った後に，本試行を2文条件から5文条件まで，この順序でそれぞれ3セットずつ，合計12セット実施する。なお，集団で実験を実施する場合には，文の内容の望ましさ判断とターゲット語の報告を筆記させることにし，そのための反応用紙をあらかじめ用意しておくとよい。

【結果と考察】文の望ましさを正しく判定した上でターゲット語を正しく報告できた場合にのみ，ターゲット語を再生できたものとする。つまり，ターゲット語を報告できても文の望ましさの判定が間違っている場合には，再生できたものとはしない。各被験者のスパン評価値と再生単語数を求める。スパン評価値については，各文条件3試行のうち2試行において正解（当該のターゲット語をすべて正しく再生）の場合にその条件をパスしたものとし，その文条件の文数を評価値とする。なお，その1つ上の文条件において1試行正解の場合は，さらに0.5点を加える。一方，再生単語数は，全試行をとおして正しく再生できた単語の総数である。スパン評価値および再生単語数のそれぞれについて，被験者全体の度数分布表やヒストグラムを作成し，分布の様子を調べて考察する。

引用文献

Bransford, J. D., & Johnson, M. K. 1973 Considerations of some problems of comprehension. In W. G. Chase (Ed.), *Visual information processing*. New York : Academic Press. Pp. 383-438.

Fillmore, C. J. 1968 The case for case. In E. Bach & R. T. Harms (Eds.), *Universals in linguistic theory*. New York : Holt, Rinehart and Winston.

Kintsch, W., & van Dijk, T. A. 1978 Toward a model of text comprehension and production. *Psychological Review,* **85**, 363-394.

西林克彦　1994　間違いだらけの学習論　新曜社

苧阪満里子　2002　脳のメモ帳　ワーキングメモリ　新曜社

Rumelhart, D. E., & Ortony, A. 1977 The representation of knowledge in memory. In R. C. Anderson, R. J. Spiro, & W. E. Montague (Eds.), *Schooling and the acquisition of knowledge*. Hillsdale, NJ : LEA. Pp. 99-135.

Schank, R. C., & Abelson, R. 1977 *Scripts, plans, goals, and understanding*. Hillsdale, NJ : LEA.

Singer, M., Halldorson, M., Lear, J. C., & Andrusiak, P. 1992 Validation of causal bridging inferences in discourse understanding. *Journal of Memory and Language,* **31**, 507-524.

Trabasso, T., Secco, T., & van den Broek, P. 1984 Causal cohesion and story coherence. In H. Mandl, N. L. Stein, & T. Trabasso (Eds.), *Learning and comprehension of text*. Hillsdale, NJ : LEA. Pp. 83-111.

van Dijk, T. A., & Kintsch, W. 1983 *Strategies of discourse comprehension*. New York : Academic Press.

7章 音楽の知覚と認知

音楽を聞くとき，私たちはその音楽に対してさまざまなことを知覚し認知する。音の高さ，音色，音の高さの変化パターン（メロディ）やタイミングのパターン（リズム），音階（調性），主題，音楽の構成，感情的性格などである。これらの中で本質的に認知されるべきものがあるわけではなく，それらすべてが同時に多重的に知覚・認知される。しかし，私たちの注意力・認識力には限界があるので，それらのすべてを同時に十分に聞き取ることは難しい。注意はされないが，無意識的・潜在的に知覚されているものもある。私たちは音楽を聞くとき，時々刻々と注意を切り替えながら音楽のさまざまな側面を楽しんでいるのである。

7.1 楽音（音楽の基本要素）の知覚

音楽を知覚・認知するためには，最も基本的な要素として，音の高さ，音の大きさ，音色などが知覚されなければならない。これらの要素は，最初，内耳の中にある蝸牛（1章参照）で受容され，その後，大脳の聴覚野で本格的な処理が行われる。

音の高さ 通常，音楽で使用される楽音は，雑音などとは異なり，周期的な波形を持ち，明確な音の高さを感じることができる。また，楽音は複数の部分音から構成される複合音であるが，ほとんどの場合（打楽器などを除き），基本周波数とその他の部分音の周波数が整数倍の関係になっている（ゆえに倍音と呼ばれる）。楽音を聞くとき，普通1つ1つの部分音は聞こえず，基本周波数に対応する高さ（低ピッチ）が聞こえる。楽音の高さは，ピッチ・ハ

イト (height) とクロマという2つの次元で知覚される。ピッチ・ハイトとは、音の周波数（1秒あたりの振動数）が少ない音は低い音として、多い音は高い音として聞こえるというように、周波数にある程度対応して一次元的な連続体上で音の高低を知覚する次元である。ピッチ・ハイトの知覚（ピッチ感覚ともいう）は、蝸牛での周波数分析にかなりの程度由来すると考えられている。一方、クロマ (chroma) は、音の高さをC, D, E（またはド, レ, ミ）などのような離散的なカテゴリーとして知覚する次元である。クロマはオクターブごとに循環してオクターブ中の相対的な位置を表すものであり、その音らしさ（Cらしさ，Dらしさ）についての感覚であるといえる。クロマの知覚は、オクターブ（周波数比が1:2）や完全5度（周波数比が2:3）の類似性を感知する（つまり周波数の比を感知する）感覚である音調性感覚（阿部, 1987）に基づくと考えられている。私たちが知覚する，C4，F#5，G2などという音高は，ピッチ・ハイトとクロマの2つの次元の知覚が組み合わされたものであり，図7.1のような三次元的な螺旋によって説明することができる。

協和 2つ以上の音高が同時に響いているときに，心理的にそれらが調和してなめらかに聞こえる感覚を協和感という。協和感は，「2つの音高の振動数の比が単純なほど高くなる」という説，「2つの音高に共通する倍音が多いほど高くなる」という説など諸説あるが（谷口, 2000 を参照），基本的には上記の音調性感

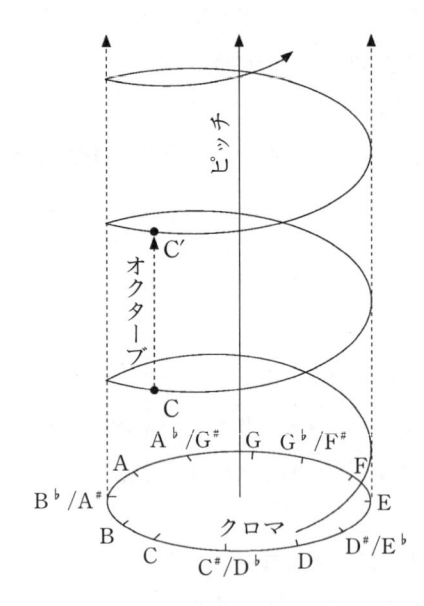

図7.1　ピッチとクロマの3次元的螺旋モデル（Shepard, 1982 より）

この螺旋では，底面でオクターブ内12種のクロマが表され，縦軸でピッチの高低が表される。上から見たときに螺旋上で重なる点（C, C′, C″, C‴, など）はオクターブ関係にある音，つまり同じクロマとなる。

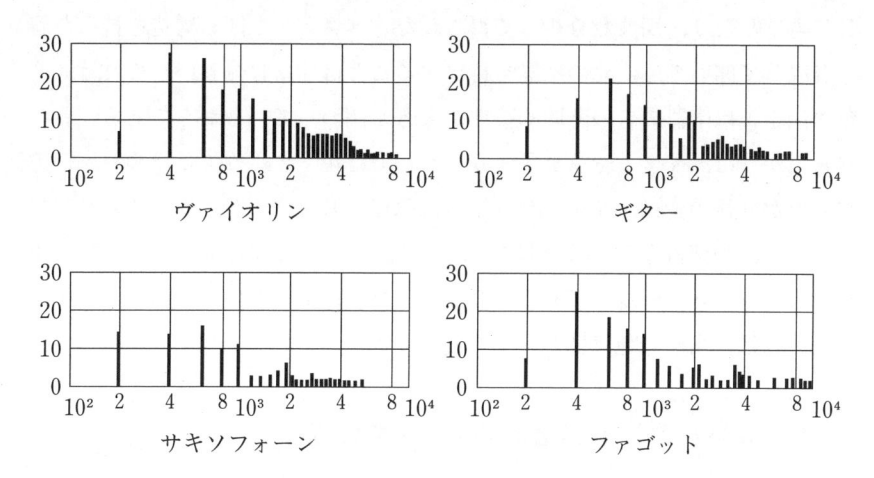

図 7.2　同じ高さの音（G 3＝196 Hz）の楽器によるスペクトルの違い
　　　　（Olson, 1952 を一部改変）

横軸は周波数（Hz），縦軸は大きさ（dB）である。グラフの棒中で最も左端のものが基本周波数（196 Hz）である。楽器の種類によって，含まれる倍音成分やその大きさはさまざまに異なる。

覚に基づいているといえる。

　音色　音色は，複合音の部分音（周波数成分）の構成のされ方と，その時間的な変化の仕方（特に，立ち上がり部と減衰部，ヴィブラートなど）を総合的に分析処理して知覚される。図 7.2 は，G 3＝196 Hz の音をヴァイオリン，ギター，サキソフォーン，ファゴットで鳴らしたときに，各部分音が平均的にどのくらい生じたかを示したものである。このように，複合音にどのような部分音が含まれるかを示したものを周波数スペクトルという。楽器の種類によってスペクトルの形はさまざまに異なっていることがわかるだろう。たとえば，ヴァイオリンは低い音域の部分音の強度が強いと同時に高音域の部分音が非常に多く，スペクトルが山のような形になっている。一般に，ヴァイオリンのように部分音の数が多いほど音色は豊かに聞こえ，フルートのように少ないと単純な（純粋な）音色に感じられる（梅本，1966）。ところで，実際の楽器の音を録音して，その立ち上がり部と減衰部を取り除いたり，逆回転に

して再生したり，周波数分析して得られたスペクトルと同じ構造を持った音を合成して聞いても，元の楽器を特定することは非常に難しい。これは，音色の決定には楽器の音の時間的特性が大きく関わっているからである。音の立ち上がりは，ギターやヴァイオリンなどでは鋭くオルガンでは鈍い。一方，立ち上がり後の音は，ギターや打楽器は急速に減衰するが，ヴァイオリンやオルガン，管楽器などは減衰しない。その他，同じ楽器でも発音時の立ち上がり方をコントロールして変えたり，ヴィブラートのかけ方や弓や息の圧力を変えれば，当然音色は変わってくる。

7.2 音楽における群化とパターンの知覚

楽音が知覚されても，それぞれの楽音がばらばらに知覚されるだけでは，それは無意味な音の羅列にしか聞こえない。それらが群化・パターン化され知覚的に体制化されることにより，まとまりのあるメロディとして知覚される（2.2参照）。楽音の体制化は，音のタイミング，高さ，音色，音源の方向，などの諸特徴に基づいて行われる。

楽音の群化 私たちは，会話（音声）を単語というまとまりに区切りながら理解するのと同じように，メロディを数音単位の短いグループに区切りながら聞いている。グループは，視知覚と同様に群化の原理に従って形成される。音の流れの中に時間的な空白（休符）や音の質・量の変化（音高の跳躍，音長の変化）があると，そこが知覚的境界となってグループができるのである。群化の要因には，図7.3に示すように，時間的近接性，類同性などがあるが，ほかにも，アクセントが付けられた音はグループの開始として知覚されやすい，何度か繰り返される音形があるとその繰り返しが1つのグループとなる，などさまざまである。こうして形成された個々の小さなグループがチャンク（4章参照）として下位単位となり，チャンクがいくつか（多くて5つ程度）集まってより大きなグループを形成したものが，いわゆるフレーズやメロディというものである。一般に，フレーズどうしの境界は個々のグル

(A) 時間的近接性：時間的に連続した音，タイミングの近い音どうしがグループを形成する

〈スラー〉　　　　〈休符〉　　　　〈タイミングの近接〉

(B) 類同性：音の特徴が類似しているものどうしがグループを形成する

〈音域・高さの類同(近接)〉　〈音の長さの類同〉　〈ニュアンスの類同〉　〈音の大きさの類同〉

図 7.3　音高の群化の要因（点線は知覚されるグループを表す）

(A) 音響的な流れ

(B) 知覚される流れ：2つの音脈（ストリーム）に分かれて聞こえる
〈オーボエ〉

〈ヴァイオリン〉

図 7.4　複数の音高が同時並行的に聞こえてくるような音楽の知覚

J. S. バッハ作曲「オーボエとヴァイオリンのための協奏曲」～第3楽章冒頭ソロ部分。オーボエの音を▲，ヴァイオリンの音は●で示してある。両者の音域は重なっているが，音色が異なるため2つの音脈が明確に知覚される。

ープ境界よりも明確に知覚される。しかし，演奏家はフレーズのまとまりをよりはっきりさせるため，フレーズの最初の音をはっきりと大きな音で弾いたり，フレーズの中の音はできるだけスラーで弾くなどの工夫を行うのである。

垂直方向の群化　図 7.4 のように複数の音高が同時並行的に聞こえるとき，私たちはそれらを1つの音の流れとしてではなく，いくつかの音の流れ（音脈，stream）に分けて知覚することがある。これを音脈分凝（stream segregation) もしくはストリーミングという。音脈分凝も群化の規則に基づいており，音の高さの近いものどうし（音高の近接性），音色が同じものどうし（音色の類同性），音高の変化がなめらかに連続しているものどうし（良い連続），空間的に同じ場所から聞こえてくるものどうし（空間的な近接性）は，同じ1つの音脈を形成する傾向にある。このような音脈分凝の結果，私たちはオーケストラのようにさまざまな音が鳴っている中で主旋律となる音脈を聞き取ったり，合唱などでそれぞれの声部の音脈を聞き取ったりすることができるのである。

旋律パターン（旋律線）の認知 メロディを認知し，心の中に表象化する形式はいくつかあるが，一般的な聞き手はメロディを旋律線（melodic contour）として表象化する。旋律線（輪郭線ともいう）とは，メロディにおけるピッチの上下動のパターンのことであり，輪郭を図示したようなものである。旋律線の重要性は，図7.5に示すような移調再認実験で確認されている（実験1参照）。一般の聞き手は，(A)のメロディを聞いた後で，旋律線の形が同じ(C)のメロディ（音程が一部異なる）を「(A)と同じ」と答えてしまう一方，旋律線の形が異なる(D)のメロディが(A)とは違うということは簡単にわかるようである。この傾向は年齢が低くなるほど，また音楽経験が少ないほど

図7.5 移調再認実験などで典型的に用いられるメロディ（Dowling, 1982を一部改変）
(A)を標準メロディとして，(B)は標準メロディを別の調に正確に移調したものであり，(C)と(D)は標準メロディを別の調に不正確に移調した変形メロディである。ただし(C)は標準メロディの旋律線の形が変わらないようにしたもの（旋律線同型）であり，(D)は旋律線の形も変わるようにしたもの（旋律線異型）である。実験では，標準メロディを提示した後に，(B)～(D)のメロディのいずれかを提示して，2つのメロディが同じか異なるかを答えさせる。(B)に「同じ」，(C)と(D)に「異なる」と答えれば正解である。

強くなる。ただし，同じメロディを何度も聞くと，徐々に細かい音程の幅も記憶されていくため（相対的な音程関係による符号化），(C)のメロディが(A)とは異なることが簡単にわかるようになる。また，音楽訓練を受けた人は，音高を階名や絶対音名として言語的にも符号化できるため，こうした記憶実験の成績は高くなる。いずれにしても，旋律線が同じメロディは音程が多少異なっていても同じメロディとして認識されやすいのだが，このことは楽曲の認知にとってむしろ都合がいい。普通，楽曲の中では，あるメロディが音域，調，音程，旋法，リズムなどを変えて何回も出現する。メロディを旋律線として大ざっぱに把握しているからこそ，それらを異なるメロディではなく同じメロディ（つまり主題もしくは動機）として統一的に認知できるのである。変奏曲の主題と変奏の関係の認知，「この曲とあの曲は似ているな」という類似性の認知も，旋律線に基づくメロディ認知によるものといえる。

7.3　音楽の構造の認知

時間的な構造化　音楽を音楽らしくさせている本質的な要素の1つとして周期性がある。通常，よく耳にする音楽であれば，私たちは曲に合わせて一定の時間間隔で手拍子を打つことができるが，これは私たちが音楽の周期性を知覚しているからである。この一定の時間間隔のことを基本拍（ビート：beat）と呼んでいるが，私たちが知覚する周期性はビートだけではない。ビートの連続を2拍，3拍などの拍子（meter）としてグルーピングすることにより，より大きな時間単位（西洋音楽の場合，小節に相当する）の周期性も知覚する。たとえば，マーチは1, 2, 1, 2, …，ワルツは1, 2, 3, 1, 2, 3, …，というように，2つもしくは3つのビートからなる単位の周期性を知覚するのである。さらに，場合によってはいくつかの小節をグルーピングして，より大きな時間単位の周期性を知覚する場合もある。このように，メロディを聞いて階層的な時間構造（拍節構造）に基づく周期性を知覚することを拍節的体制化（metrical organization）という（岡田・阿部，1998；後藤，2000）。拍

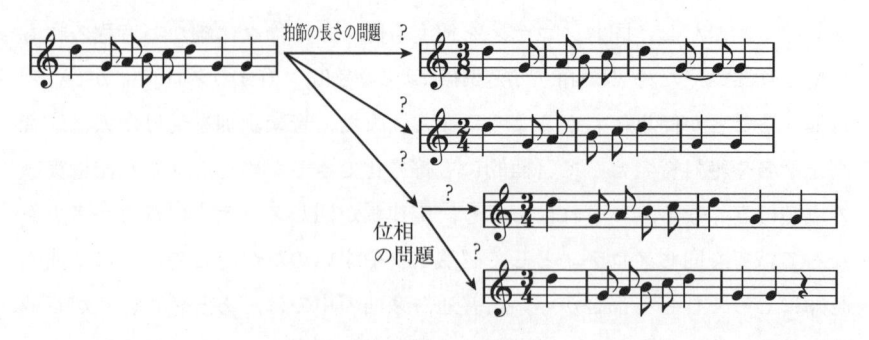

図 7.6　拍節的体制化

メロディを聞くとき，私たちは瞬時に，拍節の長さの問題（1拍の長さは8分音符か4分音符か，1小節の長さは何拍分か？）と位相の問題（強拍はどの音の上にくるか？）を知覚的に解決する。たとえば，左のメロディに対して可能な拍節構造はほぼ無限にあるが，音はできるだけ拍と同期する（シンコペーションが生じない），長い音はできるだけ強拍（拍子の1拍目）上にくる，1小節の拍数は2～4程度である，などのさまざまな条件を最も良く満たす拍節構造が知覚される。

節的体制化は，心の中に拍節構造という枠組みを用意し，聞こえてくるメロディをその枠組みの中にトップダウン的にあてはめて理解しようとする処理プロセスといえるだろう。私たちは音楽の開始後すぐに適切な拍節構造を知覚するが，図7.6に示すように，拍節の長さや位相などを手続き的に決めるのは実は難しい問題である。

　音高の構造化　音の高さの次元についても，拍節的体制化と同様に，メロディを調性構造という格子枠組みにあてはめて理解しようとする構造化の処理があり，調性的体制化（tonal organization）という（阿部，1987；吉野・阿部，1998；吉野，2000）。メロディを聞いて長調か短調かを区別できたり，聞いたことのない島歌を聞いて沖縄の（音階に基づく）音楽だとわかったり，私たち日本人が君が代を聞き終わったときに終止感（終わった感じ）を感じることができる（日本音楽に親しみのない外国人は終止感をあまり感じない）のは，この調性的体制化によるものである。そもそも調性（tonality）とは，楽曲の音高構造に1つの特定の音高（中心音）による支配性が認められる心理現象のことである。中心音とは，メロディを聞いている間，心の中で特に重要なものとし

図7.7　終止音を定めやすいメロディ(A)と定めにくいメロディ(B)の例
　　　　(星野・阿部，1984より)

終止音導出法による実験では，聞き手は，目の前に用意されているキーボードを弾いて実際に音を確かめながら，提示されたメロディを"まとまりよく終わらせる"と思われる音高（終止音）を自由に選ぶ。(A)のメロディに対して多くの聞き手は"C"を終止音として選ぶ。選ばれた終止音は，聞き手がそのメロディに対して知覚した中心音（つまり主音）であるとみなすことができる。

て知覚されている音高であり，他の音高を安定して知覚するための知覚的な基準点（参照点という）としての，また，メロディをまとまりよく終わらせる終止音としての役割を持っている。図7.7の2つのメロディを聞いて終止音を探してみる（終止音導出）と，(A)のメロディは終止音を簡単に定めることができるが，(B)はなかなか定めることができない。この2つのメロディの違いは，(A)は私たちに馴染みのある西洋音楽の音高構造（長音階）に一致するが，(B)は既知のどんな音高構造にも一致しないということである。このように，調性を感じるとは，中心音を心の中に安定して定めることができた状態であり，その中心音を基準としてメロディの各音高を音高構造の枠組み的知識（調性スキーマ）にあてはめて体制化できた状態であり，その調性的体制化の結果として感じられる"まとまりの感覚"であるといえる。図7.7の(A)のように調性的体制化がうまく行われた音列はまとまってメロディらしく聞こえ（つまり調性感が高い）良く記憶できるが，そうでない音列(B)はまとまりがなくランダムな印象に聞こえ（調性感が低い）記憶も悪い（実験2参照）。調性スキーマは，誕生後からさまざまな楽曲を聞くことによって心内に徐々に形成されるものであり，多くの場合，その音楽文化の特定の音高組織（音階）を反映したものになる。現代日本人の場合は，西洋音楽の長調・短調，日本音楽の律音階・都節音階など，複数の音階組織に対応する調性スキーマを持ち（図7.8），聞こえてくるメロディをいずれかの調性スキーマの

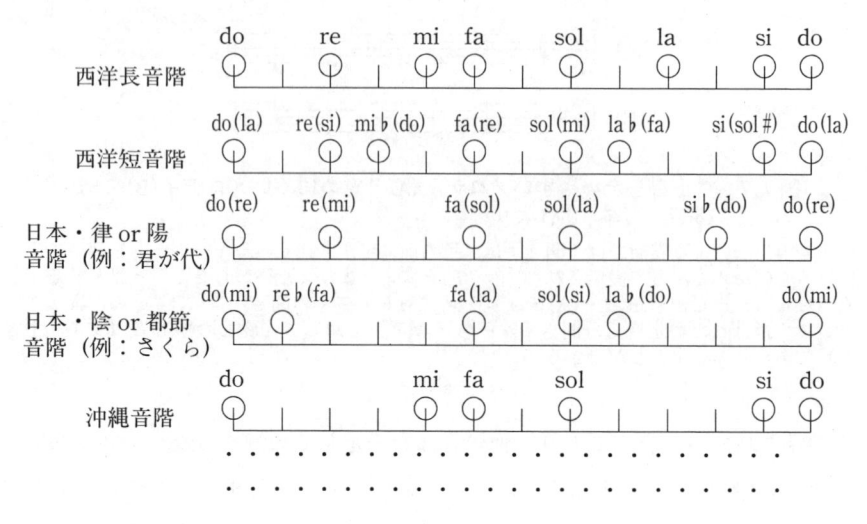

```
              do      re     mi  fa     sol     la     si  do
西洋長音階      ○       ○      ○   ○      ○       ○      ○   ○

              do(la)  re(si) mib(do) fa(re) sol(mi) lab(fa) si(sol#) do(la)
西洋短音階      ○       ○      ○   ○      ○       ○      ○   ○

              do(re)  re(mi)     fa(sol) sol(la)    si b(do)      do(re)
日本・律 or 陽   ○       ○          ○      ○          ○            ○
音階（例：君が代）

              do(mi) re b(fa)    fa(la)  sol(si)    la b(do)      do(mi)
日本・陰 or 都節 ○       ○          ○      ○          ○            ○
音階（例：さくら）

              do              mi  fa     sol                 si  do
沖縄音階        ○               ○   ○      ○                   ○   ○
```

図 7.8 現代日本人が持つ調性スキーマ（音階組織の枠組み）

オクターブ内 12 半音を表す格子上に，各音階を構成する音高を○印で示している．音階音の名前は，西洋音楽の do, re, mi, fa の階名を中心音（主音）を do として便宜的に日本音階にもあてはめて表記した．

枠組みにあてはめて体制化しようとしているはずである．

音楽の展開の認知と期待　はじめて聞く曲でも，メロディの流れや和声進行の次の展開をなんとなく予想できることがある．また，「ここは間奏の部分だ．だから次に 3 番（の歌詞）が始まる．」，「ここはクライマックスの部分だ．だからもう少しで曲は終わる．」ということを認知したり予想したりすることがある．こうしたことは，私たちがメロディや和声の進行の仕方に関するスキーマや，曲のより大きな構造に関する知識（文章理解における物語文法のようなもの：6.2 参照）を持っていることを示している．その知識を使って意識的・無意識的に曲の各部分の音楽的機能や音楽構造を把握するとともに，次の部分の展開を確率的に計算し予測しているのである．メイヤー (1956) は，こうした認知機能を期待 (expectation) と呼んだ．メイヤーが主に問題にしたのはメロディと和声進行に関する期待であるが，彼によると，期待は多くの場合裏切られたり先延ばしにされ，その間，聞き手は情動的に

緊張状態に置かれる。そしてその緊張状態が解決されると期待が満足される。音楽を聞く意味はこうした期待の作用にあるという（詳しくは，Aiello, 1994）。

7.4　音楽の感情的性格の認知と気分への影響

　私たちは音楽に対して"明るい感じ"とか"猛烈な感じ"とか"暗く沈んだ感じ"など，さまざまな印象を抱く。これらの印象はその音楽（曲）の漠然とした感情的な性格を表すものといえるので，音楽の感情価（谷口，1998）と呼ばれている。また，私たちは音楽を聞いて感情的性格を認知するだけではなく，実際に自分自身の気分状態まで変わってしまうこともある。たとえば，明るい音楽を聞けば気分が明るくなり，暗い音楽を聞くと暗くなったりする。私たちは，このような音楽による気分誘導の効果をさまざまな状況で利用している。

　音楽の感情価　音楽の感情価（affective value）とは，ある楽曲がどのような感情的性格をどの程度持っているのかといった，感情的性格の種類と量を表すものである（谷口，1998）。価という用語を用いているのは，一口に"この曲は明るい"といっても，その明るさの程度に低いものから高いものまで幅があり，その幅を数値として表現しているからである。たとえば，明るさを1～5までの5つの値で表現するとしたら（1：明るくない，2：やや明るくない，3：どちらともいえない，4：やや明るい，5：明るい），童謡「チューリップ」は4，「荒城の月」は1，などという具合になるだろう。このように心理的な印象を段階的な尺度上で数値化することを評定という。谷口（1998）は，私たちが楽曲の感情価を，高揚（抑うつ），親和，強さ，軽さ，荘重の5つの次元で認知していることを明らかにし，楽曲の感情価をそれら5つの次元で評定するための質問紙テスト（音楽作品の感情価測定尺度：AVSM）を作成した（表7.1）。彼はこのAVSMを用いてクラシックの名曲90曲の感情価を調べたが（対象は短大生50名），それによると，たとえばバッハの「G線上のアリア」は，高揚：3.3，親和：4.1，強さ：1.7，軽さ：1.8，荘重：2.9で，

表7.1　音楽作品の感情価測定尺度（AVSM）を構成する24の項目
（谷口，1998 より作成）

次元（因子）	評定項目
高揚（＋：高揚）	明るい，楽しい，うれしい，陽気な
（－：抑うつ）	沈んだ，哀れな，悲しい，暗い
親和	優しい，いとしい，恋しい，おだやかな
強さ	強い，猛烈な，刺激的な，断固とした
軽さ	きまぐれな，浮かれた，軽い，落ち着きのない
荘重	厳粛な，おごそかな，崇高な，気高い

(注) 評定項目は，各次元を代表する形容詞4項目ずつ（ただし「高揚」は"明るい"方の極と"暗い"方の極のそれぞれから4項目ずつ）計24項目からなる。音楽を提示し，評定項目がその音楽にあてはまるかどうかを5件法で判断させる。

ショパンの「革命」は，高揚：2.6，親和：1.6，強さ：4.1，軽さ：1.9，荘重：3.0であった。つまり，「G線上のアリア」はやさしく穏やかで激しくない曲，「革命」は激しくて厳粛な曲だと認知されたわけである。問題は，こうした感情価が楽曲のどのような特徴に基づいて認知されるかということである。シェラーとオシンスキー (1977) は，ある短いメロディをテンポを変えたり，調（長調と短調）を変えたりして被験者に聞かせ，その感情価を評定させた。その結果，調の効果（長調は明るさ，短調は暗さに結びつく）やテンポの効果（テンポが速いと明るく聞こえる）が見られた。そのほか，音量，音域，音の鋭さ，協和などのさまざまな特徴と感情価との関係が多くの研究者によって指摘されている。しかし，調の効果1つとっても，長調の曲＝明るい，短調の曲＝暗い，とはならない場合があることからもわかるように，楽曲の感情価は音楽の複数の特徴が複雑に絡んで決まるのである。

気分への影響　谷口 (1998) は，感情価を評定させるのと同時に，楽曲を聞いた後の気分状態をも被験者に評定させている。気分の評定は，多面的感情状態尺度短縮版 MMS (寺崎ら，1991) という質問紙（抑うつ・不安，敵意，倦怠，活動的快，非活動的快，親和，集中，驚愕，の8尺度×各5項目＝計40項目）を用いて行われた。表7.2は，8種の気分（MMSの尺度）のそれぞれがどのような感情価（AVSMの尺度）を持つ楽曲を聞いて生じたかを示したものである。

表 7.2 音楽聴取後の気分（MMS の各尺度）と楽曲の感情的性格（AVSM の尺度）との関係（谷口, 1998 より作成）

MMS の尺度 （具体的な気分）	関係の深い感情価：AVSM の尺度 （具体的な曲の性格）	曲の具体例（MMS の尺度で高得点を得た上位 2 曲）
抑うつ・不安 （悩んでいる）	高揚（−0.58） （明るくない（＝悲しく沈んだ）曲）	アルビノーニ：アダージョ ヴェルディ：椿姫〜第 3 幕への前奏曲
敵意 （憎らしい）	強さ（0.40） （強く猛烈な曲）	ショパン：革命 ラヴェル：全員の踊り
倦怠 （だるい/疲れた）	高揚（−0.51），好嫌（0.45） （悲しく沈んだ曲・嫌いな曲）	シベリウス：トゥオネラの白鳥 サティ：グノシェンヌ第 4 番
活動的快 （活気のある）	高揚（0.69），強さ（0.60），軽さ（0.53） （明るく・強く猛烈で・軽快な曲）	ヘンデル：シバの女王の入城 J. シュトラウス：こうもり序曲
非活動的快 （のんびりした）	親和（0.69），強さ（−0.40） （やさしく穏やかで・猛烈でない曲）	マスネ：タイスの瞑想曲 オッフェンバック：ホフマンの舟歌
親和 （恋しい）	親和（0.67），好嫌（−0.47） （やさしく穏やかで・好きな曲）	バッハ：G 線上のアリア マスネ：タイスの瞑想曲
集中 （丁重/慎重な）	荘重（0.44），親和（0.40） （荘重厳粛で・やさしく穏やかな曲）	ショパン：別れの曲 サティ：グノシェンヌ第 3 番
驚愕 （びっくりした）	強さ（0.67），軽さ（0.37） （強く猛烈で・軽快な曲）	ショパン：革命 ラヴェル：全員の踊り

（注）相関の絶対値が約 0.4 以上のもののみを示してある

両者の関係の深さは相関という値で示されている。たとえば，MMS の「抑うつ・不安」尺度と最も関係の深い AVSM の尺度は「高揚」であるが，負の相関なので，明るくない（＝悲しく沈んだ）性格の曲を聞くと多少抑うつ的で不安な気分になったということになる。表より，気分は特定の感情価と 1 対 1 に対応しているわけではなく，いくつかの感情価が複雑に組み合わされて生じていることがわかる。単純に気分誘導の効果を調べたものとして，同じく谷口（1998）は，抑うつ的な音楽（シベリウス：トゥオネラの白鳥）を聞かせた被験者は何も聞いていない被験者に比べて実際に抑うつ気分（MMS による評定）が高くなることを確認している。ところで，抑うつ的な感情価を持つ音楽がネガティブな気分しか誘導しないのであれば，そうした音楽を聞く価値はあるのだろうか。この問題について，松本（2002）は，非常に悲しい気分のときに悲しい音楽を聞くと悲しい気分は低下し，やや悲しい気分のときには変化しない（逆に明るい音楽を聞くと快適性が増す）ことを実験で明らかに

している。つまり，悲しみが弱いときや特に悲しくない気分のときは明るい音楽を聞いた方がよいが，非常に悲しい気分のときは悲しい音楽を聞いた方が気分が和らぐということなのである。

●実験してみよう●

実験 1　旋律線によるメロディの認知

【目的】メロディは，旋律線の情報として符号化され記憶されることがわかっている (Dowling, 1982)。これが正しければ，旋律線が同じメロディは音程が多少異なっていても同じメロディとして認識されるはずである。本実験ではこの仮説を検証する。

【方法】《刺激メロディおよび装置》6音からなる単旋律のメロディ30曲を標準メロディとして用いる。各試行では，標準メロディと比較メロディの2つが連続して提示されるが，2番目に提示される比較メロディは，図7.5に示したような3種類である。すなわち，①標準メロディを別の調に正確に移調したもの（移調形），②標準メロディを別の調に不正確に移調した変形メロディであるが旋律線の形は変わらないもの（旋律線同型），③標準メロディを別の調に不正確に移調した変形メロディであり旋律線の形も異なるもの（旋律線異型），である。メロディは1音／秒の速さで提示され，標準メロディと比較メロディの間の間隔は4秒である。また，音色はQuickTime音源のグランドピアノである。これらの刺激メロディのファイル（QuickTime形式）と「反応用紙」ならびに「正解」のファイルは付録のCD-ROMに用意されている。パソコンにスピーカーもしくはヘッドフォンを接続し，音を聞けるようにしておく。反応用紙を印刷し，筆記用具を用意する。

　《課題と手続き》QuickTimeのファイルを開きPlayerのスタートボタンをクリックすると，30の試行からなる実験が始まる（練習試行用のファイルがあるので，まずそちらからやってみてください）。各試行では，ベル音の1秒後に標準メロディ，比較メロディが続いて提示される。被験者は，比較メロディが標準メロディと同じ（正確な移調）か異なる（不正確な移調）かを判断し反応

用紙に記入する。ただし，試行間間隔6秒以内に行わなければならない（6秒経つと次の試行が始まる）。

【結果と考察】「正解」のファイルを開き，反応が正しいかどうかチェックする。正答とは①移調形については「同じ」と答えた反応，②旋律線同型の不正確な変形と③旋律線異型の不正確な変形については「異なる」と答えた反応である。各刺激条件ごとに正答数をカウントし，正答率を求める。①移調形に対する正答率が高い場合と低い場合ではどのようなことがいえるだろうか。②と③の刺激条件の正答率を比較し，なぜそのような違いが生じたのかを考察する。また，音楽経験の有り無しで結果は違ってくるだろうか？楽器経験のある人（もしくはない人）にも実験をやってもらい，結果を比較してみよう。

実験2　調性的なメロディと非調性的なメロディの記憶

【目的】体制化の処理によって，私たちは物理世界を瞬時に安定して知覚するだけでなく，安定した記憶を形成することができる。メロディの場合，調性的体制化のされやすいもの（調性的メロディ）は良く記憶され，体制化されにくいもの（非調性的メロディ）はあまり記憶されない。ここでは，メロディの調性の有無と音数によって記憶成績が異なるかどうかをフランセの実験法にならって調べる。

【方法】《刺激メロディおよび装置》図7.7に示したような調性的なメロディと非調性的なメロディをそれぞれ14曲用いる。そのうち半数は6音からなり，もう半数は8音からなるメロディである。メロディは連続して2回提示されるが，1回目と2回目ではメロディ中の1音が別の音高に変えられている。メロディは1音／秒の速さで提示され，メロディの1回目と2回目の間の間隔は4秒である。また，音色はQuickTime音源のグランドピアノである。これらの刺激メロディのファイル（QuickTime形式）と「反応用紙」ならびに「正解」のファイルは，付録のCD-ROMに用意されている。スピーカーもしくはヘッドフォン，印刷した反応用紙，筆記用具を用意する。

《課題と手続き》QuickTime のファイルを開き Player のスタートボタンをクリックすると，28 試行からなる実験が始まる。各試行では，ベル音の1秒後にメロディが2回提示される。被験者は，2回目に提示されたメロディを聞いて，何番目の音が違っていたかを反応用紙に記入する（1音目は必ず同じになっている）。ただし，試行間間隔6秒以内に行わなければならない。

【結果と考察】「正解」のファイルを開き，反応が正しいかどうかチェックする。調性的なメロディ，非調性的なメロディそれぞれについて，6音の場合と8音の場合の正答数と正答率を求める。各刺激条件間（調性－非調性，6音－8音）でどの程度の違いが見られたか比較し，なぜそのような違いが生じたのかを考察する。可能なら，実験1と同様に，音楽経験による違いについても調べてみよう。

引用文献

阿部純一　1987　旋律はいかに処理されるか　波多野誼余夫（編）　音楽と認知　東京大学出版会

Aiello, R. 1994 *Musical perceptions*. New York : Oxford University Press. （1998　大串健吾（監訳）　音楽の認知心理学　誠信書房）

Dowling, W. 1982 The development of music perception and cognition. In D. Deutsch (Ed.), *The Psychology of music*. New York : Academic Press. （津崎　実（訳）　1987　メロディー情報処理とその発達　寺西立年・大串健吾・宮崎謙一（監訳）　音楽の心理学　西村書店）

後藤靖宏　2000　リズム（旋律の時間的側面）　谷口高士（編著）　音は心の中で音楽になる　北大路書房

星野悦子・阿部純一　1984　メロディ認知における"調性感"と終止音導出　心理学研究, **54**, 344-350.

松本じゅん子　2002　音楽の気分誘導効果に関する実証的研究－人はなぜ悲しい音楽を聴くのか－　教育心理学研究, **50**, 23-32.

Meyer, L. B. 1956 *Emotion and Meaning in Music*. Chicago : University of Chicago Press.

岡田顕宏・阿部純一　1998　メロディの認識：拍節解釈と調性解釈を結合した計算モデル　長嶋洋一ほか（編）　コンピュータと音楽の世界－基礎か

らフロンティアまで－　共立出版

Olson, H. F. 1952 *Musical engineering*. New York : McGraw-Hill.

Scherer, K. R., & Oshinsky, J. S. 1977 Cue utilization in emotion attribution from auditory stimuli. *Motivation & Emotion,* **1**, 331-346.

Shepard, R. N. 1982 Structural representations of musical pitch. In D. Deutsch (Ed.), *The Psychology of music*. New York : Academic Press. （宮崎謙一（訳）　1987　音楽における音の高さの構造　寺西立年・大串健吾・宮崎謙一（監訳）　音楽の心理学　西村書店）

寺崎正治・岸本陽一・古賀愛人　1991　多面的感情状態尺度・短縮版の作成　日本心理学会第55回大会発表論文集　435.

谷口高士　1998　音楽と感情　北大路書房

谷口高士　2000　音の響き　谷口高士（編著）　音は心の中で音楽になる　北大路書房

梅本堯夫　1966　音楽心理学　誠信書房

吉野　巌・阿部純一　1998　調性認識：メロディの調を解釈する計算モデル　長島洋一ほか（編）　コンピュータと音楽の世界－基礎からフロンティアまで－　共立出版

吉野　巌　2000　旋律（旋律の音高的側面）　谷口高士（編著）　音は心の中で音楽になる　北大路書房

8章 イメージと認知・感情

　私たちが「イメージ」ということばを使うとき，どのような意味でそれを用いるであろうか。たとえば，「この服は私のイメージに合わない」といった，物に対する印象や評価といった意味で使ったり，テレビの画面や映画のスクリーンに映し出される映像を指して使ったり，あるいは「桜の花びらをイメージする」といったような，心の中に思い浮かべる像の意味で使ったりとさまざまである。このように，イメージということばは非常に多義的であり，日常生活においては多様な意味で用いられる。本章では，心の中に思い浮かべる像のようなものとしてイメージを扱う。このときイメージ（mental imagery）は，「現実に物理的な刺激対象が存在しないにもかかわらず生じる類知覚的体験（quasi-perceptual experience）」と定義されることが多い（たとえば Richardson, 1969）。

8.1　イメージと記憶

　いま仮に，山裾から真っ赤な朝日が昇ってくる場面をイメージしたとする。このとき，確かにこのイメージを描いたということは本人しかわからず，他人がそれを知ることは不可能である。このように，イメージはきわめて私的で主観的な体験である。そのため，直接観察可能な行動を対象とした行動主義心理学では，研究テーマとして取り上げられることはほとんどなかった。しかし，直接的には観察不可能な心的活動も情報処理の観点から説明を試みる認知心理学の台頭に伴って，1960年代以降大きなトピックスとして扱われるようになってきた。そうした流れの中で，まず研究者たちの注目を集め

たのは，記憶や学習に及ぼすイメージの役割についてであった。

イメージによる記憶の向上　古代ギリシャやローマの雄弁家は，場所法 (method of loci) や鉤語法 (peg-word mnemonic) といったイメージを利用したテクニックを考案し，演説内容を効果的に記憶していたといわれる。このように，イメージにより記憶や学習成績が向上することについて最初に系統的かつ，客観的に研究したのがペイヴィオであった。ペイヴィオ，ユールおよびマディガン (1968) は，925個の名詞からなるリストを被験者に提示し，各単語によりどの程度容易にイメージを喚起できるかについて，低イメージ（1点）から高イメージ（7点）までの7件法により評定させて標準データを収集した。単語が有するイメージ喚起性は，イメージ価 (imagery value) と呼ばれ，喚起が容易になるにつれて値が高くなる。ペイヴィオ (1971) は，この標準データに基づいてイメージ価がさまざまな学習課題に及ぼす効果について検討し，いずれの場合にも高イメージ価の単語ほど想起されやすいことを明らかにしている。また，2つの項目を対にして記憶させる対連合学習では，被験者が項目対を学習する際に必ず何らかの記憶方略を用いていたと報告することが知られていた。そこで，ペイヴィオ，ユールおよびスマイス (1966) は，対連合学習時の方略を，①句や韻で2語を結びつける言語的方略を用いた，②イメージで2語を結びつけるイメージ方略を用いた，③そうした方略は用いなかった，のいずれかで報告させ，それぞれの使用傾向とタイプ別の正再生率を調べた。その結果，言語的方略は抽象的で低イメージ価の対で用いられることが多いのに対し，イメージ方略は具体的で高イメージ価の対でより多く使用された。同時に，いずれかの方略を用いた場合には用いなかった場合よりも正再生率が高く，それらは低イメージ価対よりも高イメージ価対に対して効果的であり，言語的方略よりもイメージ方略の方が特に高イメージ価対に対して効果的であることが示された。ほかにも，言語材料を学習する際に「イメージを使って覚えなさい」と教示すると，自由再生や系列再生，再認といった種々の課題において記憶成績が向上することが明らかになっている。

二重コード化説　ペイヴィオ (1971) は，これらの結果が示されたのは処理する情報の種類によって符号化が異なるためではないかと考え，二重コード化説 (dual coding theory) を提唱した (図8.1参照)。この説では，言語的情報と非言語的情報とが異なった形式で記憶されていると考えられている。つまり，記憶システムは，情報の符号化・体制化・変換・貯蔵・検索を担う，相互に独立しながらも密接に関連し合った2つのシステムから成り立つと仮定されている。2つのシステムのうち一方は，イメージシステムであり，非言語的な対象に関連した情報を扱うことに特化しており，イメージの処理に大きく関係している。もう一方は，言語システムと呼ばれ，言語的情報を扱うことに特化している。また，どちらのシステムにも基本的な表象単位が存在しており，それらはイメージシステムではイマージェン (imagen) と呼ば

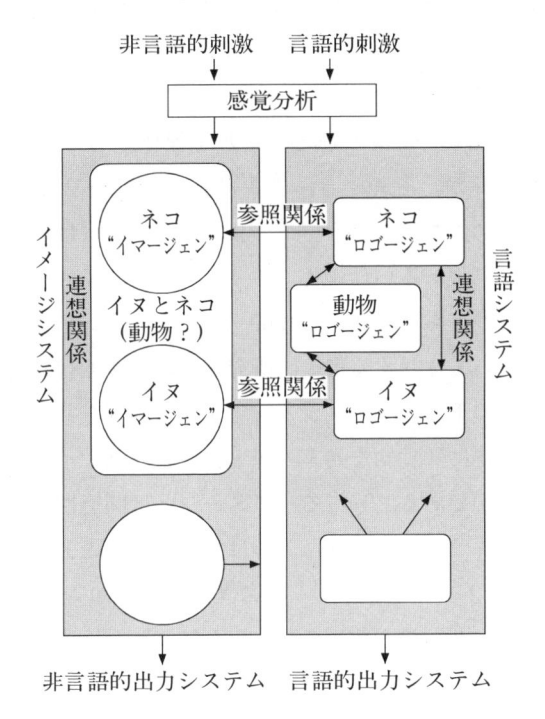

図8.1　ペイヴィオの二重コード化説 (Paivio, 1971)

れ，言語システムではロゴージェン（logogen）と呼ばれる。各イマージェンは，連想関係によって包含関係が決定される集合構造を形成している。一方で，各ロゴージェンは連想関係に基づいたネットワーク構造を形成している。そして，対応するイマージェンとロゴージェンの間には，両者を結びつける参照関係が存在すると考えられている。二重コード化説によれば，言語材料を覚える際にも，言語コードとイメージコードの2種類の形式でコード化しておけば，それだけ手がかりも増大し，記憶成績が向上することになる。

8.2　イメージと知覚

　イメージは，あたかも実際の対象を知覚したかのように主観的に感じる現象である。たとえば，「アルファベットのDを左に90度回転させ，その下にアルファベットのJを組み合わせると何ができるか」と口頭で尋ねられたとき，どのように答えるであろうか。多くの人はおそらく，アルファベットのDとJの文字を心の中に思い描き，それを操作することによって回答するのではないだろうか。そのとき，まさにDを回転させてJを結合させているかのように感じることだろう。このようにイメージは，知覚と類似した性質を持つ内的な表現あるいは過程であり，知覚と共通の特性や特質を有するのではないかと考えられてきた。1960年代後半から1970年代にかけては，こうした仮定について検討する実験的研究が非常に多く行われた。

　イメージと知覚の干渉　イメージと知覚が処理過程を共有するのであれば，イメージ課題と同時に知覚的な妨害課題を行わせれば，イメージ課題の遂行が干渉を受けるはずである。一方で，イメージとは関連性の低い他の妨害課題を同時に実施すれば，そのような干渉は見られないことになる。ブルックス（1967）は，図8.2のようなブルックス課題として知られるマトリックスを用いて，イメージと知覚とが干渉し合うかどうかを検討した。ここでは，マトリックス内のあるセルを出発点とし，その後の指示に従って隣り合うセル上に数字を1から8まで順番にイメージして配置させた。配置させる位置

		3	4
	1	2	5
		7	6
		8	

空間的材料　　　　　　　無意味材料
出発点に1を置きなさい　出発点に1を置きなさい
右隣に2を置きなさい　　「早い」隣に2を置きなさい
上隣に3を置きなさい　　「良い」隣に3を置きなさい
右隣に4を置きなさい　　「早い」隣に4を置きなさい
下隣に5を置きなさい　　「悪い」隣に5を置きなさい
下隣に6を置きなさい　　「悪い」隣に6を置きなさい
左隣に7を置きなさい　　「遅い」隣に7を置きなさい
下隣に8を置きなさい　　「悪い」隣に8を置きなさい

図8.2　ブルックス課題の例（Brooks, 1967）

を指示する刺激材料は2種類あり，一方は上，下，左，右の空間的材料が用いられ，他方はそれらの代わりに「良い」「悪い」「遅い」「早い」の無意味材料が用いられた。また，刺激提示の方法にも2種類あり，オーディオテープによって言語的に提示する条件と，それと同時に指示内容が書かれたカードを視覚的にも提示する条件とがあった。一連の提示が終わった後，被験者はすべての提示を一字一句変えずに繰り返さなければならなかった。結果は，空間的材料が用いられ，かつ視覚的提示を伴った場合の誤反応が多く，イメージと知覚が互いに類似した過程を経て処理されていることを示唆するものであった。ブルックス（1968）はまた，イメージ課題と言語課題を設定し，それぞれの課題に対して視空間的に答えさせる条件と言語的に答えさせる条件とを比較する実験も行っている。イメージ課題は，図8.3のような線図形を記憶し，それをイメージしながら出発点から線に沿っていき，文字の角が上下の端に位置しているかどうかを「はい（Y)-いいえ（N）」で分類することであった。これについて視空間的に答える場合には，図8.4のように空間的に配置されたY，Nの文字を上から順に指差し，言語的に答える場合には口頭で「はい-いいえ」と答えさせた。一方で，言語課題では，A bird in the hand is not in the bush. のような文章を記憶し，それぞれの単語が名詞か否かを同じように答えさせた。これらの課題遂行に対する反応時間を比較したところ，イメージ課題では指差し条件の方が，言語課題では口頭

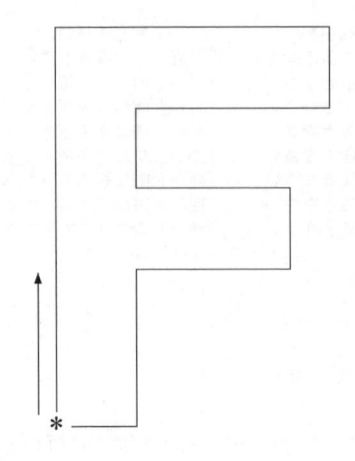

図 8.3　ブルックスの図形課題の例
　　　　（Brooks, 1968）

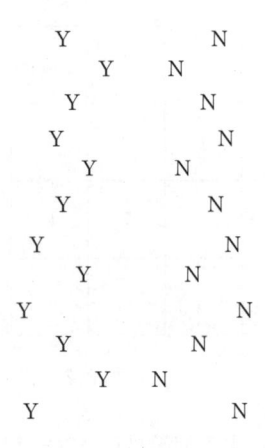

図 8.4　ブルックスの指差し条件における解答用紙の例
　　　　（Brooks, 1968）

条件の方が，それぞれもう一方の条件よりも反応時間が長く，より困難であった。つまり，各課題と反応方法との間に選択的干渉（selective interference）が示され，両者で処理過程が類似している場合にのみ妨害が生じたのである。

イメージと知覚の類似性　現実の刺激対象を回転したり，視線を移動させて探索したりするとき，物理的角度や距離が大きくなるにつれてそれに要する時間も増大する。これと同様のことがイメージにおいても認められることを実験的に示したのが，心的回転（mental rotation）と心的走査（mental scanning）の実験である。心的回転に関する一連の研究のうち，最初に行われたのはシェパードとメッツラー（1971）によるものであった。彼らは，10個の立方体からなる立体図形の線画を左右に2つ同時に提示し，一方が他方を回転させたものと同じであるか，あるいは鏡映像であるかをできるだけ速く判断させた（図8.5参照）。回転角ごとの反応時間を比較した結果，角度差が増大するにつれて反応時間が長くなることがわかった。この結果は，どちらか一方の図形イメージをあたかも実際の物体を回転させているかのように回転

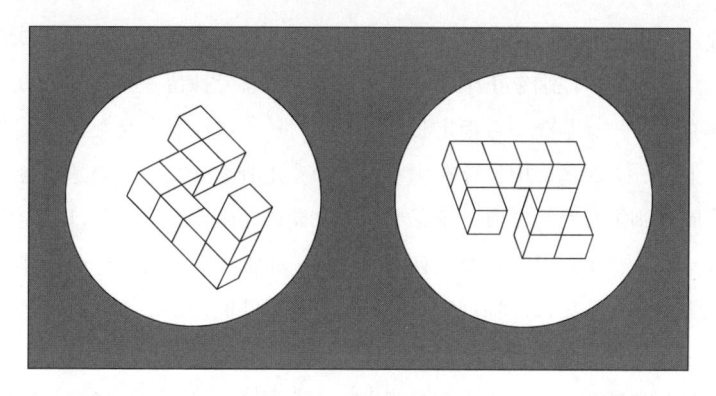

図 8.5　心的回転の実験で用いられた刺激の例（Shepard & Metzler, 1971）

図 8.6　心的走査の実験で用いられた島の地図（Kosslyn, Ball, & Reiser, 1978）

させ，残りの図形に重ね合わせたために生じたと考えられた。このように，イメージされた対象も心の中で回転させることができ，しかも現実の物理的対象と同じようにその回転には一定の時間を要することがわかったのである（章末の実験1をやってみよう）。また，コスリン，ボールおよびライザー（1978）は，心的走査の実験において同様の結果を示している。ここでは，図8.6の

ような，小屋や井戸，湖といった7つのランドマークが描かれた島の地図を記憶し，その島の地図を正確にイメージできるまで練習させた。そのあと，島全体をイメージしながら指定したランドマークに注目させた上で，別のあるランドマークが島の中に存在するか否かを走査させた。この課題遂行に要する時間を測定したところ，ランドマーク間の距離が長くなるほど走査の時間も長くなる結果が得られた。私たちが同一平面上にある2つの物体間を実際に走査するときには，物理的な距離に応じて時間がかかる。これと同じ現象がイメージでも見られたのである。

コスリンのモデル これまで見てきたように，イメージは知覚と類似した特性を持つことが多くの実験的研究によって明らかにされてきた。それらの研究成果を受けて，両者は何らかの形で同じ過程を共有していると仮定したイメージモデルがいくつか提案されてきた。その中で，最近のイメージ研究にも大きな影響を与えているのがコスリンのモデルである（たとえば Kosslyn, 1994）。このモデルは，膨大な数の神経心理学的研究に基づいて高次視知覚を中心とする脳の働きを詳細に説明しようとしているため，非常に複雑である。しかし，概略すると7つの基本的な下位システムから構成されている（図8.7参照）。視覚バッファは，空間的に体制化された活性化パターンを保持し，残りのシステムへと出力する役割を担う。注意ウィンドウは，この視覚バッファ内の情報のうち，さらなる処理を必要とする情報を選択する。対象特性符号化システムは，形や色，肌理といった対象の物理的特性を分析する。これと並列的，かつ対照的な役割を担うのが空間特性符号化システムであり，対象の空間的位置と大きさを分析する。連合記憶は，2つの符号化システムからの入力を受けることが可能であり，対象の物理的・概念的特性についての情報を貯蔵する。初期の入力情報では対象が特定できないときには，ランダムに情報を集めるのではなく，「その対象はこうであろう」といった仮説に基づいたトップダウン処理を行う必要がある。このようにして貯蔵された情報をさらに符号化するのが情報検索システムである。注意移動システムは，頭や目，注意ウィンドウなどを実際に動かして注意をそらしたり，留めたり

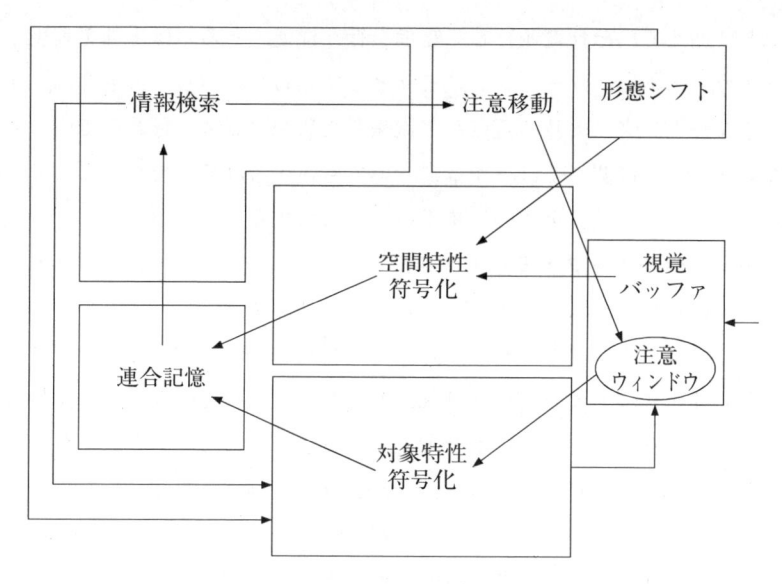

図 8.7　コスリンのイメージモデル（Kosslyn, 1994）

する。このモデルでは，イメージは直接的な感覚入力なしに他の下位システムの働きとともに視覚バッファが活性化したときのパターンであると仮定されている。また，対象を変換するといったイメージに特有の機能も，視覚バッファ内の活性化パターンを変える機能を持つ形態シフトシステムを加えることによって説明できると考えられている。

8.3　イメージとワーキングメモリ

　私たちが認知的な課題を行うときには，それがいかなるものであれ，情報を一時的に保持し，それに対して適切な操作を加えなければならない。このことはイメージについてもあてはまる。たとえば，先に紹介した心的回転を考えてみよう。心的回転では，提示された2つの立体図形の異同を判断するために，一方の図形を一時的に保持しつつ，それに回転という操作を加えることで他方の図形に重ね合わせていた。このような，情報を一時的に保持す

ることに加えて,それに並行して処理を行う機能,あるいはそれを実現しているメカニズムは,ワーキングメモリとして知られている。最近では,イメージをワーキングメモリの観点から議論した研究が数多く行われている。ワーキングメモリに関しては,4章においても述べられていたが,ここでは特に,イメージとの関係を中心に見ていくことにする。

ロギーのワーキングメモリモデル　バッドリーのモデルでは (4.2 参照),イメージには視空間スケッチパッドの働きが深く関与していると考えられている。このモデルが提案されて以降,言語材料の処理に関わる下位システムに関して非常に多くの研究がなされ,音韻ループは機能的に2つの下位要素にさらに分かれるのではないかと考えられるようになってきた。それら2つの下位要素は,音韻キャッシュ (phonological cache) と音韻リハーサル (phonological rehearsal) と呼ばれる。音韻キャッシュには,受動的に情報を貯蔵する働きがあり,ここでは時間経過とともに情報が減衰していくと仮定されている。他方で,音韻リハーサルには,そのように減衰していく情報を再活性化させる能動的な情報リハーサル機能があると考えられている。

　ワーキングメモリにおける言語的な情報処理に関しては,新たなメカニズムが明らかにされる一方で,イメージなどの視空間的な情報の処理については,研究の数も相対的に少なく,バッドリーのモデルからの進展はほとんどなかった。しかし,1990年代に入って研究成果が蓄積されてきたことと言語的情報処理システムからの類推により,ロギー (1995) は視空間情報処理を担う下位システムも2つの構成要素に分かれたモデルを提案した (図 8.8 参照)。このモデルでは,視覚情報と空間情報はそれぞれ異なった下位構成要素によって処理されると仮定される。視覚情報は,視覚キャッシュ (visual cache) と呼ばれるシステムで処理される。これには,言語的な情報処理における音韻キャッシュの役割と同様,視覚的な情報を受動的に貯蔵する働きがある。一方で,空間情報はインナースクライブ (inner scribe) によって処理される。これは,音韻リハーサルのように情報を能動的にリハーサルする機能を担っている。このように,イメージのような視空間情報の処理に関し

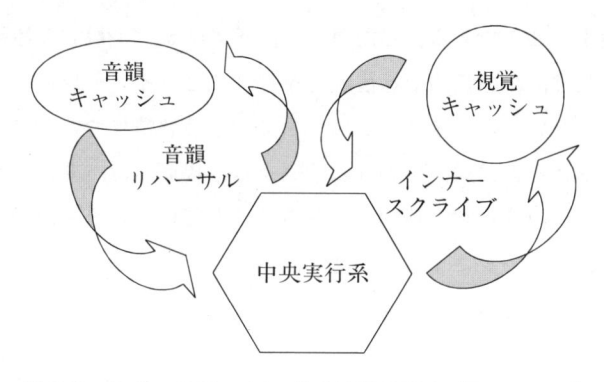

図 8.8 ロギーのワーキングメモリモデル (Logie, 1995)

ても受動的な貯蔵と能動的なリハーサルとに区別する考え方は，最近の研究では支持される方向にある（たとえば Cornoldi & Vecchi, 2003）。

8.4 イメージと感情

　ここまでは，イメージの中でも特に視覚的イメージについて見てきた。イメージに関する研究は視覚的イメージを中心としたものが圧倒的に多く，これまでに得られてきた研究成果の多くはそれについてのものであったといえる。しかし，私たちは，視覚に限らず，聴覚，嗅覚，触覚といった他の感覚モダリティでもイメージすることができる。たとえば，春の穏やかな日に砂浜に寝そべっている場面をイメージしたとしよう。すると，心の中の目には青い空と柔らかな日差し，耳には寄せては返す波の音，鼻には磯の香り，手にはさらりとした砂の感触といったように，あらゆる感覚モダリティに対応したイメージを思い浮かべることができるであろう。さらに，イメージはこのような全感覚的な特徴を持つことに加えて，それとともに感情の喚起を伴う。先ほどの場面でも，騒音が少ない静かな環境の中でリラックスしてイメージしたなら，非常に心地よい感情が湧き上がってくるのを感じることができることと思う。このようなことは決してまれではなく，むしろ私たちが日

常的に経験することである。したがって，イメージは主観的な体験であることを考慮すれば，全感覚的で感情喚起を伴うことはイメージにとって本質的な特徴であるといえる。イメージによって生じる感情については，何らかの心の問題を抱えた人に対して心理的治療を行う場面では，非常に重要な役割を果たすことが以前から実践的に認識されてきていた。そのため，このテーマに関してはイメージによって感情を制御するという観点から，特に臨床心理学の領域において多くの研究が行われている。

イメージによる感情喚起 私たちは，怒りに満ちたときには顔が紅潮して，呼吸や鼓動が速まるし，恥ずかしいときには赤面し，手に汗をかいたりする。このように，感情の生起時には多くの場合，身体に何らかの生理的変化が生じており，感情研究では自律神経系の活動を測定する手法が用いられてきた。これと同様に，感情を喚起させる場面をイメージしたときにも，生理的変化が生じるかどうかについて検討されている。たとえば，シンハ，ロバッロおよびパーソンズ (1992) は，被験者に対し，恐怖，怒り，喜び，悲しみの4種類の感情を喚起させる場面と，特別な感情を喚起させない中立的な場面をイメージすることを求めた。そして，それぞれの場面をイメージしているときの心拍，最大血圧，最小血圧といった8種類の生理的指標を測定し，それらについてのプロフィール・パターンを比較した。その結果，感情を喚起させる場面をイメージしたときにはいずれの場合にも，中立的な場面をイメージした場合とは異なったパターンが示された。また，それぞれの感情間でもパターンが異なることがわかった。つまり，イメージによっても生理的変化が生じた上，その変化は感情の種類ごとにパターンが異なることが明らかにされたのである。これら4種類の感情に限らず，リラックスするイメージと覚醒するイメージなどのように，さまざまな種類の感情を喚起させるイメージで，生理的反応に違いがあることが明らかになっている。

ラングの生体情報理論 イメージと感情を包括的に説明する理論として，ラング (1979) は，生体情報理論 (bio-informational theory) を提唱している。この理論の中でイメージは，生理的，行動的パターンと密接に結合した命題

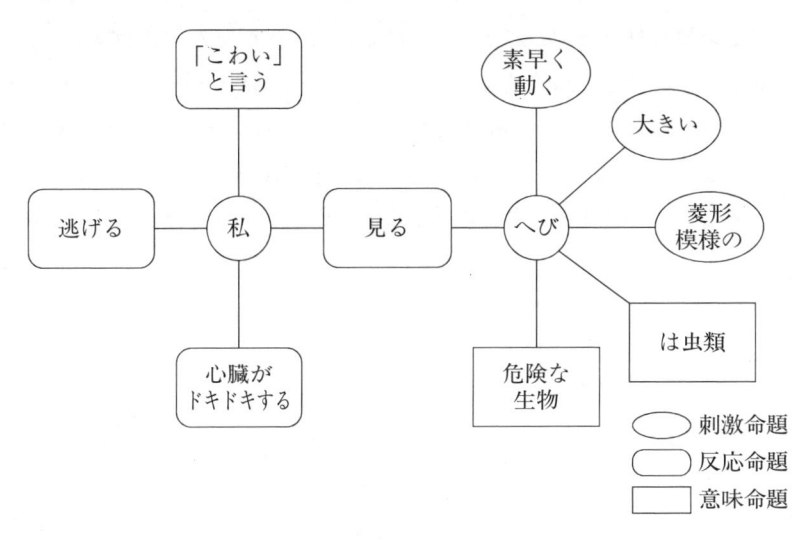

図 8.9　ラングの生体情報理論（Lang, 1979 のモデル図を改変）

ネットワークからなる記憶構造であると考えられている。そのネットワークの構成要素としては，刺激命題，反応命題，意味命題の3種類が仮定されている（図8.9参照）。刺激命題は，イメージした刺激，あるいは状況についての特徴を記述したものである。反応命題は，イメージした刺激や場面に対する身体反応や内臓反応を記述したものであり，モデル内で中心的な役割を担う。これにより，生理的な変化や言語表出などが現れると考えられている。意味命題は，イメージ場面や刺激が持つ意味を規定したものであり，入力情報と出力情報を媒介する働きを持つ。ラングは，イメージ場面を記述した文章を変化させることによって，刺激命題と反応命題のうちのどちらが効果的に生理的変化を引き起こすかを検討した。その結果，刺激命題を含む文章よりも反応命題を十分に含む文章をイメージした方が大きな生理的変化を引き起こすことが明らかにされ，治療場面では，反応命題を強調したトレーニングが効果的であることが指摘されている。生体情報理論に関しては，種々の臨床場面への応用の観点から，イメージ状況や変数をさまざまに変化させた実験が行われている。

8章　イメージと認知・感情　　137

アーセンの ISM モデル　アーセン (1984) は，先に見たペイヴィオ (1971) の二重コード化説を理論的基礎として，イメージは，I (Image)，S (Somatic response)，M (Meaning) の 3 種類の構成要素からなると考える，ISM モデルを提唱した。このモデルでは，イメージ (I) は，中枢喚起による感覚であると定義され，感覚が有するあらゆる特性を示すと同時に，内的なものであると考えられている。一方，身体反応 (S) は，骨格反応，感覚経験などのような身体的，神経生理学的変化として定義され，これに感情が含まれる。ISM モデルにおいて最も強調され，重要視されるのが，この身体反応である。意味 (M) は，言語的反応を指し，イメージによって伝達され，イメージと外界との関係を理解する基盤になると仮定されている。このモデルでは，私たちが通常のイメージを体験する場合には，まずイメージが喚起され，それによって身体反応が引き起こされ，最後に意味が伝えられるという順序 (ISM) になっていると仮定されている。しかし，自我が一時的に弱まったり，外傷体験が強過ぎたりするような場合には，これら 3 側面のバランスを保つことが困難になる。その結果，イメージ，身体反応，意味は相互に独立して活性化することで本来とは異なった順序で生起し（たとえば，MIS など），心身症的症状が発現するようになると考えられている。ISM モデルの最大の特徴は生体情報理論と同様，身体反応に関する側面を組み入れたことにある。それに加え，イメージ体験を構成する 3 要素の生起順序が変化すると仮定したことで，多種多様なイメージ体験を説明することが可能となっている。そのため，臨床心理をはじめとして，精神病理，スポーツ心理などのさまざまな領域において，このモデルを検証する研究が行われている。

● 実験してみよう ●

実験 I　イメージの心的回転
【目的】提示されたアルファベット F が，正像か鏡映像か判断する時間を測定する。8.2 で述べたように，傾いた図形や文字が正像か鏡映像かを判断する場合，それに要する時間は図形の回転角とともに増加する。この現象は，

心的イメージが物理的対象の場合と同様に操作されることを示唆している。ここでは，イメージの心的回転とはどのようなものかを体験するため，Fを提示する角度をさまざまに変化させ，角度の変化とともに反応時間がどのように変化するかを調べる。

【方法】《刺激図形および装置》0度から180度まで30度ステップで，右もしくは左に回転させた正像と鏡映像を刺激図形として用いる。これらの図形をランダムな順序で提示したり，反応時間を測定するプログラムは，付録のCD-ROMに収められているのでそれを用いる。

《手続き》アイコンをダブルクリックすると，プログラムが起動される。「実行」メニューから「実験」を選択すると，実験が始まる。「＋」が提示された状態で，スペースバーを押せば刺激が提示されるので，正像であれば「0（ゼロ）」キーを，鏡映像であれば「1（イチ）」キーを押せば正答となる。反応が正しくても，間違っていても，反応が行われれば刺激図形が画面上から消え，再び「＋」が提示されるので，スペースバーを押すと次の試行へ進む。このようにして試行が進み，1ブロック分が終了するとビープ音が鳴る。1ブロックは2（正像－鏡映像）×2（右回転－左回転）×7（0度－180度）の28試行からなっている。第2ブロックに進むには，再び「実行」メニューから「実験」を選択し，以後，第1ブロックの場合と同様に進めていけばよい。安定したデータを得るためには，1ブロックを練習とし，本試行は4ブロック以上行うことが望ましい。なお，このプログラムでは，練習と本試行を区別しないので，練習が終わった段階で一度プログラムを終了し（「ファイル」メニューから「終了」を選択する），本試行用に再度，起動する方がデータ処理に間違いが起こりにくい。実験を実施するときに注意してほしいのは，頭や身体は傾けないこと，および，できるだけ速く正確に反応することの2点である。

【結果と考察】本試行が終了した時点で，「ファイル」メニューから「保存」を選択すると，各試行の正誤，反応時間，正答した正像，鏡映像における角度ごとの平均反応時間などのデータが保存される（ダブルクリックでエクセルが

起動するようにしているが，内容は単なるテキストなので，テキストエディタで開くことができる）。角度を横軸に，平均反応時間を縦軸にとったグラフを描いてみよう。はたして，反応時間は角度の増加とともに上昇しているだろうか。正像と鏡映像の間では，グラフのパターンに違いはあるだろうか。実験を行う際，あなた自身はどのようなやり方で判断を行っただろうか。自分がとった方法は，データにどのように反映されているだろうか。他の人のデータも合併し，その平均をプロットした場合，どのようなグラフが得られるだろうか。簡単な実験だが，さまざまな興味深い問題があるので，いろいろと考えてみよう。

実験2　イメージ能力の測定

【目的】イメージ能力に個人差があることはよく知られており，それを測定するためにさまざまなテスト類が開発されている。視覚イメージについてはVVIQ (Marks, 1973) という質問紙が非常にポピュラーであり，多くの研究者によって利用されている。ここでは，VVIQ によってイメージ能力を測り，それと心的回転速度の間にどのような関係があるかを調べる。

【方法】《被験者》質問紙によるイメージ能力の検査は，それほど鋭敏ではない。したがって，多人数に実施し，評定値の合計得点が高い方と低い方から1/4とか，1/3ずつ選んで低イメージ群，高イメージ群とすることが多い。このようなことから，この実験では，被験者の数は多いほどよく，できれば100名（少なくとも数十名）以上であることが望ましい。

　《材料および装置》教示用紙および心的回転のプログラムと，著作権者の許可を得て作成したVVIQの日本語版は，CD-ROMに収録してあるので，それを用いる。

　《手続き》VVIQの実施，高，低イメージ群の選択の後，心的回転の実験を行う（実験1の手続き参照）。実験結果への影響を避けるため，被験者には実験の目的や，自身がどちらの群に属するかは，実験前には教えないでおく。

【結果と考察】高，低イメージ群について，角度を横軸に，正像に関する平均反応時間を縦軸にとったグラフを描いてみよう。はたして，反応時間関数

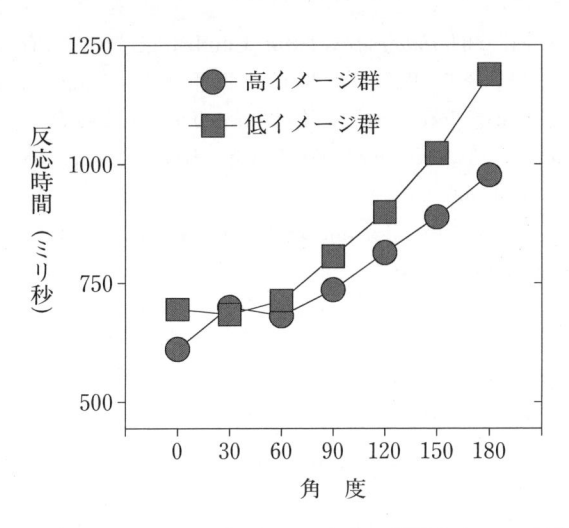

図8.10 高，低イメージ群における角度の関数としての反応時間

の傾きは，イメージ能力によって異なっているだろうか．図8.10は，筆者らが授業の一環として行った実験の結果を示したものである．この実験では，68名の大学生にVVIQを実施し，上下1/4ずつを高，低イメージ群としている．60度以上の角度では，低イメージ群よりも高イメージ群の傾きの方が小さく，回転速度が速いことがわかる．

引用文献

Ahsen, A. 1984 ISM: The triple code model for imagery and psycho-physiology. *Journal of Mental Imagery,* 8, 15-42.

Baddeley, A. 1986 *Working memory.* Oxford : Oxford University Press.

Brooks, L. R. 1967 The suppression of visualization by reading. *Quarterly Journal of Experimental Psychology,* 19, 289-299.

Brooks, L. R. 1968 Spatial and verbal components of the act of recall. *Canadian Journal of Psychology,* 22, 349-368.

Cornoldi, C., & Vecchi, T. 2003 *Visuo-spatial working memory and individual differences.* Hove, UK : Psychology Press.

Kosslyn, S. M. 1994 *Image and brain.* Cambridge : MIT Press.

Kosslyn, S. M., Ball, T. M., & Reiser, B. J. 1978 Visual images preserve metric spatial information : Evidence from studies of image scanning. *Journal of Experimental Psychology: Human perception and performance,* **4**, 47-60.

Lang, P. J. 1979 A bio-informational theory of emotional imagery. *Psychophysiology,* **16**, 495-512.

Logie, R. H. 1995 *Visuo-spatial working memory.* Hove, UK : Lawrence Erlbaum Associates Ltd.

Marks, D. F. 1973 Visual imagery differences in the recall of pictures. *British Journal of Psychology,* **64**, 17-24.

Paivio, A. 1971 *Imagery and verbal processes.* New York : Holt, Rinehart, & Winston.

Paivio, A., Yuille, J. C., & Madigan, S. A. 1968 Concreteness, imagery, and meaningfulness values for 925 nouns. *Journal of Experimental Psychology Monographs,* **76**, 1-25.

Paivio, A., Yuille, J. C., & Smythe, P. C. 1966 Stimulus and response abstractness, imagery, and meaningfulness, and reported mediators in paired-associate learning. *Canadian Journal of Psychology,* **20**, 362-377.

Richardson, A. 1969 *Mental imagery.* London : Routledge and Kegan Paul.

Shepard, R. N., & Metzler, J. 1971 Mental rotation of three-dimensional objects. *Science,* **171**, 701-703.

Sinha, R., Lavallo, W. R., & Parsons, O. A. 1992 Cardiovascular differentiation of emotions. *Psychosomatic Medicine,* **54**, 422-435.

9章 空間認知

　空間認知とは，私たちが空間を理解し，それに基づいて行うさまざまな行動・心的活動を意味する。そこには，現在位置の把握，直接見通せない位置の推論，あるいは道順の理解・他者への説明といった，私たちが空間に対して行うさまざまな活動が含まれるが，とりわけ，目的地への移動では，これらさまざまな活動が総動員されるといってもよいであろう。そこで，本章では，目的地への移動を中心として，私たちが空間をどのように記憶し，それをどのように利用するのかという観点から，空間認知に関わる心的過程を考えることとする。

9.1　空間の記憶

　私たちは，目的地へ移動するとき，地図や道案内などを利用して，事前にその目的地付近の情報を記憶する。さらに，何度か通った道であれば，その経験から得た情報を，記憶に付け加える。この記憶に保持された情報に基づいて，私たちは自分の進路や現在位置を定めたり，目的地の位置や方向を推測していると考えられる。空間内での行動，推論，あるいは問題解決といった他のさまざまな活動も，このような空間の記憶に基づいていると考えられ，その意味で，空間の記憶は空間認知を支える中心的存在といえるであろう。
　このような空間に関する記憶は認知地図（cognitive map）と呼ばれる。トールマン（1948）が認知地図の概念を提案して以来，その性質に関して多くの研究が行われているので，まずは，それらの知見を概観しながら認知地図の性質について考えてみよう。

認知地図の情報　認知地図に保持される情報は，歩いたり，車や公共交通機関を使って空間を移動するといった直接的経験や，地図を見たり，他の人から道順を聞くといった間接的経験をとおして獲得される。もちろん，それらの経験から得た情報がそのまま保持されるのではなく，他の記憶と同様に，情報は取捨選択され，抽象化された上で認知地図に保持されると考えられる。では，具体的にどのような情報が，どのような形で認知地図に保持されるのであろうか。

この点に関しては，バーン (1979) やリンチ (1960) の実験結果が参考になるであろう。バーン (1979) は，ある都市の住民に，その都市にある交差点の角度を評定させた。その結果，評定対象となった交差点の角度は，60 度〜70 度および 110 度〜120 度であったにもかかわらず，そのほとんどは直角に近い角度で評定されることが示された。この結果は，道路の交差角度などの詳細な情報が認知地図に保持されないことを示唆している。このような情報の省略は，認知地図に保持されている位置関係が実際のそれとは一致しないという，認知地図の"歪み"の原因になると考えられる。

他方，リンチ (1960) は，人が居住している都市に対してどのようなイメージを持っているか調査し，そのイメージが，わずか 5 つのカテゴリーから構成されることを示した。それらは，ランドマーク (landmark)，パス (path)，ノード (node)，ディストリクト (district)，そしてエッジ (edge) である。ランドマークとは，視覚的に目立つ建造物で，他の建造物や場所を説明するために利用される要素である。パスは，人間が移動するために利用する経路であり，道路だけではなく，地下鉄網なども含まれる。ノードは，パスが交差，あるいはぶつかる地点を意味し，方向転換の地点として注意が払われる場所である。ディストリクトは，たとえば，オフィス街や商店街などのように，特定の機能的特徴を共有した，概念的な地域を意味する。エッジは，たとえば川のように，都市のイメージが断ち切られる地形的要因を意味する。

これらの研究から，認知地図は，比較的少ない概念的カテゴリーによって

抽象化された情報は保持しているが，地形の物理的特徴などの詳細な情報は保持していないことがわかるであろう。つまり，認知地図の情報は現実世界を忠実にコピーしたものではないが，現実世界をある程度反映し，そして関連情報を取り出しやすくするように単純化されているのである。実際，既知の街並みを地図に描かせてみれば，さまざまな"歪み"が生じていることを確認できるであろう。しかし，現実の地図との不一致はあっても，地点間の相対的な距離関係や方向関係がある程度一致していることも確認できるはずである。

認知地図の分類　認知地図は，ルートマップ（route map）とサーヴェイマップ（survey map）に分類される。ルートマップとは，「この道をまっすぐ進み，つきあたりで右に曲がり，さらに進んで郵便局のところを左に曲がる」といったように，道順的に情報を保持する認知地図であり，経路上での行動を系列的に保持する手続き的認知地図である。それに対してサーヴェイマップとは，「駅前通りが東西に，国道は，駅付近から南北に走っており，駅から国道沿い 300 m 付近に郵便局がある」といったように，空間内の物体の空間関係を，系列的にではなく，俯瞰的（地図的）に保持する認知地図であり，全体的，二次元的な認知地図である。

このようなルートマップとサーヴェイマップの性質の違いは，整列効果（alignment effect）と呼ばれる現象（Levine, Jankovic, & Palij, 1982；Presson & Hazelrigg, 1984）からうかがうこともできるであろう。整列効果とは，記憶時の向きと推論時の向きとが一致しなければ判断が難しくなるというものである。たとえば，北が上向きとなっている地図を見て街並みを覚えたとする。そして，実際にその街の中で現在の自分の位置からある地点の方向を考えたとしよう。そのとき，自分が北を向いていれば判断しやすいが，南を向いていると判断しにくいのではないであろうか。

この整列効果は，サーヴェイマップを利用する場合に認められるが，ルートマップを利用する場合には認められない。それは，サーヴェイマップが常に記憶時と同じ向きで想起される 2 次元的なイメージであるのに対して，ル

ートマップは2次元的イメージではなく，また単一の向きで想起されることもないためと考えられる。

ルートマップとサーヴェイマップが，それぞれどのような情報を保持しているかについては議論の分かれるところであるが，先行研究からは，ルートマップには，特定の経路を進んだ場合のランドマークの出現系列やその視覚的特徴などが保持され，サーヴェイマップにはランドマーク間の直線距離や方向関係の情報が保持されると考えられている。人は，これら2つの認知地図を持っており，必要に応じてそれらを使い分けていると考えられる。たとえば，比較的遠くにあって見通せない目的地の位置を考える場合にはサーヴェイマップを，他者に道順を教える場合にはルートマップを使う，といった具合である。

認知地図の構造 認知地図には特定空間の膨大な知識が保持されるわけであるが，それぞれの情報が単独で保持されているわけではなく，一定の規則に従って関連付けられていると考えられる。では，このような情報の関連付け，あるいは認知地図の全体的構造はどのようなものなのであろうか。

この点に関する例として，空間的プライミング効果 (spatial priming effect) と呼ばれる現象を紹介しておこう (Clayton & Chattin, 1989；Merril & Baird, 1987)。空間的プライミング効果とは，ある地点について空間的判断を行う場合，その地点と近接した地点が先行して提示されていると，判断が促進されるというものである。たとえば，郵便局の近くに病院があり，離れたところに交番があったとしよう。そして，これらの地点からはかなり遠いところにある目印とこれらの地点の位置関係を考えるものとする。ここで，まず郵便局と指定目印の位置関係を判断させ，その次に，病院と指定目印の位置関係を判断させるか，あるいは交番と指定目印の位置関係を判断させる。前者と後者の違いは郵便局に近い地点を含んでいるか，それとも遠い地点かということである。これら2種類の組み合わせのうち，判断が速くなるのは前者，すなわち郵便局に近い病院を含んでいる場合である。つまり，ある場所について考えた後に，そこに近い場所について考えると判断が速くなる，

というわけである。このような現象は，近い位置関係にある場所の情報には何らかの結びつきがあり，一方の活性がその結びつきを通して伝わることを示唆している。すなわち，認知地図に保持されている地点の情報は，他の知識と同様，実際の位置関係に基づいてネットワーク的に結びついているということである。これに関して，サダラら (1980) も，認知地図内では，よく知っている場所が中心的地点（参照点，reference point）となり，参照点間の位置関係と，参照点とその周辺地点の空間関係が保持されていると指摘している。ただし，それらの空間関係は，先に紹介したバーン (1979) の結果から示唆されるとおり，角度や距離の具体的な数値ではなく，"遠い-近い"，東西南北，あるいは前後左右など，いくつかの主観的なカテゴリーによって表現されていると考えられる。

　さらに，認知地図は空間の広さによって異なるまとまりが形成されるという，階層的構造になっていることも指摘されている (Hirtle & Jonides, 1985 ; Stevens & Coupe, 1978)。たとえば，学校内の位置関係が表現されている部分，学校を含む地域の位置関係が表現されている部分，そして学校および地域が含まれる町全体の位置関係が表現される部分といった具合である。これに関して，スティーブンスとクーペ (1978) は，異なる地域に属する地点間の空間関係が，地域間の空間関係によって歪められることを示した。たとえば，A地域の東隣がB地域であるが，地域の境界線が蛇行しているため，A地域内のX町から見るとB地域内のY町が西にあるといった場合，X町から見てY町は東にあると考えてしまうのである（CD-ROM内の認知地図構造実験用参照）。つまり，地域をまたがるような地点間の判断が地域の位置関係に引きずられてしまう，というわけである。彼らはこのような結果から，同一地域の地点間の位置関係のみが保持され，異なる地域の地点間のそれらが保持されないというモデルを提案している（図9.1参照）。

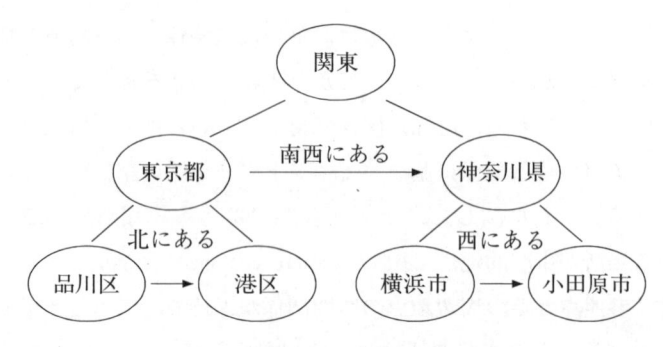

図 9.1　認知地図の階層構造の一例

同一レベルの要素および同一領域内の地点では位置情報が存在するが，異なる領域にわたる位置情報は存在しない。なお，矢印のない直線は包含関係を示している。

9.2　認知地図の情報利用

　私たちは認知地図に情報を蓄えるだけでなく，保持された情報を利用してさまざまな問題解決を行っている。たとえば，新しい近道を見つけるといった場合，認知地図から既知の経路を検索し，2地点を結ぶより短い経路を推測した上で，それを目の前にしている実際の経路の情報と照合しながら進むであろう。そこには，認知地図の情報を単に参照するだけではなく，認知地図に新たな情報を付加したり，情報を修正したり，あるいは推論するといった，複雑で動的な心的過程が含まれる。本節では，そのような認知地図の情報利用過程について，目的地への移動に関わる心的過程から考えることとする。

　目的地への移動の心的過程　私たちが目的地へ移動する場合，実際に行動を開始する前に，どのような道順で移動すればよいかを考えるはずである。そして，それをもとにして行動を開始し，実際に目印や自分の現在位置を確認しながら，ときには記憶情報や考えた道順を修正しながら目的地へ進むといったことになるであろう。

　つまり，大まかには，移動に先立って移動の手順を考える段階（プランニ

ング)があり,考えられた手順(プラン)に従って順次必要な行動を決定するという段階がある。前者では,プランを作るために必要な情報が認知地図やその他の情報源から収集され,どのような経路や場所を経由して目的地へ行くかを検討することになる。後者では,自己の現在位置を把握し,移動する方向を定めるといった心的処理をはじめ,プランの実行にあたって,空間内での自己の現在位置と,自己の向いている方向を常に把握し,その移動プランとの照合および評価を行う必要がある。

　これら目的地への移動の心的過程に関しては,ゲーリングら(1984)による移動プラン(travel plan)理論,あるいはナイサー(1976)による定位図式(orienting schema)理論などによって体系的説明が試みられている。移動プランとは,まさに目的地への移動の手順・計画のことであり,ゲーリングらはそれの形成,修正,あるいは確認といった心的過程によって目的地への移動の心的過程を説明している。一方,定位図式とは,記憶された現在位置周辺の情報に基づいて移動行動が方向づけられ,移動に伴う知覚的探索によって現在位置周辺の情報が抽出され,そして抽出された情報からその記憶が修正されるという心的処理の循環を意味しており,ナイサーはこの循環的処理によって目的地への移動の心的過程を説明している。ここでは,ゲーリングらによる移動プラン理論に従って,それぞれの段階ごとにその心的過程がどのようなものであるのかを考えてみよう。

　移動プランの形成　私たちが何らかの行動をとる場合,その目的やどのような行動をとるべきかが考えられるはずである。たとえば,風邪をひいたので風邪薬を買いたい,風邪薬を買うには薬屋へ行かねばならない,といったことである。このような意図を実現するために形成されるのが,行動プランである。この行動プランに目的地への移動が含まれる場合,移動プランが形成される。移動プランを形成するためには,外部のさまざまな情報源(地図や他者からの説明など)から必要な情報が抽出され,また認知地図からも必要な情報が検索・推論される(図9.2参照)。たとえば,東京の渋谷から大阪の大阪城へ行くという場合,それらの位置関係や移動方法,あるいは経由地点

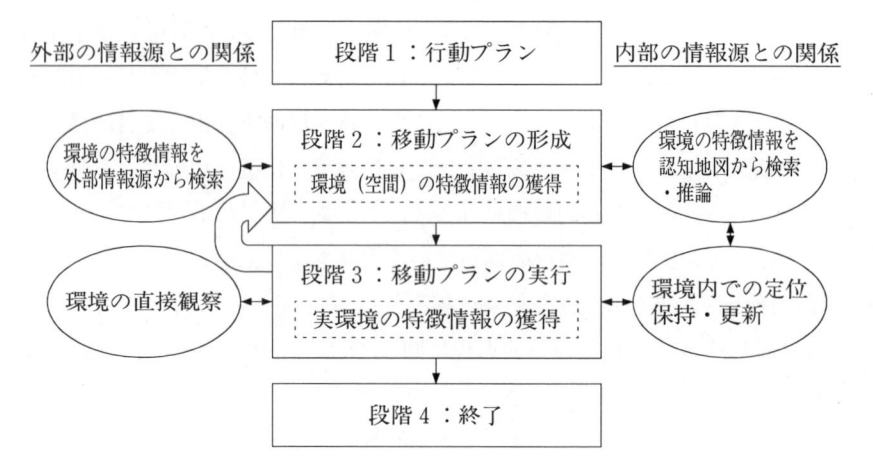

```
                     ┌─────────────────────┐
                     │ 段階1：行動プラン    │
  外部の情報源との関係  └─────────────────────┘  内部の情報源との関係
                                ↓
   ┌──────────────┐   ┌─────────────────────┐   ┌──────────────┐
   │環境の特徴情報を│   │段階2：移動プランの形成│   │環境の特徴情報を│
   │外部情報源から検索│←→│ 環境（空間）の特徴情報の獲得 │←→│認知地図から検索│
   └──────────────┘   └─────────────────────┘   │・推論        │
                                ↓↑                └──────────────┘
   ┌──────────────┐   ┌─────────────────────┐   ┌──────────────┐
   │環境の直接観察  │←→│段階3：移動プランの実行│←→│環境内での定位│
   └──────────────┘   │ 実環境の特徴情報の獲得 │   │保持・更新    │
                     └─────────────────────┘   └──────────────┘
                                ↓
                     ┌─────────────────────┐
                     │ 段階4：終了          │
                     └─────────────────────┘
```

図9.2 移動プランの形成と実行の心的過程の概要(Gärling et al., 1984 を一部改変) 移動プラン実行時にプランの修正が必要となる場合などは段階3から段階2へ後戻りすることになる。

などの情報が，認知地図や実際の地図，ガイドブックなどの情報源から収集されるということである。

　基本的な移動プランは，いくつかの地点を経由して目的地へ到達する，場所の順序の記述である。ただし，経由地点や目的地に関する情報として次のような情報が含まれる。すなわち，その場所の性質・機能（たとえば，商業施設なのか公的機関なのかといったこと），その場所の適合性（目的のものが入手しやすいのか，あるいは近くにあるのか，といったこと），その場所の識別性（他の場所と区別するための知覚的特徴），その場所の位置，そしてその場所への移動方法（歩く，あるいはバスを使えるなど）である。

　移動プランに含まれる場所の中に，未経験のものが含まれていれば，上述の情報を得るために，地図や案内図，写真や映像，あるいは他者からの説明といったさまざまな媒体から必要な情報が集められる。これらの活動は，認知地図へ新たな情報を付け加えることにもなる。それに対して，すべての場所についての経験があれば，上述の情報は認知地図に保持されているので，そこから情報が検索され，移動プランに付け加えられる。

このような過程を経て，それぞれの場所の経由順序と，それぞれの場所の移動手段が決定され，全体的な移動プランが形成されていくのである。先の例でいえば，渋谷駅からJR線で品川駅へ移動，品川駅から新幹線で新大阪駅まで移動，新大阪駅から大阪城公園駅までJR線で移動，そして大阪城公園駅から大阪城まで徒歩で移動といった系列が形成され，各地点を識別するための情報（視覚的特徴など）や各地点で選択できる移動方法（鉄道，バス，徒歩など）が付け加えられる，といった具合である。

　ただし，おそらく，移動プランは抽象度の異なる何段階かのレベルに分けられると考えられる（山本，1995）。たとえば，渋谷から大阪城に移動するという先の例で考えると，最も抽象度の高いレベルでは，東京と大阪という2つの場所のつながりとそれらの位置関係程度の情報しか含んでいない。そして，中程度の抽象度のレベルでは，たとえば，渋谷駅，東京駅，新大阪駅，大阪城駅，大阪城といった，少し具体的な場所の系列となり，最も具体的なレベルでは，どの道を進むか，どこをどう曲がって場所にたどり着くかの詳しい手順が含まれるようになるということである（表9.1参照）。抽象度が高くなるほどサーヴェイマップの情報が利用され，具体的になるほどルートマ

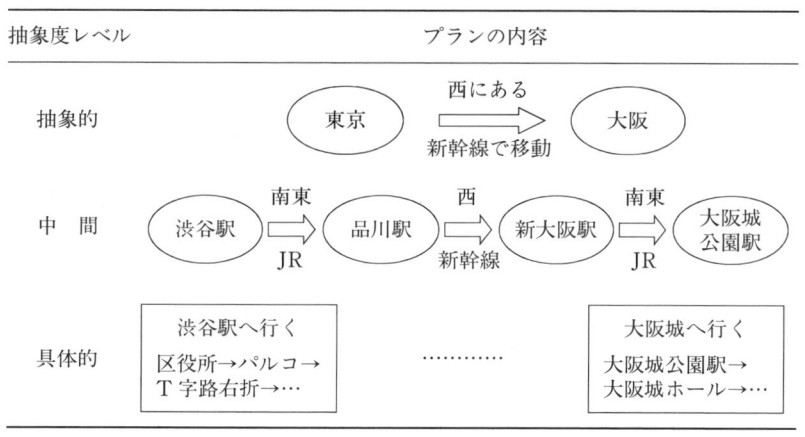

表9.1　抽象度の異なる移動プランの一例

抽象度レベル	プランの内容
抽象的	東京　→（西にある／新幹線で移動）→　大阪
中間	渋谷駅 →（南東／JR）→ 品川駅 →（西／新幹線）→ 新大阪駅 →（南東／JR）→ 大阪城公園駅
具体的	渋谷駅へ行く　区役所→パルコ→T字路右折→…　…………　大阪城へ行く　大阪城公園駅→大阪城ホール→…

ップの情報が利用されると考えられる。

　移動プランの実行　移動プランが実行されるとき，プランを順次実行しながら，実際の空間情報を観察し，認知地図・移動プランの情報との照合が行われる。そして，自分の現在位置が認識され，必要に応じて修正されたりする（図9.2参照）。

　この段階での中心的な心的過程は，移動プランを実行しながら，実行されているプランと実際の移動行動を監視し，正しい行動がなされているかを評価することである。行動が正しければそのままプラン実行を続行し，正しくなければプランを修正したり，場合によっては認知地図内の情報を更新・修正する。

　プラン実行の評価は随時行われるが，経由地点や進路変更地点に重点が置かれている可能性が高いと考えられる。それは，移動プランにはそれらの地点付近の風景や目印の情報が豊富に存在しており，現在位置の把握（定位，spatial orientation）の心的過程で，それらの情報を利用して定位が更新されると考えられるからである。ただし，自分自身でコントロールしない移動法（たとえば，バスや地下鉄）では，定位が更新される頻度はそれほど多くはないと考えられる。

　先にも指摘したが，移動プランにはいくつかのレベルが存在する。したがって，プランの実行監視も，この移動プランの多重性を反映していると考えられる。つまり，自分の現在位置が評価されれば，移動プランの各レベルでどこまでプランが実行されたか評価される，ということである。東京から新幹線に乗って静岡を過ぎたとしたら，最も抽象度の高いレベルでは，そのプランが半分程度実行されていると評価され，最も具体的なレベルでは，いくつかの移動プラン中の1つである，東京から新幹線に乗って新大阪へ向かうプランの半分あたりが実行されていると評価されるであろう。

　このように，目的地への移動という1つの例をとっても，認知地図の情報だけでなく，外部からさまざまな情報を集めて移動手順を考え，それを実行するという複雑な過程を経ていることがわかる。ましてや，実行の段階では，

現在の周囲の状況認知，現在位置の認知・修正，認知地図の検索・修正，あるいはプランの評価といった，さまざまな心的処理を同時進行させているのである。道に迷わずに目的地へ着くということは，これらの心的過程をすべて成功させるということでもあり，案外大変であることがわかるであろう。

9.3　空間認知の個人差

　目的地へ移動するとき，人は一般に前節で説明した心的過程を実行すると考えられるが，実行の効率性や結果は人によってさまざまであり，すべての人が同じように成功できるわけではない。たとえば，一度も迷わずに目的地へ着くことができる人もいれば，何度も迷ったあげく，自力で到着することをあきらめ，結局はタクシーなどに乗ってしまう人もいたりと，そこには非常に大きな個人差が存在している。

　このような個人差は，移動行動に限らず，目標物の方向を指示したり，他者に道順を説明するといった空間的問題解決全般に認められるが，このような個人差を表現するために，しばしば方向感覚（sense of direction）という概念が使われ，これらの能力に劣ることが"方向音痴"と表現されたりする。すなわち，方向感覚は，空間認知全般に関わるような能力と密接な関係があると考えられるわけである。そこで，本節では，方向感覚の個人差とそれに関わる能力を中心に，空間認知を支える能力の個人差について考えることとする。

　方向感覚に関わる能力とその個人差　方向感覚の個人差と関連する基礎的能力としては，総称して空間能力と呼ばれる認知諸能力がある。空間能力には，イメージを心内で回転させる心的回転能力（mental rotation：8章実験1参照），物体の動きを捉える時空間的判断能力（spatiotemporal judgment），あるいは対象をイメージ化する空間視覚化能力（spatial visualization：8章実験2参照）などが含まれ，これらは言語的能力よりも個人差が大きいとされている。しかし，この空間能力は，空間的問題解決以外にも利用され得る汎用的能力

であり，むしろそれらを実際の空間的問題解決にどう利用するかに関わる能力が方向感覚の個人差に直接関係するとの指摘がある（谷，1986；竹内，1995）。すなわち，記憶情報，現在位置付近の情報，あるいは地図など外部の情報をうまく心内で利用し，現在位置を正確に把握する，といったことに関する能力である。

では，そのような移動状況下で利用される認知能力とは，具体的にどのようなものであろうか。これに関してショール（1988）は，被験者を実際に回転させたり，あるいは回転した状況をイメージさせた上で周囲の建造物などの方向を指示させた結果，方向感覚が劣る者ほどその成績が劣ることを示し，自己と周囲の物体との相対的位置関係を更新する能力（mental geographical updating）が方向感覚の個人差に関わっていると主張している。また，コズロウスキとブライアント（1977）は，現在位置から直接見ることができない地点の方向を指示する能力が，方向感覚の個人差と関わっていることを実験的に確認している。

ほかにも，方向音痴の人がサーヴェイマップを用いていないとの指摘もある（Kozlowski & Bryant, 1977；谷，1986；竹内，1995）。ルートマップは，特定の出発点から目的地へ移動する手続きであるため，それに基づいて移動が実行される場合，途中の手続きに失敗すれば自力での復帰が難しく，また，代替路が必要になった場合にも柔軟に対応できない。それに対して，サーヴェイマップは，道路網や建造物の位置関係が地図的に保持されており，どの位置にある情報でも同じように検索可能であるため，経路から外れたり，代替路が必要になったとしても，柔軟に対応することができるというわけである。

方向感覚に関わる能力の性差 ところで，上述のような能力の個人差の1つとして，男女間の能力の違い，すなわち性差に焦点をあてる研究もある。一般的には男性の能力が女性のそれよりも優れているとする考え方が浸透しているように見えるが，それは事実なのであろうか。

性差の原因としては，生物学的要因を挙げる立場と社会的要因を挙げる立場とがある。生物学的要因を挙げる立場では，性ホルモンの働きや脳の仕組

みの違い（脳梁の太さの違いなど）を取り上げ，進化論的に空間能力の性差を説明する。たとえば，シェリーとハンプソン（1997）は，空間能力の性差に関する研究を概観し，性ホルモンの働きによって空間能力の優劣が決定されるという仮説を提案している。彼らは，男性ホルモン（アンドロゲン）が空間行動を促進し，女性ホルモン（エストロゲン）がそれを抑制するとし，それは，進化論的に見て，性役割によって生じる空間行動の広さの違いに起因すると説明している。

それに対して，社会的要因を挙げる立場では，性役割意識の獲得などから性差を説明する。たとえば，ハルパーン（1992）は，男児が好むブロックなどの玩具で遊ぶ経験によって女児の空間能力が改善され，性差が認められなくなることを指摘している。彼は，この事実から，空間能力は訓練によって改善され得るものであり，性役割意識に合致する行動の選択によって，空間能力の訓練がなされたり，なされなかったりすることで性差が生じると考えている。

確かに，汎用的な空間能力では男性の優位性を示す事例は多く，また，方向感覚の自己評定でも男性の優位性を示す事例は多い。しかし，いくつかの空間能力を組み合わせる，たとえば，直接見えない目標の方向を指示する能力のような，より高次の能力については必ずしも一貫した性差が示されていないことも事実であり，現時点でその性差について結論を導くことは難しい。

以上のように，方向感覚の個人差にはさまざまな要因が関与していると考えられる。特に，汎用的空間能力を組み合わせる能力，直接見えない地点の方向推定能力，現在位置および空間配置の更新能力などの個人差による影響は小さくないと考えられる。それらについての解明が進めば，将来的に方向音痴が改善される，ひいては空間認知が改善されるようになるかもしれない。

● 実験してみよう ●

実験I　整列効果

【目的】地図の記憶に基づいて位置関係を判断する場合に，整列効果が認め

られるかどうかを確認する。

【方法】《材料》学習対象は，5つの通り，1つの線路，そして4つの目印を含む架空の町の地図である（CD-ROM内の整列効果実験用地図参照）。

《課題》被験者には方向関係判断課題を遂行させる。この課題では，被験者は「Aから見て，Bの方向はどちらか？」という形式の質問に対して，Aを中心とし，北あるいは南を上とした円上で答える。起点と方向判断させる地点の組み合わせは，すべての地点を組み合わせた12種類とする。なお，それら12の組み合わせそれぞれについて，北が上となる試行（整列条件）と南が上になる試行（反整列条件）の両方を設定し，24の試行について判断を遂行させる。それらの実施順序はランダムにしておく。

《手続き》まず，被験者には，3分間もしくは5分間，北を上とした向きで地図を観察させ，道路網と目印の位置関係を覚えるよう教示する。学習成立の基準は目印と通りの位置および名称をすべて記憶できることである。地図の観察時間は，実験実施時に実験者が被験者の状況を考慮して決定する。ただし，被験者1人1人に異なる観察時間を設定せず，1回の実験の被験者全員が同じ観察時間となるようにする。次に，方向関係課題を遂行するが，1つの質問の回答に要した時間と回答を，それぞれ記録しておく。

【結果と考察】方向判断課題の整列条件および反整列条件ごとに，平均回答時間および平均角度誤差を算出する。そして，整列条件と反整列条件との間に，平均回答時間および平均角度誤差の違いがあるかどうかを検討する。整列条件の成績が反整列条件のそれよりも優れていれば整列効果があったといえるであろう。さらに，整列効果の原因について考察するには，心的回転を使って方向判断課題を遂行したか，被験者の内観報告を参考にしてもよいであろう。

実験2　認知地図の構造に関する実験

【目的】スティーブンスとクーペ（1978）に従って，異なる地域に含まれる地点間の位置関係を判断するとき，地域にまたがる地点間の判断が地域間の位

置関係によって歪められるかどうかを確認する。

【方法】《材料》学習対象は，2つの県および3つの市町村を含む架空の地図である（CD-ROM内の認知地図構造実験用参照）。

《課題》被験者には地点間の位置関係を表した文の真偽を判断する，位置関係真偽判断課題を遂行させる。課題文はすべて"X は，Y よりも東（西）にある"といった形式で，一方が他方の東または西にあるかどうかを判断させるものとする。そして，これらの文には，同一県内の地点間の関係を判断させるもの（地域内条件），異なる県にまたがる地点の関係を判断させるが，地点間の東西位置関係が地域間のそれと一致するもの（地域間一致条件）と一致しないもの（地域間不一致条件）を用意しておく。文は1条件につき2種類，さらにそれらについて誤りの文を同数作成するので，全部で12種類が作成されることになる。

《手続き》まず，被験者には3分間もしくは5分間，北を上とした向きで地図を観察させ，県の位置関係と町の位置関係を覚えるように教示する。学習成立の基準は県と市町村の位置および名称をすべて記憶できることである。地図の観察時間は，実験実施時に実験者が被験者の状況を考慮して決定する。ただし，被験者1人1人に異なる観察時間を設定せず，1回の実験の被験者全員が同じ観察時間となるようにする。その後，位置関係真偽判断課題を遂行させる。このとき，できる限り早く真偽を判断させるよう教示する。文の判断順序はランダムにしておく。

【結果と考察】位置関係真偽判断課題の地域内条件，地域間一致条件，そして地域間不一致条件ごとに平均回答時間および正答率を算出する。それらの成績を各条件間で比較する。地域間不一致条件の成績が他の条件のそれよりも劣っていれば，地域にまたがる地点間の位置関係が地域間の位置関係によって影響を受けている，すなわち，認知地図には階層構造があり，異なる地域にまたがるような位置関係の情報は保持されにくいと考えられるであろう。

引用文献

Byrne, R. W. 1979 Memory for urban geography. *Quarterly Journal of Experimental Psychology,* **31**, 147-154.

Clayton, K., & Chattin, D. 1989 Spatial and semantic priming effects in tests of spatial knowledge. *Journal of Experimental Psychology: Learning, Memory and Cognition,* **15**, 495-506.

Gärling, T., Böök, A., & Lindberg, E. 1984 Cognitive mapping of large-scale environment: The interrelationships of action plans, acquisition of orientation. *Environment and Behavior,* **16**, 3-34.

Golledge, R. G. 1987 Environmental cognition. In D. Stokols, & I. Altman (Eds.), *Handbook of environmental psychology.* New York : John Wiley and Sons. Pp. 131-174.

Halpern, D. F. 1992 *Sex differences in cognitive abilities.* Second edition. Hillsdale, NJ : Lawrence Erlbaum Associates.

Hart, R. A., & Moore, G. T. 1973 The development of spatial cognition: A review. In R. M. Downs, & D. Stea (Eds.), *Image and environment: Cognitive mapping and spatial behavior.* Chicago : Aldine. Pp. 246-288.

Hirtle, S. C., & Jonides, J. 1985 Evidence of hierarchies in cognitive maps. *Memory and Cognition,* **13**, 208-217.

Kozlowsi, L. T., & Bryant, K. J. 1977 Sense of direction, spatial orientation, and cognitive maps. *Journal of Experimental Psychology, Human Perception and Performance,* **3**, 590-598.

Levine, M., Jankovic, I., & Palij, M. 1982 Principles of spatial problem solving. *Journal of Experimental Psychology: General,* **111**, 157-175.

Lynch, K. 1960 *The image of the city.* Cambridge : MIT Press.

Merril, A. A., & Baird, J. C. 1987 Semantic and spatial factors in environmental memory. *Memory and Cognition,* **15**, 101-108.

Neisser, U. 1976 *Cognition and reality.* SanFrancisco : W. H. Freeman. (古崎　敬・村瀬旻（訳）　1978　認知の構図　サイエンス社)

Presson, C. C., & Hazelrigg, M. D. 1984 Building spatial representations through primary and secondary learning. *Journal of Experimental Psychology: Learning, Memory, and Cognition,* **10**, 716-722.

Sadalla, E. K., Burroughs, W. J., & Staplin, L. J. 1980 Reference points in spatial cognition. *Journal of Experimental Psychology: Human Learning and Memory,* **6**, 516-528.

Sherry, D. F., & Hampson, E. 1997 Evolution and the hormonal control of sexually-dimorphic spatial abilities in humans. *Trends in Cognitive Sciences,* **1**, 50-72.

Sholl, M. J. 1988 The relation between sense of direction and mental geographical updateing. *Intelligence,* **12**, 299-314.

Stevens, A., & Coupe, P. 1978 Distortions in judged spatial relations. *Cognitive Psychology,* **10**, 422-437.

竹内謙彰　1995　空間認知の個人差　空間認知の発達研究会（編）　空間に生きる－空間認知の発達的研究－　北大路書房　Pp. 138-150.

谷　直樹　1986　方向音痴の研究Ⅱ：方向変換処理の速度と正確さ　日本心理学会第50回大会発表論文集，228.

Thorndyke, P. W., & Hayes-Roth, B. 1982 Differences in spatial knowledge acquired from maps and navigation. *Cognitive Psychology,* **13**, 407-433.

Tolman, E. C. 1948 Cognitive maps in rats and men. *Psychological Review*, **92**, 226-248.

山本利和　1995　日常生活空間の認知と目的地への移動　空間認知の発達研究会（編）　空間に生きる－空間認知の発達的研究－　北大路書房　Pp. 121-134.

10章 認知機能の発達

　私たちは日常生活を営むために，さまざまなことを学んでいる。たとえば，生まれたときから家庭や社会の中で生活していくために必要な情報に注意を向け，その情報を知覚し学習している。その結果，乳児でさえも，何が危険で何が安全かを見極めたり，人の顔や声を区別したり，自分の意志を相手に伝えたりすることができるのである。目に見えない「心」の中で行われている注意，知覚，学習，記憶，思考，課題解決といった行為を認知（cognition）または認知機能（cognitive function）という。本章では，この認知機能が人の成長とともにどのように変化するのか，ということに焦点をあてる。

10.1　発達とは？

　「発達」とは，発生から死に至るまでの間に個体（個人）に見られる，機能や状態，行動が，発生したり消滅したり，あるいは一定の状態で継続したり何らかの変化を見せたりすることをいう。一般に，個体の生涯発達プロセスは，そのときどきに見られる機能や行動の特徴から，胎生期または出生前期（受精～出生），新生児期（出生～生後28日未満），乳児期（生後28日～2歳），幼児期（2歳～6歳），児童期（6歳～12歳または第二次性徴），青年期（12歳～20歳），成人期（20歳～40歳），中・壮年期（40歳～65歳），老年期（65歳以上）などに大きく分けられる。

　これらの発達区分のうち，胎生期は出生後の身体的，認知的発達のための基礎づくりの時期であり，この時期に見られる骨格や脳神経その他の生理的発達は遺伝子情報に依存している。そのため，健常な発達である限りにおい

ては，多少の個人差はあるにしても，胎生期を日本で過ごそうがアメリカで過ごそうが，発達プロセスに違いはない。たとえば，7週までには頭，目，口，耳，鼻，手足，指の原型とともに，進化の名残である尾部も確認できるようになるが，ヒトの生活には必要でない尾部に関しては8週までには退化する。また，新生児が水の中で反射的に息を止め，手足をばたばたさせながら浮遊できたり，新生児の手のひらに指などを触れさせると反射的にかたく握りしめ，その力でぶらさがることができたりする反射機能も，進化において備わった新生児の生存機能の一部であるが，ヒトの生育環境において必要不可欠というわけではないため，生後1年以内には消滅する。それに対し，ヒトの成長に必要な反射機能（呼吸，瞬き，瞳孔反射，吸てつ運動，嚥下運動）は，消滅することはない（Shaffer, 2002）。

また胎生期においては，母親の声帯や呼吸器系，循環器系から発せられる音やその振動といった音響情報に常時接しており，成人と同様の聴覚神経系も28週までには完成している。したがって，生後1週間以内の新生児でさえ，胎生期に子宮内で聞き慣れていた母親の声を他の女性や父親の声と区別したり，胎生期に母親が読んでいた詩や歌をそれ以外の詩や歌と区別したりするだけの聴覚能力を持っていることが実証されている（Kolata, 1984）。その一方で，生後，明るさに対する瞳孔反射や瞬きをとおして視界に接することで神経ネットワークの形成が始まる視覚は，生後1ヶ月くらいは羅紗がかかったようなぼやけた状態でしかなく（2.1参照），特定の一点を注視できても全体の形を捉えたりすることはできない（図10.1）。それでも，生後3ヶ月になれば，自分の母親の顔とよく似た女性の顔を区別できるようになる（Shaffer, 2002）。

ところで，視覚に関しては，生後30分から21日までの新生児が，大人の見せる特徴的な顔の表情（たとえば，舌を出す，口を大きく開けるなど）を模倣することも確かめられている（Meltzoff & Moore, 1977）。ただし，この模倣は生後3週間を過ぎた頃一時見られなくなり，4〜5ヶ月後に再び見られるようになる。このため，出生直後に見られる顔の模倣は，外界の視覚情報を顔の

生後1ヶ月　　　生後2ヶ月　　　　生後1ヶ月　　　　生後2ヶ月

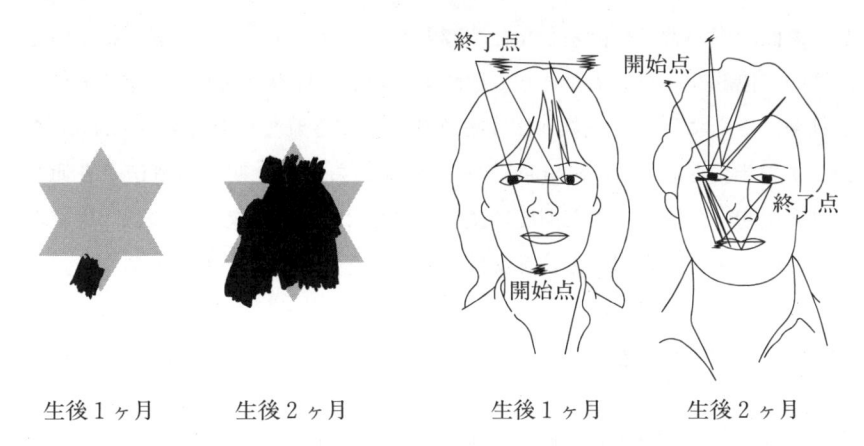

図10.1　生後1ヶ月と2ヶ月における眼球運動の軌跡（Shaffer, 2002）
生後1ヶ月では刺激と背景の境界線上か，それよりも外側に注視点が集中しているが，生後2ヶ月になると境界線の内側でも注視が見られるようになる。

筋肉に伝達させて新生児自身が感じるという認知機能としての感覚間マッチングというよりは，新生児が持って生まれる反射機能の1つであり，乳児期に入ってから見られる自主的な模倣行動とは本質的に異なると考えられる（Shaffer, 2002）。しかしながら，たとえ反射機能であったとしても，新生児の模倣行動にその後の認知機能の発達を促す観察学習（他人の行動を観察したり話を聞いたりして学習すること）の起源を見出せることは興味深い。

　身近に存在する音声をそれ以外の音声と区別したり，養育者の顔を他人の顔と区別したりすることは，いわば観察学習の結果といえる。これらの基本的な認知の発達は，生活環境に適応していくための変化である。たとえば，生後6ヶ月くらいまでは，母国語にない音素（phoneme）の知覚能力は，大人よりも乳児の方が高く，乳児の発声にも，世界中のすべての言語に存在する音素が含まれているが，生後6ヶ月以降は，乳児の発声は母国語の音素に限られるようになる。また，生後4ヶ月半までには，他の名前よりも自分の名前の方を好む行動が見られるようになる。このように，乳児は自分の周りの環境で使われている音声やそれに随伴する特定の意味，さらには，笑顔や

しかめ面，声の調子や指差しなど，育児者とのコミュニケーションにおいて意図的，協約的なシグナルとして機能する表情や行為を通じて，家族という小社会，さらにはその家族が属する文化で使用されている記号（symbol）を少しずつ学習していく（Shaffer, 2002）。すなわち，胎生期から遺伝子を通じて汎文化的に発達してきた環境に適応し生存していくための機能は，生育環境における文化的要因の影響を受けながら発達を続けていくことになる。

10.2 認知の発達

10.1では，認知の原初的発達が胎生期から始まっているということを述べたが，認知の発達が非常に早い段階から進んでいるということが科学的に証明されてきたのは，ここ20～30年ほどのことでしかない。それ以前は，"何"が"どのように"発達するのか，そのような発達が起こるのは"なぜ"なのか，子ども自身は発達プロセスの中でどのような役割を担っているのか，という疑問に対する答えを求めて，さまざまな理論が交錯していた。ホブス，ルソー，ロックといった17～18世紀の思想家をはじめ，近代発達心理学の創始者といわれるホール以来のデータに基づく科学的探求をとおして，子どもの"こころ"，特に"知っていること"の発達について，20世紀前半には数多くの理論とそれを裏付けるための研究方法が構築され，その後の学問的発展に大きく寄与した。特に，スイスの発達心理学者ピアジェの理論は，それまでの常識をくつがえすような方法で子どもの心の本質に迫ったという点で特筆すべきものがある。ここではピアジェの理論に焦点をあてながら，ピアジェ以前に主流をなしていた見解や，ピアジェ以後の動向について触れることによって，認知の発達を概観する。

「行動主義」対「生得主義」　20世紀初頭には，乳児をタブラ・ラサ（白紙状態）とみなし，環境に存在する刺激と，それに対する反応や行動の仕方を環境の要求に応じて学習することで成長していくとするワトソンやスキナーの「行動主義」と，子どもの機能的発達は遺伝子によって設定された時間割

の順序に従って一歩ずつ進み，その進み方は養育環境の影響を受けないとするゲゼルの「生得主義」が，真っ向から対立していた。前者にとって，認知は観察不可能な「ブラック・ボックス」であり，検証すべきものは，刺激に対する子どもの反応や行動が，環境から与えられた強化子（reinforcer）や抑制子（punisher）によってどのように変化するのか，ということだけであった。一方，後者はというと，子どもの発達を植物の生長にたとえて説明しようとした理論であり，種子に最低限の土壌と一定の温度，水分と日照が与えられれば，根が生え，芽が出て双葉となり，その後本葉が出るといった具合に，遺伝子によって特定の機能を可能とするための準備（レディネス，readiness）が必ずなされるようになっているとする。これら2つの見解を比較してみると，発達が生まれ（nature）に起因するのか育ち（nurture）に起因するのかに関しては，確かに両極に位置しているが，どちらも，子ども自身を「特定の行動を強化したり抑制したりする環境の条件を受け入れるだけ」，または「発達の時間割が進むのをじっと待っているだけ」の「受動的」な存在としか考えていなかった点では共通している。

精神年齢と知能指数 1904年，ビネーとシモンはパリ市から，通常の授業にはついていけないが，特別な指導的介入を行えば学習効果が見込まれそうな子どもを，識別することができるような測定法を作成するよう要請された。ビネーらは，3歳から13歳までの子どもの「知的能力」を測定する知能検査を完成させ，どの年齢レベルの問題まで正確に答えることができるかによって，実際の年齢とは別に，その子の一般的知能レベルが何歳くらいに達しているのかを示す精神年齢（mental age）という指標を考案した。その後，実年齢と精神年齢をもとに特定の子どもの知能レベルが同年齢の他の子どもと比較できるような指標，知能指数（intelligence quotient, IQ）が開発された。ここでいう知能とは「より多くの検査問題を速く正確に解く」能力のことであり，IQとは知能の個人差を示している。

知能検査とピアジェ 23歳のピアジェは，知能検査を開発したシモンとソルボンヌ大学で出会った。知能検査における子どもの解答に接しているう

ちに，子どもの「間違い方」に特定のパターンがあることに気づき，検査項目にある問題が「何歳になったら正確に答えられるようになるのか」ということよりも，「子どもを1人ずつ面接してこれらの問いに対する答えと，どうしてそう思うのか聞いてみたらどんなことがわかるだろうか」ということの方に興味を持った。すなわち，問題に答えるという環境の中で，子ども自身がその環境にどう向き合うか（どう反応するか，どう答えるか，どう考えるか），そして，正答の数（量）ではなく，その向き合い方（質）に年齢という生得的要因がどのように関わっているのかという，当時の主流からは全くはずれた独自の視点から認知の発達に切り込んでいったのである。

ピアジェの理論　子どもの頃から動物学と認識論に興味を持っていたピアジェは，知能を「生体が周りの環境に適応することを可能とする基本的生命機能」と定義した。そして，1923年から1936年の間，ジュネーブにある保育園の幼児と，生まれたばかりの自分の3人の子どもを継続的に観察しながら，新しいおもちゃにどういう反応を示したか，遊んでいるおもちゃを目の前でカーペットの下に隠したら子どもはどんなことをしたか，他の子がかんしゃくを起こしているのを見た後どうしたか，などについて詳細に記録した。そして，その観察記録と「保存の実験」（後述）をとおして，ピアジェは子どもの心が大人とは本質的に違うこと，一定期間変わることのなかった子どもの世界が特定の年齢を境に変わることなどについて，次のような仮説を立てた。

仮説1：子どもは周りの環境に存在する人や物，出来事に対し興味を持ち，積極的に接することでその特性を探求する。

仮説2：子どもは環境に対する自発的探求から得た経験をとおして，自分を取り巻く世界について理解したり行動したりするための，一定の考え方の枠組みシェマ（schema）または認識方法を獲得する。

仮説3：子どもの認識方法には自分の周りの物を見たり聞いたり触ったり，物を実際に動かしたりして認識する「行動的方法」，物や経験を名前やイメージで記憶したり再現したりして認識する「記号的方法」，物事の結果を論

理的に理解することを可能にする「操作的方法」があり，操作的方法にはさらに，実際に目の前で起こったことについて論理的に理解できる「具体的操作」と，抽象的な概念や仮説的事象についても論理的に理解できる「形式的操作」がある。

　仮説4：子どもはこれら4つの認識方法を上述の順番に獲得しながら，段階的に環境に適応していく（図10.2）。

　仮説5：すべての知的活動は，自分の周りの環境に存在する物事や出来事，要求された課題などと，自分の持っている認識方法との間に矛盾が起きないような形で行われる。

　仮説6：環境の提供する新たな情報と自分の認識との間の「認知的均衡」と呼ばれるバランスは，同化（assimilation）（新たな情報をすでに持っている方法で探求し認識する）と調節（accommodation）（新たな情報をよりよく認識するために自分自身の探求方法を変更・改善する）という，2つの補完し合う知的プロセスによって保つことができる。

　仮説7：1つの発達段階から次の段階へと進むきっかけは，必ずしも年齢とは限らない。環境からの知的要求と子どもの持っている認識方法との間に矛盾が生じた際に，子ども自身が，「同化と調節をもってしてもつじつま合わせができず，別の認識方法でなければこの環境に適応することはできない（すなわち認知的均衡が達成できない）」と気づかない限り，発達段階をステップアップすることはない。すなわち，指導や訓練では発達を促すことはできない。

　保存の実験　ある特定の物や液体，平面などには，たとえ"見た目"が変わったとしても変わることのない大きさ，長さ，量，数，面積といった物理的要素が存在する。たとえば，缶ジュースをそのまま飲んだとしても，大きいコップに移して飲んだとしても，小さめのコップ2つに分けてから両方とも飲んだとしても，飲んだジュースの量は変わらない。このように，見た目にとらわれず不変的な要素に気づくことができることを保存（conservation）という。何歳くらいになると保存が理解できるのか，保存が理解できる子ど

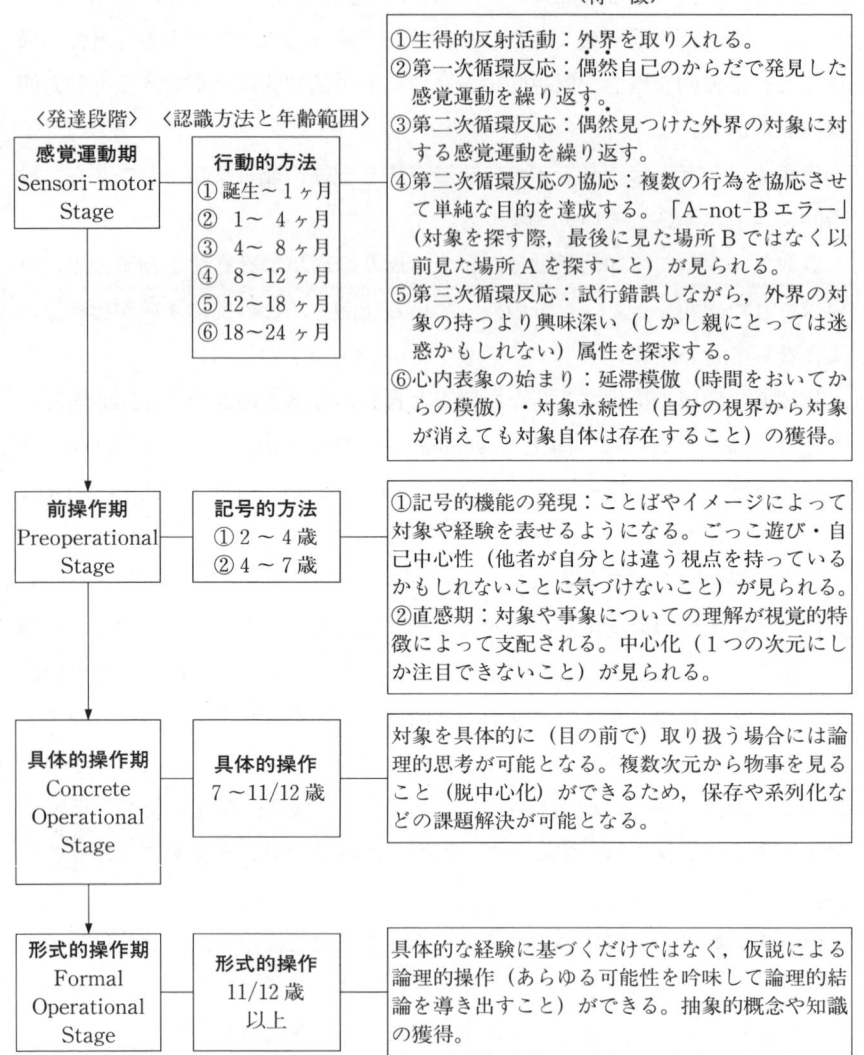

〈発達段階〉	〈認識方法と年齢範囲〉	〈特　徴〉
感覚運動期 Sensori-motor Stage	**行動的方法** ① 誕生〜1ヶ月 ② 1〜4ヶ月 ③ 4〜8ヶ月 ④ 8〜12ヶ月 ⑤ 12〜18ヶ月 ⑥ 18〜24ヶ月	①生得的反射活動：外界を取り入れる。 ②第一次循環反応：偶然自己のからだで発見した感覚運動を繰り返す。 ③第二次循環反応：偶然見つけた外界の対象に対する感覚運動を繰り返す。 ④第二次循環反応の協応：複数の行為を協応させて単純な目的を達成する。「A-not-Bエラー」（対象を探す際, 最後に見た場所Bではなく以前見た場所Aを探すこと）が見られる。 ⑤第三次循環反応：試行錯誤しながら, 外界の対象の持つより興味深い（しかし親にとっては迷惑かもしれない）属性を探求する。 ⑥心内表象の始まり：延滞模倣（時間をおいてからの模倣）・対象永続性（自分の視界から対象が消えても対象自体は存在すること）の獲得。
前操作期 Preoperational Stage	**記号的方法** ① 2〜4歳 ② 4〜7歳	①記号的機能の発現：ことばやイメージによって対象や経験を表せるようになる。ごっこ遊び・自己中心性（他者が自分とは違う視点を持っているかもしれないことに気づけないこと）が見られる。 ②直感期：対象や事象についての理解が視覚的特徴によって支配される。中心化（1つの次元にしか注目できないこと）が見られる。
具体的操作期 Concrete Operational Stage	**具体的操作** 7〜11/12歳	対象を具体的に（目の前で）取り扱う場合には論理的思考が可能となる。複数次元から物事を見ること（脱中心化）ができるため, 保存や系列化などの課題解決が可能となる。
形式的操作期 Formal Operational Stage	**形式的操作** 11/12歳以上	具体的な経験に基づくだけではなく, 仮説による論理的操作（あらゆる可能性を吟味して論理的結論を導き出すこと）ができる。抽象的概念や知識の獲得。

図 10.2　認識の発達におけるピアジェの段階説
（Cohen, 2002 および Shaffer, 2002 を参考に作成）

もとできない子どもの違いはどこにあるのか，ということを明らかにするために，ピアジェは同僚とともに「臨床面接法」を用いて実験を行った。臨床面接法とは，もともと精神分析において患者の心を解き明かすために用いられた手法であるが，ピアジェらは子どもが出した結論の背後にある理由を子ども自身に説明させることによって，子どもの視点からの論理を明らかにするとともに，その子どもの発達段階を見極めるために用いた（図10.3）。たとえば，液体を用いた量の保存の場合，まず子どもの目の前で形も大きさも同じ2つのコップ（AとB）に同じ量の液体を入れ，そのことを子どもにも確認する。次に，片方のコップ（B）に入った液体を形の違うコップ（C）に移す。そして，最初のコップ（A）と新たなコップ（C）には同じだけの液体が入っているかどうか子どもに質問する。子どもの答えが「同じ」であっても「違う」であっても，どうしてそう思うか必ず質問する。「違う」と言う子どもの多くは，「コップの中の液体の高さ」という見た目に明らかな点にのみ焦点をあてた理由付けをする（前操作期）。このように1つの知覚次元にのみ注目することを中心化（centration）というが，保存では，2つ以上の知覚次元または変数について同時に注目するための脱中心化（decentration）が要求される。「同じ」と言う子どもの中でも「わからない，何となく…」といった直感に頼る子どもは保存を理解しているとはいえない（前操作期）。3通りの理由付け，「補完性」「同一性」「可逆性」から少なくとも1つ子どもが言えたら「保存を理解してい

〈実験者〉
「ここにジュースの入ったコップが2つあります。ジュースは同じだけ入っているかな？」

(A)　　(B)

「この(B)ジュースを，今度はこっちのコップ(C)に入れます。」

(A)　(B)　(C)

「このコップ(C)のジュースと最初にあったコップ(A)のジュースでは，どっちの方が多いかな？」

(A)　(B)　(C)

「どうしてそう思う？」

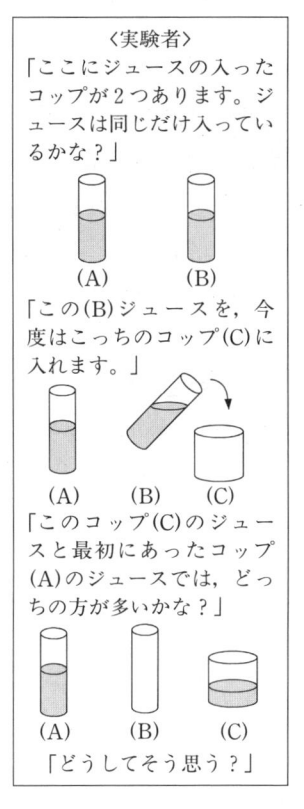

図10.3 「液体の保存」実験における実験者の問いかけ（Gardner, 1982を参考に作成）

る」と判断し，2つ以上の理由と論理的必然性について言及できたら「保存を獲得している」と判断する。補完性とは，「こっちの方が高いところまできてるけど，（コップが）細いから」のように，「液体の高さ」と同時にそれに影響を与えている「コップの大きさ」に注目し，2つの変数が「補完し合っている」ことを示唆する理由付けである。同一性とは，「はじめ同じだけあって，足したり減らしたりしていないから」のように，見た目は違っていても「全く同じもの」であることを強調した理由付けである。可逆性とは，「もし，これ (C) をこっち (B) に戻したら，同じになるから」のように，元の状態に戻すことができることに注目した理由付けである。また，論理的必然性とは，「はじめの液体が単純に移し替えられたということさえわかっていれば，（移し替えるのを）見なくても，量が変わるわけのないことを知っているよ」などのように，具体的操作の有無にかかわらず推論が可能であることを指摘することである。論理的必然性に気づかないうちは，上述の実験のうち，液体を移し替えるところを子どもが見えないように行うと（すなわち具体的に操作するところを体験できないと），保存に失敗する可能性が高い。

ピアジェ以降 子どもの発達は子ども自身の探求にあるとしたピアジェの理論に対し，ヴィゴツキーは，子どもの認知の起源を年長者との相互行為によるとする理論（最近接発達領域, zone of proximal development）を発表した。彼は，思考がことばに先行するとするピアジェの著書に対し，その逆であるという著書を発表したが，ピアジェの本がロシア語で最初に出版された際に序文を書くなど，ピアジェには敬意を表していた。現在では社会文化的理論 (socio-cultural theory)[1] と呼ばれ，発達研究はもちろん家庭や学校での教育に大きな影響を与えるヴィゴツキーの理論ではあるが，1960 年代まで国外ではほとんど知られてはいなかった。ヴィゴツキーの捉えた子どもの心の社会的側面がピアジェと同時期に国外に紹介されていれば，認知の発達に関してはじめて検証可能な理論を提供したピアジェに挑戦することで，発達心理学

---

1) 最近の社会文化的理論の概念については，高木 (1996) を参照のこと。

も別の様相を呈していたかも知れない。実際，ピアジェの理論が多くの追跡研究と新たな実験から批判されるようになった1970年代以降，認知の発達研究はめざましく発展した。

発達段階の妥当性　ピアジェは，幼児に対し11歳児と同じ材料と手続きで実験を行い，中心化や自己中心性（図10.2参照）を前操作期の特徴であるとした。これに対し，保存の実験でぬいぐるみを実験者に見立てたり（McGarrigle & Donaldson, 1975），子どもが他者の視点に立てるかどうかを問う実験で警官に見つからないところに人形を隠すなど，幼児にとってより身近な材料を用いてごっこ遊びのような実験を設定することで，4歳でも見た目にまどわされることなく保存を理解し，他人の視点に立って状況判断できることが確認されている（Hughes, 1975）。また，目の前の対象物にしか興味のないはずの5ヶ月以下の乳児でも，論理的に可能な場合と不可能な場合とでは後者の方が注視時間が長いことから，現在では，対象永続性（図10.2参照）どころか論理的思考の原初型さえも乳児期の早い段階にすでに存在すると考える研究者もいる（Wynn, 1992）。

一方，物事を論理的に考えられるはずの形式的操作期にある高校・大学生の多くが抽象的な推論課題を正しく行えないことが確認され（Wason & Johnson-Laird, 1972），さらに，4世代160名が実験者の質問に答える形で，実際の社会問題の根本的原因について議論するという欧米では日常的によくある設定で行った実験でも，論理的に妥当な議論を構築するのには，（世代や性別ではなく）本人の教育レベルが決定要因であることも明らかにされた（Kuhn, 1991）。ギリシャ哲学と三段論法が必須科目だった20世紀初頭の学校教育を受け，家では大学教員の父と議論し，11歳のときから地元の自然博物館長から動物学の手ほどきを受けて育ったピアジェにとっての認識の最終段階は，一般的とはいえなかったのかもしれない。

発達の連続性と非連続性　発達の方向性から考えると，ピアジェの段階説は成人レベルに向かって非連続的に向上しているが（図10.4），同じ右肩上がりでも，子どもの発達を情報処理の量的機能の点から見ると，一度に処理

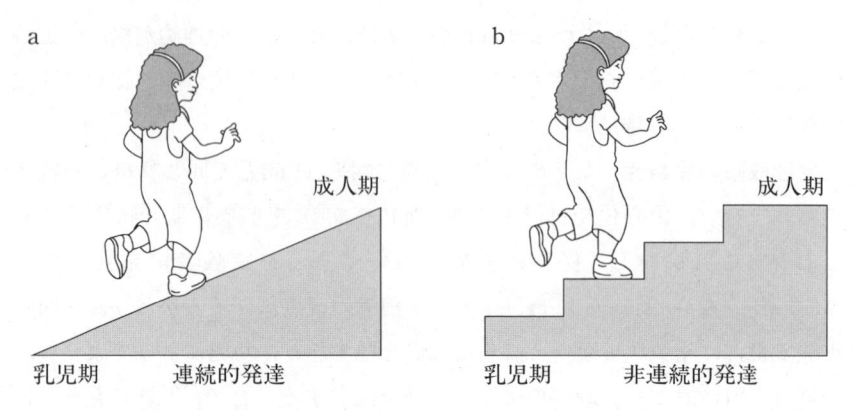

図10.4 子どもの発達の方向性に関する一般的な議論としての(a)連続性と(b)非連続性（Shaffer, 2002）

できる情報量や速度は連続的に向上する（図10.5）[2]。その一方で、情報処理の質的機能である子ども自身の方略に注目すると、発達は別の様相を呈している。たとえば、ある特定の時期に子どもは複数の方略をレパートリーとして持っており、各方略が他の方略よりも優勢になる時期は年齢だけが決定要因なのではなく、与えられた課題の難易度や親近性によって複数の方略の中から1つを選ぶとするシーグラーの適応性方略選択モデル（adaptive strategy choice model）では、発達の方向は行きつ戻りつしながら重なり合う波のようである（図10.6）。さらに、客観的な知覚情報と子ども自身の持っている理論を統合する必要があるような課題解決場面において、幼児には正確に利用されていた客観的情報が、児童期に一時期子ども独自の理論によって無視され、その後独自の理論とうまく統合しながら客観的情報が利用されるという「U字型」（Karmiloff-Smith, 1984）や、幼児期には見られた自由な発想による遊びや創造活動が就学期に入ると見られなくなるという「衰退型」（Cohen, 2002）もある。このように、発達は必ずしも右肩上がりではない。

領域一般性と領域固有性　ピアジェの段階説では、環境が子どもに要求す

---

[2] 高齢化に伴う認知機能の変化については仲（2004）を参照のこと。

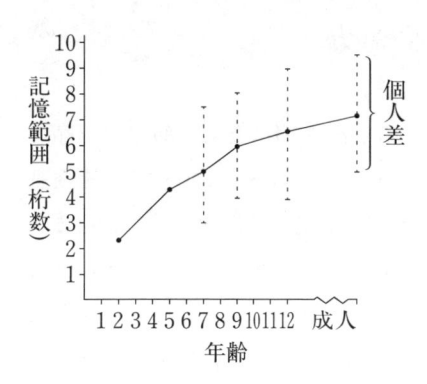

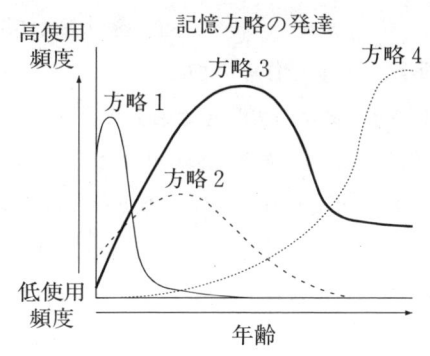

図 10.5　短期記憶で正しく再生され得る数の桁数（digit span）と年齢の関係（Dempster, 1981）

図 10.6　子どもの記憶課題における方略の発達を示すシーグラーのモデル（Shaffer, 2002）

る適応領域が，論理−数学的理解であろうと，言語理解であろうと，倫理や社会性であろうと，子どもはその段階を支配している認識方法でその環境と向き合うという，認知の領域一般性を説いている。しかしながら，知識（knowledge）の発達は領域固有の情報を階層的に構造化しながら蓄えていくという見解もある。たとえば，恐竜が好きで3歳の頃から日常的に恐竜に関する本を親から読んでもらっていた4歳半の子どもが持っている，よく知っている恐竜についての知識とそれ以外の恐竜についての知識とを比較すると，個別の知識量の差だけではなく，別個の恐竜どうしまたは恐竜と属性（棲息地，食性，体形など）との間のリンクの数や強さに違いが見られ，さらに，よく知っている恐竜については特定の属性を上位概念とした知識の構造化も見られた（Chi & Koeske, 1983）。

　また，ことば，語り，数，描画，歌などにおける子どもの発達過程を追ったハーバード大学プロジェクトゼロの記号システム理論（symbol systems theory）や，それを元に発展したガードナーの多重知能理論（multiple intelligences）では，領域の一般性と固有性だけではなく，文化的な普遍性や固有性についても検討されている（Gardner, 1983）。

10 章　認知機能の発達　　173

● 実験してみよう ●

実験 1　前操作期の検証

【目的】保存の実験をとおして，ピアジェの前操作期にあたる幼児の認識の特徴（見た目の変化に惑わされることにより，物質の保存が理解できないこと）を検証する。幼児を対象に保存の実験を行う場合，①幼児が日常的に手にしたことのある（具体的に探求したことのある）材料を用いているか，②幼児が興味を持てるような課題かどうか，③実験者の発問（ことばづかいなど）を幼児が理解しているかどうか，などに留意する必要がある。ここでは，①と②を満たすような「数の保存」に関する実験を設定するとともに，実験の様子を録画（または録音）することで③についても実験後に吟味する。

【方法】《対象児》実験参加について保護者（または保育者）から事前に同意を得た健常な4〜5歳児を対象に実験する[3]（保護者または保育者に対する実験参加の同意書例は付録のCD-ROMに収められている）。対象児の生年月日と実験日時から，実験時における対象児の年齢を「○歳○ヶ月○日」まで割り出しておく。

《材料と装置》幼児が好きそうなキャンディ（またはシール）を10個（または10枚）。その際，同じ色，同じ大きさ，同じ模様など，個数以外の視覚情報が同じになるよう留意する。キャラクター用の指人形かぬいぐるみ。実験の様子を記録するための録画（または録音）機器[4]。

《手続き》①幼児にクマの指人形"テディ"を紹介し，「テディはまだ小さいから，わからないことがたくさんあります。今日は，テディが○○ちゃん（幼児）にいろんなことを聞くから，テディに教えてあげてね」と教示する。②キャンディを5個だけ取り出して横一列に置いた後，残りの5個を無

3）心理学実験におけるインフォームド・コンセントの重要性についてはMiller (1998)の"Chapter 8：Ethics"を参照のこと。
4）実験の様子を記録するための機材が確保できない場合には，別途記録者1〜2名を実験の場に幼児に気づかれないように待機させ，実験者と幼児の発話をできるだけ正確に書き取るとともに，実験者は発話以外の幼児の行動（指差し，うなずく，首をかしげる，など）をメモしておく。

造作に取り出して，テディに同じようにキャンディを並べさせようとするがうまくできない様子を見せ，「○○ちゃん，テディはキャンディをうまく並べられないみたいだから，手伝ってくれる？」と教示し，幼児にすでに並べたキャンディと平行になるよう並べさせる。③テディにそれぞれの列にはキャンディが同じだけあるか聞くがわからないという状況を示し，「○○ちゃん，テディに教えてあげてくれる？」と言う（この段階でもしも「こっちの方が多い」と幼児が答えた場合には否定せず⑤の質問をしてから実験を終了する）。④両方とも同じことを確認したら，テディが片方の列にあるキャンディを横の方に長く広げる。広げ終わったところでテディが「○○ちゃん，こうやったらこっちの方（長く広げた方）がたくさんあるよね？」と質問する。⑤幼児が何かしら答えたら，「どうして？」と聞く。幼児が「同じ」ことに気づいたら，「でも，こっちの方（長い方）がここまであるよ？」「こっち（長い方）を最初と同じように並べたら，どっちの方がたくさんあるかな？」など，幼児の答えに応じて，複数の理由付けがなされるかどうか確認するための質問をする。⑥テディが幼児に「いろいろ教えてくれてありがとう。またね」とお礼を言って終了する。

《データ分析》面接法では実験でのやりとりをすべて書き起こし，その書き起こしから必要なデータを取り出すというのが原則であるが，ここでは，実験の録画（録音）から直接次の項目についてのデータを取り出す。

(a)実験参加状況：《手続き》の①から⑤までを「遂行した」か「しなかった」か。

(b)元の2列の数の理解：《手続き》③の答えが「同じ」か「どちらかが多い」か。

(c)操作後の数の理解：《手続き》④の答えが「両方とも同じ」か「（広げた方が）多い」か。

(d)理由付けの分類：《手続き》⑤における一連の質問に対する答えを書き起こし，答えの内容から「理由なし（言えない）」「列の長さの指摘（ことばでは言わなくとも指で長さの違いを指し示した場合も含む）」「補完性の説明」

「可逆性の説明」「同一性の説明」「その他の説明」に分類する。
【結果と考察】①「見た目の変化にまどわされたか」については，《データ分析》(c)をもとに判断する。②「保存の理解」については，《データ分析》(b)(c)(d)に基づいて，次のうちのいずれのレベルにあるかを判断する。

「1対1の対応ができない」：(b)が「どちらかが多い」

「1対1の対応はできるが保存はできない」：(c)が「多い」，(d)が「列の長さ」

「保存に向かいつつある」：(c)が「同じ」，(d)が「理由なし」

「保存を理解しつつある」：(c)が「同じ」，(d)が補完性・可逆性・同一性のうちいずれか1つ

「保存を理解している」：(c)が「同じ」，(d)が補完性・可逆性・同一性のうち2つ以上

③これらの結果と実験の記録をもとに次のことについて考察する。

　ピアジェの前操作期の年齢範囲は妥当だといえるだろうか。実験中の幼児の様子から，ピアジェの理論で示されている同化，調節，中心化，脱中心化などの特徴が見られたといえるだろうか。また，それらの概念では説明できないような言動は見られただろうか。実験中の幼児の様子から，実験材料や手続きは妥当だったといえるだろうか。幼児が課題を遂行しなかった場合には，その理由について考える。たとえば，実験者の発問の仕方や話しかけている最中の表情，声の調子は幼児向きだっただろうか。

実験2　形式的操作期の検証
【目的】ピアジェの段階説では，11～12歳で形式的操作期に到達し，具体的操作を伴わない推論が可能になるとされているが，その後の研究で，多くの人が抽象的推論課題を正確に遂行し得る形式的操作期には到達していないことが明らかになった。その一方で，大学生は自分の専攻分野に関連する問題では形式的操作を用いることも確認されている（表10.1）。ここでは，有名な推論課題の1つを用いて，形式的操作を可能とする要因について検討する。

【方法】《被験者》実験参加について事前に同意を得たなるべく多くの健常者（成人または保護者か教員の同意を得た中学生以上の未成年）。各被験者の年齢，学校で得意な（得意だった）のは文系科目か理数系科目か両方か，について情報を得ておく。

表10.1 特定課題において形式的操作段階と認められた各専攻領域の学生の割合（％）
(De Lisi & Staudt, 1980)

課題	専攻		
	物理学	政治学	英語学
振り子	90	50	40
政治	60	80	40
文学	40	40	90

《材料》それぞれ「A」「D」「4」「7」と書いてある4枚のカード。

《手続き》被験者に4枚のカードを示し，「あなたの目の前に4枚のカードがあります。これらのカードを使って，『もしも片面が母音の場合には，裏面は偶数である』ということが本当かどうかを確かめるためには，最低限どのカードを裏返してみる必要があると思いますか。また，そう思うのはなぜですか」という教示を与える（回答は口頭でも筆記でも構わない）。

《データ集計》表計算ソフトを使ってデータを集計する。たとえば，シートの「列」に「被験者ID」「得意科目」「裏返すカード」「理由」という項目を作成し，被験者ごとに該当項目のデータを入力する。

【結果と考察】①「裏返すカード」として「Aと7」（正答）を挙げた被験者は全体の何％だったのか調べる。②被験者の年齢（年代）がほぼ同じ場合には，「得意科目」別に「裏返すカード」として挙げた回答の分布をグラフに表し，「文系」「理数系」「両方」を得意とする被験者間で「正答者％」に違いがあるかどうか検討する。③被験者の年齢（年代）幅が広い場合には，年齢（年代）別に「裏返すカード」についての回答の分布をグラフで表し，年齢（年代）の異なる被験者間で「正答者％」に違いがあるかどうか検討する。④被験者の得意科目や年齢（年代）の違いが，「理由」にも見られるか検討する。「正答者％」だけを見ると違いはないようだが，「理由」を見ると違いがありそうだ，ということはないだろうか。⑤これらの結果から，推論課題で必要とされる「形式的操作」の獲得は「年齢」「学習経験」のうちどちらの影響をより強く受けるといえるだろうか。

引用文献

Chi, M. T. H., & Koeske, R. D. 1983 Network representation of a child's dinosaur knowledge. *Developmental Psychology,* **19**, 29-39.

Cohen, D. 2002 *How the child's mind develops.* Hove, UK : Routledge.

De Lisi, R., & Staudt, J. 1980 Individual differences in college students' performance on formal operations tasks. *Journal of Applied Developmental Psychology,* **1**, 201-208.

Dempster, F. N. 1981 Memory span: Sources of individual and developmental differences. *Psychological Bulletin,* **89**, 63-100.

Gardner, H. 1982 *Developmental psychology.* 2nd ed. Boston, MA : Little, Brown and Company.

Gardner, H. 1983 *Frames of mind: The theory of multiple intelligences.* New York : Basic Books.

Hughes, M. 1975 *Egocentrism in young children.* Unpublished doctoral dissertation. Edinburgh University.

Karmiloff-Smith, A. 1984 Children's problem solving. In M. E. Lamb, A. L. Brown, & B. Rogoff (Eds.), *Advances in developmental psychology.* Vol. 3. Englewood, NJ : Erlbaum. Pp. 39-90.

Kolata, G. 1984 Studying learning in the womb. *Science,* **225**, 302-303.

Kuhn, D. 1991 *The skills of argument.* New York : Cambridge University Press.

McGarrigle, J., & Donaldson, M. 1975 Conservation accidents. *Cognition,* **3**, 341-350.

Meltzoff A. N., & Moore, M. K. 1977 Imitation of facial and manual gestures by human neonates. *Science,* **198**, 75-78.

Miller, S. A. 1998 *Developmental research methods.* 2nd ed. Upper Saddle River, NJ : Prentice-Hall.

仲真紀子　2004　加齢／老化　子安増生ほか（編）　発達心理学　新曜社　Pp. 202-205.

Shaffer, D. R. 2002 *Developmental psychology.* 6th ed. Belmont, CA : Wadsworth.

高木光太郎　1996　実践の認知的所産　波多野誼余夫（編）　認知心理学5：学習と発達　東京大学出版会　Pp. 37-58.

Wason, P., & Johnson-Laird, N. J. 1972 *The psychology of reasoning*. London : Batsford.

Wynn, K. 1992 Addition and subtraction by human infants. *Nature,* **358**, 749-750.

11章 パーソナリティ

　人の，あるいは自分自身の行動や考え方，感じ方などには，"その人らしさ"や"自分らしさ"としての特有の傾向があるように思われる。しかし，状況によって，あるいは相手によってそれが変わることがある。また，見る人によって人の印象が異なることがあり，文化や言語の違いによっても人の行動の特徴の捉え方や解釈が異なることがある。心理学ではそうした複雑な対象をパーソナリティ（人格）という概念のもとに研究してきたが，行動主義心理学，認知心理学，人間性心理学，精神分析など，さまざまな立場によるアプローチの違いがある。本章では，パーソナリティとその特性の測定方法について概説し，測定例を紹介する。

11.1　パーソナリティとは

　パーソナリティの捉え方　市販されているペット・ロボットは，本物の動物のような仕草をしたり，声がけや働きかけに応じて反応したりする。ペット・ロボットの頭脳にあたるコンピュータには簡単な学習機能が備わっており，経験／学習によって行動が少しずつ変化してゆく。つまり，育つ環境の違いによって行動に個体差が生じてゆくことになる。ペット・ロボットを何台も集めて観察してみると，外見は同じなのに，刺激に対する反応や動きの違いなどから，自分のペット・ロボットか，他人のペット・ロボットかを見分けることができるという。

　人の脳と比べれば，ペット・ロボットに搭載されたコンピュータははるかに単純であり，感情機能も備わっていない。しっぽを振るなどの喜びの仕草

はあらかじめ設定されたルーチン・プログラムによるものであり，ペット・ロボットが本当の心を持っているわけではない。そうした機械に対してさえ，生き生きとした感情的印象や個性的特徴を見出す私たち（観察者）の心の働きも，パーソナリティの問題を考えるときに忘れてはならない要素である。私たちは，生物・無生物を問わず，対象との関係性の中で，対象に対するある種の意味を帯びた心的反応を起こす性質を持っていると考えられる。

オールポート(1937/1982)は，パーソナリティを個人の内部に備わった環境適応のための心的機構と考えた。他方，行動主義心理学の立場に立つスキナー(1974)は，内的要因としてパーソナリティを仮定することをアニミズム[1]のようなものとして嫌った。個人の思考や行動を方向付け，規定する内的要因としてパーソナリティを想定しながら，個人の行動特徴によってパーソナリティを検証しようとすることは，循環論[2]に陥ってしまう危険性もある。また，ロジャースやマズローに代表される人間性心理学では，主体としての自己と対象（客体）としての自己をめぐる主観的経験を重視して，自己実現への志向性を健康なパーソナリティの要件と考えた。この立場では，人を観察対象として外側からだけ捉えるのではなく，主観的な側面から，生きる意味や価値を含めて全体的に理解すべきであると主張する。

より基本的な問題として，個人（部分）と集団（全体）では現象の次元が異なるため，対象の特性に違いがある。一般的に，集団のサイズが大きくなるほど，集団全体の振る舞いや特徴を確率などの統計的手法によって抽象的・客観的に捉えることができるようになり，行動予測の可能性も高まる。逆に，個人レベルになると，個人差の要因が大きく影響し，偶然性に左右される可能性も高まって，行動予測が困難になることが多い。反面，その個人に特有の心的世界に深くアプローチすることが可能となる。そのため，研究目的に応じて，パーソナリティを個人単位の視点で捉えるか，集団を基準とする視

---

1) 木や石などの自然物の中に霊魂が存在すると信じる信念や態度のこと。
2) 前提と結論が相互に依存し合っていて，卵が先かニワトリが先かの議論のように堂々めぐりになる論理上の誤りのこと。

点で捉えるかについて検討する必要がある。

これらの事柄は，パーソナリティ研究の視点や枠組みに関する基本的な問題であり，パーソナリティの問題を考える際に意識しておく必要がある。

パーソナリティと類似の概念　パーソナリティ（人格）や性格は人の心的傾向を表す代表的なことばである。一般的に人格は心的傾向の機能的側面を示し，性格は特性的側面を示す意味合いが強いと考えられるが，性格検査が「パーソナリティ・テスト」と呼ばれるように，パーソナリティと性格が同じ意味で使用されることも多い。性格（character）は刻み付けること（刻印）を意味するギリシャ語の kharacter から派生したことばであり，生まれつきで変わりにくいという意味合いが強い（大山，1992）。それに対して，パーソナリティ（personality）は仮面を意味するラテン語の persona から派生したことばであり，変化し，移り変わるという意味合いが強い。そのため，性格は個人内の特性として限定的に説明される傾向があるのに対して，パーソナリティは個人と環境の相互作用によるダイナミックな特性や機能として説明される。パーソナリティの方が行動科学としての心理学に馴染みやすく，包括的な意味を持つ概念と考えてよいだろう。

パーソナリティや性格と似たことばに気質（temperament）がある。気質は気分のような情動面の特徴を表す概念であり，パーソナリティの基礎的要因と考えられている。古代ギリシャでは陽気・陰気・易怒的・冷静という4つの気質を想定して，それらを血液・黒胆汁・黄胆汁・粘液という体液と関連づけた（ヒポクラテスの説）。古典的なクレッチマーやシェルドンの気質論は，肥満／内胚葉型・筋骨／中胚葉型・細長／外胚葉型という体格的特徴と，躁うつ気質・粘着気質・分裂気質をそれぞれ関連づけた類型論である。これらは気質を身体的要因から説明しようとした試みであるが，現代の行動遺伝学（behavioral genetics）では，より直接的に遺伝子レベルで人の気質や行動傾向を解明しようとする取り組みが始まっている。

パーソナリティと文化　自分の意見を積極的に主張することを高く評価する集団や文化がある一方で，控え目であることを高く評価する集団や文化が

あるように，人の行動に関する受けとめ方には文化的な違いがある。ホフステード (1997) によれば文化とは集団的な心的プログラム (mental program) のことである。その違いが集団間の誤解や対立をもたらす異文化交流問題を生み出したり，集団に特徴的なパーソナリティの形成に影響を及ぼしたりする。

　パーソナリティの捉え方や，パーソナリティ特性を表現することばには文化的差異があることが予想されるので，欧米のパーソナリティ理論をそのまま日本人にあてはめることは危険である。欧米版のパーソナリティ検査も直接使用することができないので，用語や概念の検討と標準化[3]の作業を行って，日本版を作成する必要がある。

11.2　パーソナリティの理論

機能と特性　パーソナリティは，思考や感情，行動の個人差を説明する包括的な概念であり，機能（働き）と特性（性質）の両面を考える必要がある。

　精神分析理論では，快楽原則に従う「イド」，現実原則に従う「自我」，そして道徳的規範を要求する「超自我」で構成される力動的なパーソナリティ構造を想定して，不安や防衛機制[4]などの心の働きを説明する。行動理論や社会的学習理論，認知理論では，学習経験によって形成される行動や，思考・信念などの認知的構造が，パーソナリティの機能や特性に反映されると考える。

　パーソナリティの特性理論では，思考や感情，行動傾向の個人差を分析・測定するために統計数理的手法を導入して，パーソナリティ特性を構成する要素や構造を明らかにする。あわせて，各種のパーソナリティ検査が開発さ

---

3) 検査対象者が所属する集団（母集団という）で基礎調査を行って，標準となる統計値を得るとともに，検査項目等を吟味して，検査の信頼性・妥当性を確かなものにすること。

4) 心的ダメージを回避するために，内的欲求や衝動を意識的・無意識的にコントロールしようとする心の働きのこと。抑圧や合理化，昇華などの種類がある。

れている。

パーソナリティの形成　再度ペット・ロボットを手がかりとして，ここでは学習理論や認知理論の観点からパーソナリティがどのように形成されるか考えてみよう。ペット・ロボットが工場から出荷された時点では，物理的な機械性能はもちろん，組み込まれたコンピュータの情報処理性能も，入力済みのプログラムやデータ・ファイルの内容もすべて同じである。そこには個体差としての個性はないと考えられる。

ペット・ロボットが別々の購入者のもとで，育てられると，コンピュータに入力される情報内容が個々に異なってくる。新たに入力された諸情報を記憶して利用する学習機能があれば，遊んでもらうなどしてより多くの経験を積んだペット・ロボットは，放置されていたペット・ロボットよりも，多彩な反応や行動を見せるようになるだろう。声（音声情報）を分析して，それを行動の選択条件とする学習機能が組み込まれているなら，特定の人の声に対して振り向く，寄ってくるなどの特別な反応を見せるようになるだろう。つまり，ペット・ロボットと環境の相互作用によって，個体差としてのパーソナリティのようなものが形成されてゆくことになる。

ペット・ロボットに比較して，人の場合ははるかに複雑である。まず，心身の資源には遺伝的要因による個人差がある。コンピュータに相当する脳はハード（器官）とソフト（心的プログラム）の両面で未完成な状態で生まれ，出生後の生活環境に合わせて成長・発達する可塑性を持つ。後天的な学習経験の機会をとおしてさまざまな知識情報が記憶されるとともに，感情と結びついた多数の行動プログラムが形成され，複雑に組み合わされてゆく。その過程は，意識的なものもあれば，無意図的なものもあると考えられる。遭遇する環境によって学習される内容は異なり，形成された行動プログラムによって選択される環境が異なってくる。そうした環境と人との循環的な相互作用の過程で形成・蓄積・修正される知識情報や情報処理資源と表象に個人差が生まれ，思考や行動，感情や信念などの総合的な固有傾向としてのパーソナリティが形成されてゆくと考えられる。

情報の知覚や構造化,貯蔵などを促進する内的要素であるスキーマや,パーソナル・コンストラクト[5]（Kelly, 1963）などの概念は,認知理論におけるパーソナリティの基本要素であり,内的な情報処理に関わる心的プログラムの重要な要素であると考えられる。行動主義の流れを汲む学習理論も,信念や期待などの認知的要素を行動の個人差を生み出す個人変数として取り入れるなど,認知理論と組み合わされることが多い。社会的学習理論では,古典的条件付けやオペラント条件付け,観察などによる学習経験の違いから,個人差としてのパーソナリティが形成されると考える。バンデュラ (1986) の社会的認知理論では,行動と環境間の循環的な相互作用を特に重視している。

類型論と特性論　前出のクレッチマーの気質論や,ユングの内向性－外向性理論などは,パーソナリティの類型論として知られている。類型論はパーソナリティ研究の重要なアプローチの1つといえるが,独立した少数の類型にパーソナリティを分類することは理論的に単純すぎるきらいがある。現在では,パーソナリティを複数の因子の組み合わせとして多面的・総合的に捉えて,それぞれの因子の強さの違いによってパーソナリティの個人差を説明しようとする特性論が発展している。

オールポートの性格表現語彙の研究や,因子分析[6]の手法を用いたギルフォードやキャッテル,アイゼンクらの研究から発展した特性論の成果の1つが,特性5因子モデル（Five Factor Model）である（Peabody & Goldberg, 1989）。このモデルでは,ビッグ・ファイブ（Big Five）と呼ばれる5つの基本的な特性因子[7],すなわち外向性（Extraversion）,協調／調和性（Agreeableness）,誠実性（Conscientiousness）,精神的不安定／神経症傾向（Neuroticism）,開放性（Openness）によって,パーソナリティ特性を包括的に説明できると考えられている。

5）個人特有の認知的構成体で,事物に対する理解や判断の基盤となるもの。
6）質問項目の回答などの多数の変量データの相関関係から,潜在的な少数の共通要素（因子）を求める統計数理的手法。
7）5つの因子の解釈や意味付けは研究者によって異なることがある。

11.3 パーソナリティの測定

定性的・定量的アプローチ パーソナリティを研究する方法には，定性的アプローチと定量的アプローチがある。定性的アプローチでは，個人の成育歴や履歴，行動像などに関する質的データをもとにして，その個人のパーソナリティの独自性を明らかにしようとする。定量的アプローチでは，多数の調査対象者から得られた数値化された資料（量的データ）から，パーソナリティの一般法則的な特性を見出そうとする。前者は個性記述的（idiographic）なアプローチであり，後者は法則定立的（nomothetic）なアプローチとみなすことができる。

定量的アプローチによって，ある集団におけるパーソナリティ特性に関する量的データの標準的な分布が得られる。それを基準として，同一条件下において提示された刺激や質問／課題に対する反応や回答の個人差を分析することによって，個人のパーソナリティ特性を客観的に測定／判定することが可能となる。定性的アプローチは特に心理臨床で重視されるアプローチであり，場合によっては主観的解釈に傾き過ぎて客観性に欠ける危険性がある。しかし，表面的で抽象的になりがちな量的分析からは得られない，具体的でより深いレベルの個性を見出す可能性がある。こうした特徴を考慮しながら，目的に応じて両方のアプローチを相補的に用いることが重要である。

測定方法 調査対象者のパーソナリティ特性に関する情報をどのように収集し，分析するかによって，さまざまな測定方法が開発されている。定性的アプローチでは，対象者と直接会って面接を行う面接法，距離を置いて対象者を観察する観察法のほか，その人が書いた文章や創作作品，他者の話や記録などの資料を参照する方法などがある。定量的アプローチでは，標準化された心理検査が用いられることが多い。

パーソナリティの分析に用いられる代表的な心理技法を表 11.1 に示した。質問紙はパーソナリティ特性に関する質問項目で構成され，被験者がそれに回答することで量的データが集計されるように作られている。質問紙法では，

表 11.1 パーソナリティ特性の理解に用いられる主な心理技法

種類	検査法／技法	特徴
質問紙法	矢田部ギルフォード性格検査（YG検査）	ギルフォードらが考案した検査をモデルにして，矢田部らが作成した質問紙法検査。12個の下位尺度によるパーソナリティ特性が測定できる。
	MMPI (Minnesota Multiphase Personality Inventory)	米国のミネソタ大学で開発された質問紙法検査。10種のパーソナリティ特性とともに，防衛や嘘（虚構）などの，被験者の回答傾向が測定できる。
	NEO-PI-R (NEO Personality Inventory Revised)	コスタらが開発した特性5因子モデルによる質問紙法検査。日本版が作成されており，それ以外にも BFS (Big Five Scale) などの特性5因子モデル尺度が開発されている。
投映法	ロールシャッハ・テスト	ロールシャッハが考案した代表的な投映法検査。インクの染みでできた10枚の刺激図版を被験者に見せて，それが何に見えるかを問う。それに対する被験者の認知的・情動的反応からパーソナリティを分析する。研究者によって実施法には各種の方法がある。
	バウム・テスト (Baumtest)	コッホが考案した投映法検査。実のなる木（baum/tree）の絵を1本描かせて，その絵の特徴から被験者のパーソナリティ特性を探ることができる。
	文章完成テスト (Sentence Completion Test／SCT)	言語的な手がかりを用いる投映法検査で，開発者によって多くのバリエーションがある。短い刺激文に続けて自由に文章を書かせて，複数の視点から被験者の心的情報を広く探ることができる。
表現技法	箱庭	ローウェンフェルトの世界技法を祖として，カルフや河合が箱庭療法を発展させた。砂箱の中にミニチュア玩具で風景などを構成する。心理検査ではないが，制作された箱庭作品に制作者の心的特性が表現，反映される。
	コラージュ	欧米では絵画療法のバリエーションとして雑誌の切抜き写真などで貼り絵を作るコラージュ技法が用いられることが多かったが，日本では箱庭療法などを背景にコラージュ療法が普及した。心理検査ではないが，制作されたコラージュ作品に制作者の心的特性が表現，反映される。

(注) 研究・開発者によって同種の心理検査が複数存在する場合がある。また，心理検査によっては児童用や成人用などの年齢別のバージョンがある。

被験者が自分自身をどう認識しているかに基づいて回答させるため，思ったとおり正直に答えてもらうことが条件となる。質問紙法に比較して，投映法

は検査課題の意図が曖昧なので,被験者の意識的・無意識的な回答操作を防ぐことができ,より深いレベルにおける欲求や感情,認知傾向などの心的状態を捉えることができると考えられている。代表的なロールシャッハ・テストは,提示した図版刺激に対する被験者の反応過程を観察しながら,パーソナリティの機能的側面について,質的・量的側面から吟味できる検査法である。実施方法がマニュアル化されている質問紙法に比べて,投映法は実施や解釈に習熟を要し,検査者の経験や力量が結果に影響しやすい。

　箱庭療法やコラージュ療法などは心理検査ではないが,制作された作品特性から,被験者の心的状態や特徴を読み取ることができる(木村,1985;杉浦,1994;佐藤,2002)。作品の制作行動の解析からもパーソナリティの一側面である思考・行動傾向を知ることができる(佐藤,2001)。たとえば,コラージュ制作において,手を動かしながらボトムアップ式に作品プランを練ってゆく局所的(local)プランナーと,すぐには手を動かさずに頭の中で作品プランを練り上げた後でトップダウン式に作品を作る大域的(global)プランナーがいる。前者は試行錯誤タイプで,後者は熟慮タイプと考えられ,問題解決における解決方略にパーソナリティの違いが反映することが示唆される。

● 実験してみよう ●

実験 I　質問紙法によるパーソナリティの測定

【目的】質問紙法によって自分のパーソナリティ特性を測定する。

【方法】被験者は自分とする[8]。心理検査の結果は高度な個人情報であることを念頭に置き,グループで実習を行うような場合には,個人名を特定できないように配慮したり,不用意に結果を他人に見せたりせず,事後にデータ資料を回収するなどの慎重な取り扱いをすることが望まれる。

　質問紙として和田(1996)が作成したビッグ・ファイブ尺度を用いる。著作者の許可を得て付録のCD-ROMに尺度項目を収録した。これは特性5因

---

[8] 他者を被験者とする場合には,検査の目的を伝えた上で,必ず了承を得てから実施しなければならない。

子モデルによる心理尺度である。

　実施方法は，60 項目の形容詞の特徴が自分にどの程度あてはまるかについて，非常にあてはまる（7），かなりあてはまる（6），ややあてはまる（5），どちらともいえない（4），あまりあてはまらない（3），ほとんどあてはまらない（2），全くあてはまらない（1），の 7 段階で回答する。（　）内の数字は採点用の点数である。

　採点方法は，5 つの下位尺度（因子）に含まれる 12 項目の点数の加算合計をそれぞれ求める（最小値は 12, 最大値は 84 になる）。一部の項目（「逆転項目」と呼ばれる）については，7→1，6→2，5→3，4→4（同値），3→5，2→6，1→7 と，点数を入れ変えて集計する。5 つの下位尺度（因子）の意味とそこに含まれる 12 項目の番号は次のとおりである（*は逆転項目）。
①外向性（E）：1, 6*, 11, 16, 21*, 26*, 31, 36*, 41, 46*, 51, 56*。
②情緒不安定性（N）：2, 7, 12, 17, 22, 27, 32, 37, 42*, 47, 52, 57。
③開放性（O）：3, 8, 13, 18, 23, 28, 33, 38, 43, 48, 53, 58。④誠実性（C）：4*, 9*, 14*, 19*, 24*, 29, 34*, 39*, 44, 49*, 54, 59*。⑤調和性（A）：5, 10*, 15*, 20, 25, 30, 35, 40*, 45*, 50*, 55, 60*。

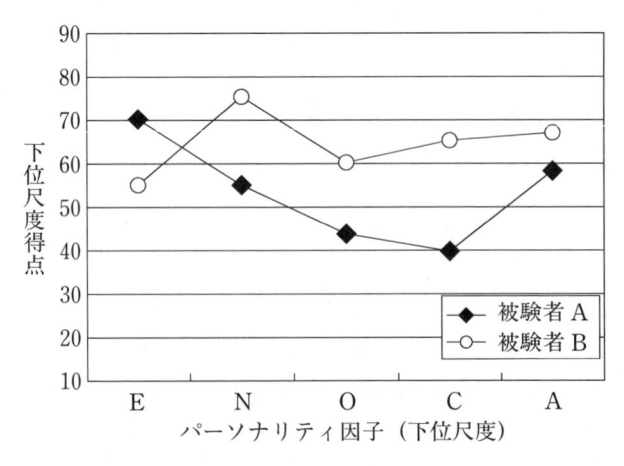

図 11.1　ビッグ・ファイブ尺度によるパーソナリティ特性の比較

【結果と考察】図11.1に2人の仮想事例の結果を示した。被験者Aでは外向性（E）と調和性（A）の得点が高く，誠実性（C）の得点が低い特徴が認められる。よって，活動的で人のために動くが，ややがんばりに欠ける傾向があるといえよう。被験者Bでは，精神的不安定性（N）の得点が高く，外向性（E）の得点が低い特徴が認められる。よって，ややストレスに弱く，控え目なところがあるといえよう。ここでは各次元の実得点の相対的な傾向を比較して，パーソナリティ特性のプロフィールを概観するにとどめておく。

実験2　パーソナリティ検査の応用例
【目的】さまざまな事柄に関する意識や行動傾向とパーソナリティ特性との関係を探りたいときに，パーソナリティ検査を利用することができる。ここでは試みに，ネコ・イヌ・ブランド品・学校に対する好みとパーソナリティとの関係性について探索的な分析を行ってみる。
【方法】被験者に対して，実験1で用いたビッグ・ファイブ尺度の60個の質問項目とともに，「ネコが好きだ」・「イヌが好きだ」・「ブランド品が好きだ」・「学校が好きだ」の4つの質問項目について，実験1の方法に従って「非常にあてはまる」から「全くあてはまらない」までの7段階で回答させる。そして，ビッグ・ファイブ尺度の5つの下位尺度（因子）の得点と，4つの質問項目の回答値との相関係数（Spearman相関係数）を求める[9]。
【結果と考察】一例として大学生100人（男58人，女42人）を被験者として実施した結果を表11.2に示す。外向性・開放性の度合いが強いほどイヌ好き・ブランド品好きである傾向を示す有意な正の相関が認められる。また，外向性の度合いが強いほど学校好きである傾向を示す有意な正の相関も認められる。いずれも相関係数は0.2〜0.3であるから強い関係とはいえないが，物の好き嫌いにパーソナリティが関係する可能性を示唆しているかもしれな

9）簡略化した非常にラフな方法を示した。実際の研究では対象の好き嫌いに関する質問項目を増やして精緻化し，測定の妥当性や信頼性を上げる工夫が必要である。

表11.2 ビッグ・ファイブ尺度の下位尺度得点と質問回答値とのSpearman相関係数

質問項目	外向性	情緒不安定	開放性	誠実性	調和性
ネコが好き	−.079	.137	.182*	.012	.071
イヌが好き	.299**	−.092	.301**	.031	.018
ブランド品が好き	.237**	.141	.267**	−.065	.053
学校が好き	.338***	−.150	.080	.017	.196*

*$p<.05$, **$p<.01$, ***$p<.001$

い。ただし，ここで試みた方法は対象の好き嫌いに関する質問項目がそれぞれ1個だけであったから，質問項目をより精緻なものに工夫して再検討する必要がある。

引用文献

Allport, G. W. 1937 *Personality: a psychological interpretation.* New York : Holt.（詫摩武俊ほか（訳）1982 パーソナリティー心理学的解釈－ 新曜社）

Bandura, A. 1986 *Social foundations of thought and action: A social cognitive theory.* Englewood Cliffs, NJ : Prentice-Hall.

Hofstede, G. 1997 *Cultures and organizations: Software of mind.* New York : McGraw-Hill.

Kelly, G. A. 1963 *A theory of personality: The psychology of personal constructs.* New York : Norton.

木村晴子 1985 箱庭療法－基礎的研究と実践－ 創元社

大山正博 1992 パーソナリティ 大山正博編 人間への心理学的アプローチ 学術図書出版社

Peabody, D., & Goldberg, L. R. 1989 Some determinants of factor structures from personality-trait descriptions. *Journal of Personality and Social Psychology,* **57**(3), 552-567.

佐藤 静 2001 コラージュ制作過程の研究 風間書房

佐藤 静 2002 コラージュ制作者の性格特性と作品特性 心理学研究, **73**, 192-196.

Skinner, B. F. 1974 *About behaviorism.* New York : Knopf.

杉浦京子　1994　コラージュ療法　川島書店
和田さゆり　1996　性格特性用語を用いた Big Five 尺度の作成　心理学研究,　**67**，61-67.

12章 社会的認知

　私たちは，日常生活の多くの場面で他者と接する。この対人相互作用過程の中で，私たちは自身を取り巻く環境や他者，あるいは自分自身を理解し，そこに何らかの意味を見出そうとする。これが社会的認知（social cognition）である。

12.1　社会的認知状況における情報処理

　社会的認知には，私たちが日常接する他者や社会的状況などに関する社会的知識の内容と構造，およびその認知過程（情報獲得，表象，検索）が含まれる。社会心理学では，比較的古い時期から，人間を1個の情報処理体とみなし，情報処理論的なアプローチや研究パラダイムを用いて，社会的状況における人の認知の特徴を明らかにしてきた。社会的認知研究では，ハイダー（1958）のバランス理論やフェスティンガー（1957）の認知的不協和理論など人間の認知の一貫性を主張する研究，ケリー（1967）のように，科学者が行う科学的研究法になぞらえて，人間を素人科学者（naive scientist）として捉える立場に立つ研究，人間が情報処理に関わる労力を低減させるヒューリスティック（次ページ参照）依存型の処理を重視する認知的倹約家（cognitive miser）であるという立場に立つ研究（たとえば，Kahneman, Slovic, & Tversky, 1982），さらには近年の，労力の節約と正確性の重視という2つの戦略を使い分ける適応的存在として人間を捉える立場（Fiske & Taylor, 1991；Friedrich, 1993など）に至る一連の研究が情報処理アプローチを採用している。情報処理アプローチに立つ社会的認知研究は，一般の認知研究と同様に，私た

ちの情報処理過程が能動的，かつ目標志向的であるという前提を置いている。そのため，一般の認知研究で使われるスキーマやスクリプト（6.2, 12.3参照）といった認知的構成概念が，社会的認知過程の説明においても重要な役割を果たしている。この章では，私たちが日常的にどのような判断や推論を行っているかを，その情報処理過程に注目しながら考えていこう。

　ここで，個別の話題に触れる前に，本章の立場について整理しておきたい。まず，私たちが活動する世界がきわめて複雑かつダイナミックであるということを指摘しておく必要がある。したがって，見聞きした情報を，1つ1つ個別かつ詳細に処理していたのでは，著しく効率を欠き，結果として逆に社会的に不適応な行動をとるはめになりかねない。そのため，私たちは，しばしば系統的で精細な方法ではなく，簡便な判断法であるヒューリスティックを用いる。ヒューリスティックとは，必ずしも成功するとは限らないが，うまくいけば解決に要する時間や手間を減少させることができる手続きであり，その使用の際には，労力と正確性のトレードオフが問題となる。ヒューリスティックは，研究者によって扱い方が異なり，人工知能や問題解決過程の研究者が労力の低減という利点を強調するのに対し，判断，推論や社会的認知過程の研究者は正確性の低下という欠点を強調する傾向がある。しかし，本章では，近年主流になりつつある主張にならい，ヒューリスティックには利点と欠点が同時に存在するが，そのトレードオフのバランスをうまくとることで，人間はきわめて適応的に生活していること，さらに人間は必ずしも常にヒューリスティックのみに頼るのではなく，正確性を求められる状況では，より系統的かつ精細な情報処理を行いうるという前提をおいて，以下の議論を進めていこう。

12.2　自分を取り巻く社会の理解

　因果推論（原因帰属）は，私たちが日常生活のほとんどすべての場面で行っている活動である。なぜなら，現実世界で適応的に行動するためには，他

者の行動や環境の変化などの事象が生起する仕組みを正確に理解することが不可欠だからである。そこでは，生起した事象がなぜ，どのように発生したのかという因果関係の推論が行われる。

原因帰属による社会の理解　因果関係に関する思考は，直接的に原因を問う場合だけではなく，日常的な出来事を記憶したり理解したりするときにも行われる。たとえば，新聞などで事件に関する報道があった場合，犯人や警察のとった行動は，彼らがなぜそのように行動し，その原因はどこにあるのかという連続的な原因帰属を経てはじめて理解される。日常的に多くの場面で原因帰属が行われるのは，原因を知りたいという欲求が，人間にとって基本的，根源的なものだからであると考えられる。これは，単に原因不明という状態がもたらす不安感を避けるためだけではなく，次にとるべき行動に関する意思決定の基盤を得るためでもある。一般に，人物の行動の原因は，その人物の性格や行動傾向，気分，願望，欲求，能力などの内的原因と，その人以外の他者，周囲の環境や状況などの外的原因に分けられる。では，原因帰属はどのように行われるべきなのだろうか。また，実際に，私たちはどのような原因帰属を行っているのだろうか。

ケリーの立方体モデル　原因帰属は，科学者が未知の現象に対する説明を考えたり，医師が患者の症状から病名を推測したりする過程と似ており，これらの科学的推論の方法論は，私たちが帰属過程で用いるべき方法と一致する。古典的な科学的推論の方法として J. S. ミルの帰納法が知られているが，この帰納法の一部として，一致差異併用法 (joint method of agreement and difference) というものがある。一致差異併用法では，ある事象 X が，別の事象 Y の原因であるかどうかは，X という条件があるときに Y が起こるかどうか（一致）と，X という条件を欠くときに Y が起こらないかどうか（差異）によって決定されると考え，X があるときに Y が起き，X がないときに Y が起こらないのであれば，X は Y の原因である可能性がきわめて高くなる。すなわち，X と Y の共変動情報が Y の原因としての X の妥当性を決定し，両者がともに変化するならば，そこに因果関係が存在する可能性が高いと考

えるのである[1]。

　この考え方を，他者の行動原因の推定に応用したのがケリー（1967）の立方体モデルである。ケリーは，「ある出来事は，考えられる原因のうち，常に共変するものに帰属される」と述べ，人間の行動の原因を推測する際に，人物，対象，状況の3つの側面を考慮すべきであると考えた。人物の側面については，その行動が多くの人がとるものなのか，あるいは当該の人物に特有のものであるのか（合意性），対象の側面については，その行動が特定の対象のみに向けられているのか，あるいは対象が特定されていないものなのか（弁別性），状況の側面については，その行動が状況に依存しない普遍的な行動なのか，あるいは特定の状況のみで見られるのか（一貫性）ということが問題となる。ここで，「花子は，太郎に講義のノートを貸してあげた」という行動を考えてみよう。もし，当該の人物（花子）だけではなく，他の人もそのような行動をとっていた場合，行動が花子に特有のものではなく，合意性が高いということになる。また，花子が太郎だけにノートを貸していたなら，行動が太郎という特定の対象だけに向けられているため，弁別性が高いということになる。さらに，花子がいつでもノートを貸していたなら，あらゆる状況で行動が発生していることになり，これは一貫性が高いということになる。たとえば，上記の例において，花子だけが太郎だけに，いつもノートを貸していたのであれば，合意性は低く，弁別性と一貫性が高いということになる。このようなケースでは，内的原因と外的原因の組み合わせに帰属されることが適切だと考えられ，原因は2人の関係にあるという推測がされやすい。この場合，「花子は，太郎に好意を持っているからである」や「太郎と花子は恋愛関係にあるからである」といったような帰属がなされるだろう。また，花子は，太郎だけではなく他の人にもノートを貸しており，他の

---

1) 厳密にいうと，2つの出来事の間に共変関係があるからといって両者の間に因果関係があると結論付けてしまうのは早計である。XがYの原因であるためには，両者が共変関係にあること以外に，XがYより時間的に先行していること，X以外にYの原因としてもっともらしい候補が存在しないことなどの条件を満たす必要がある。

人物は他人にノートを貸していなかったというように，合意性，弁別性が低く，一貫性が高いような状況では，行為者の内的原因に帰属されることが多い。この場合は「花子は困っている人を見ると放っておけないからである」や「花子は頼まれると断れない性格だからである」といった原因の推定がなされるだろう。このように，立方体モデルに基づく帰属は，それぞれの要因と結果の共変情報を用いて原因の所在を推定する。この手法は，今日の科学的研究においてしばしば用いられる分散分析法に類似しており，立方体モデルは分散分析（ANOVA）モデルと呼ばれることもある。

割引原理と割増原理　ケリーの立方体モデルでは，人間が原因帰属を論理的，かつ系統的に行い，合理的な推論を導くと仮定している。これは，立方体モデルが，私たちの原因帰属の方法に多少ラフな点があることは認めつつも，基本的にはいわゆる科学的推論の方法に沿っていると考える，「素人科学者，あるいは直感的科学者としての人間」観に立っていることを示している。しかし，立方体モデルを適用するためには，多くの状況において当該人物や周囲の人間がどのような行動をとったかについての情報を持っていなければならないのである。一方，十分な情報がない段階で帰属を行わなければならない状況も，現実場面には多く存在する。その場合は，限られた情報を手がかりに原因を推測しなくてはならない。しかし，だからといって，私たちは全くあてずっぽうな推測を行うわけではなく，既存の知識を用いて，類似の状況からの類推によって情報の欠落を埋め，その上で原因を推測することが多い。その過程で，私たちは経験している場面と似ている状況に関する記憶を検索し，現在の状況と関連した情報を引き出し，可能性のある原因の候補を選び出す。そして，最もありそうな原因を特定するために，どの情報を重視すればよいかについての重み付けを行う。ケリーは，この重み付けの過程で，以下の2つの原理が働いていると述べた。1つ目は割引原理であり，その状況で合理的に思われる促進的な原因があれば，それ以外の原因の因果的影響力は低く評価されるというものである。たとえば，「太郎は統計学の試験に合格せず単位を落とした」という状況を考えてみよう。ここで，太郎

が試験の当日「すっかり寝てしまった」と言いながらも，目を腫らせていたとしよう。この段階で太郎が試験に合格しなかった原因は何だと思うだろうか？　たとえば，「太郎はきちんと試験対策をしないルーズな人間である」と考える人もいるかもしれない。では，ここで，少し情報を加えてみよう。後でわかったことだが，実は太郎の恋人の花子が病気で入院してしまい，太郎はつきっきりで看病していたとしたらどうだろうか。最初の段階で考えた原因は，情報が追加されることによって重要性の評価が低下するだろう。2つ目は割増原理であり，ある行為を行う際に，大きな障害となる抑制的原因が存在するにもかかわらず良い結果が得られると，別に存在する促進的原因の因果的影響力をより高く評価するというものである。たとえば，『クール・ランニング』という映画をご存知だろうか。これは，雪とは全く無縁の南国であるジャマイカの選手が冬季オリンピックで活躍する姿を描いた作品である。この映画のように，勝って当然の選手が勝利するより，弱小チームの選手が艱難辛苦という抑制的原因を乗り越えて勝利という良い結果を得た場合に，その選手の能力という内的原因が高く評価されることは現実によくある。ここには割増原理が働いている。

原因帰属の過程　割引原理，割増原理は，いつも誤った判断を導くわけではないが，適用を誤ると偏った原因帰属を招く原因となりうる。その意味において，これら2つの原理はヒューリスティックであるといえる。私たちは，このほかにも，日常的な原因帰属においてさまざまなヒューリスティックを用い，結果として誤った判断を導いてしまうことがある。たとえば，私たちは人の行動原因を推測する際に，相手の性格や能力といった内的原因の影響を過大評価し，他者や環境などの外的原因の影響を過小評価しやすいことが知られており，この傾向は基本的帰属錯誤と呼ばれている。たとえば，「花子はよく泣く」という状況を考えてみよう。あなたは，彼女のことを泣き虫であるとか，涙もろい人物であると考えるのではないだろうか。このとき，「彼女は劇団に入っており，いつでも泣くことができるよう日々練習していた」などの，強い原因がほかにない限り，基本的帰属錯誤の働きによって，

彼女の行動の原因をその性格に求めることが多いのである。

　このような基本的帰属錯誤と関連する現象として，行為者－観察者効果が挙げられている。行為者－観察者効果とは，同一の行動に対して，行為者本人とその行動を見聞きした観察者との間で帰属が異なるという現象であり，一般に行為者は外部の状況などの外的原因に帰属しがちなのに対し，観察者は行為者の性格や能力などの内的原因に帰属しやすいことが確かめられている。行為者と観察者で帰属が異なることは，両者が利用可能な情報の違いと，両者の注意の違いによって説明されている。特に，前者については，行為者はある結果を生じたときの内的要因および外的状況の双方に関する知識を持っているが，観察者は外的状況に関する知識を行為者ほどには持っていないことが多い（たとえば，前述の太郎が統計学の試験に落第した例を思い出してみよう）。しかし，私たちは常に自分の行動の原因を外部の状況に求め，他者の行動の原因を内的な特性に帰属させるというわけではない。たとえば，特に自己が行為者である場合，肯定的な自己イメージを保持するように歪んだ判断が行われやすい（自己奉仕バイアス）。また，他者が自分と同じ社会的カテゴリ（内集団）に所属するときには，その他者の成功を能力などの内的原因に帰属する一方で，失敗は運などの外的原因に帰属しやすい。逆に他者が自分とは違う社会的カテゴリ（外集団）に所属する場合は，原因帰属の方向は逆転し，成功を外的要因に，失敗を内的原因に帰属しやすいことが知られている（内集団バイアス）。内集団バイアスも，自己の所属する集団の性格や能力に関する好意的な認知を強め，結果として肯定的な自己イメージを維持するように働く。このように，私たちの原因帰属過程では，基本的帰属錯誤以外にもさまざまなバイアスが見られる。

　また，原因帰属は，証拠の積み重ねによるボトムアップ的な推論だけではなく，すでに持っている知識や信念，さらにはそれらから生まれる期待などに基づいて制御されるトップダウン的な推論を経て行われることもある。では，社会的認知状況で用いられる知識や信念が形成されるメカニズムについて見ていこう。

12.3　他者についての判断・推論

　印象形成　前節で挙げた原因帰属では，帰属を行う人物が持っている知識や信念が，原因候補の推定や獲得情報の解釈に大きな影響を与える。では，この知識や信念はどのようにして作られ，また用いられるのだろうか。ここで注意しなければならないことは，私たちは常に新たな情報を取り入れ，絶えず変化する環境に対処する形で自分の知識表象を更新しているということである。したがって，他者の性格や行動に対する知識や信念も，変化する状況に応じて，常に変動する。社会心理学者は，この問題について，古くから印象形成過程を中心に調べてきた。古典的な印象形成の研究としては，アッシュ (1946) によるものが有名である。彼は，架空の人物の特徴を複数の形容詞からなる情報群の形で提示し，そこから対象人物の全体的印象を形成させる実験を行っている。その結果，温かい−冷たいといった人物の印象を決定するような，情報群の中で重要な位置を占める中心的特性に注意が向けられることで，他の情報がそのもとに体制化され全体的印象が形成されること，さらに，はじめの方に提示される情報，すなわち第一印象が最終的に形成される印象の方向に大きな影響力を持つことを明らかにした。特に，後者の現象は初頭効果と呼ばれ，対人認知におけるきわめて強固な傾向として知られている。

　初頭効果によって形成された印象は，その後の情報処理にも強い影響を与える。私たちは，獲得した情報を，そのまま1つ1つ個別に処理するのではなく，一定の枠組みに基づいて処理する。この枠組みはスキーマと呼ばれ，対人認知に限らず，広く日常生活で行われる，知識を用いたトップダウン的な情報処理において中心的な役割を果たしている (6.2参照)。印象形成では，第一印象がスキーマの役割を果たし，その後に獲得した情報の処理を決定する。このとき，スキーマに一致する情報は，より注意が向けられ記憶に残りやすいのに対し，一致しない情報は，注意も向けられず記憶にも残りにくい。さらに，スキーマに一致しない情報は，ときとしてその解釈を歪められ，重

要性が低く評価されたり，無視されたりしてしまうことすらある（たとえば，Lord, Ross, & Lepper, 1979）。また，スキーマに一致するとも一致しないとも判断しかねる情報，いい換えると信念を支持するとも否定するとも断言できないような情報は，信念を支持するものとして解釈されがちである（信念の主観的確証）。信念の主観的確証の1つとして，期待効果が知られている。これはある場面を観察する際に，期待を持って見てしまうと，その期待のとおりに見えてしまうというものである。たとえば，この現象を示した実験的研究では，実験参加者にプラナリアという虫がとる特定の行動を観察させた。そのとき，その特定の行動が多く見られるだろうと教えられたグループと，その行動があまり見られないだろうと教えられたグループでは，前者の方が明らかに行動回数を多く報告するという結果が得られている。このように，私たちはある種の期待を持って状況を観察すると，まさにその期待どおりの結果を見出してしまうのである。また，ローゼンソールとフォード（1963）は，ネズミの学習実験において，実験者である人間が被験体であるネズミに対して抱く期待がネズミの行動に影響し，人間が期待する方向にずれるという事実を発見した。さらに，この発見に触発されたローゼンソールとヤコブソン（1968）は，学校教育の場で教師が生徒に対して抱く期待が，生徒の知能検査の結果に影響を与えることを明らかにし，この現象をピグマリオン効果と呼んだ。これらの現象によって，信念はより強固なものとなる。

ステレオタイプ　他者に対する印象や知識にはその個人に関するものだけではなく，ある特定の集団に対して形成されたものもあり，そのような集団に対する印象や知識をステレオタイプと呼ぶ。ステレオタイプとは，特定の集団や社会的カテゴリのメンバー全員に対して，十把一絡げ的に過剰な一般化を行ったものである。そのため，その集団に属するメンバーが全員同じような性格や能力，身体的特徴を持つと判断されやすくなる。通常，ステレオタイプといった場合，偏見や差別と同一視され，否定的な扱いをされることが多いが，偏見や差別は集団とそのメンバーに対する否定的な認知および感情の複合体であるのに対し，ステレオタイプには否定的感情だけではなく肯

定的感情を伴うものもあり得るという点が異なる。また，程度の問題はあるものの，ある特定の集団を一括して理解することは，現実場面で効率的，適応的に振る舞うために必要であるという側面があることも忘れてはならない。なぜなら，私たちが日常的に利用する情報はきわめて多岐にわたるため，無数の側面を考慮して集団を理解することは非常に難しく，むしろ集団メンバーが同じ態度，価値観，行動様式などを有しているという仮定に基づいた判断を行う方が，素早く状況に対処できる場合が多いからである。また集団のようにその行動が予測しにくい対象に対して単純なステレオタイプを適用することで，その振る舞いに対する主観的予測を成立させ，精神的な安定を図ることができるという利点もある。さらにはステレオタイプがしばしば真実を突いていることもある。このように，ステレオタイプに基づく判断は必ずしも誤った結論を導くとは限らないが，この種のヒューリスティック的手法は，ときとしてきわめて非合理的な判断を招くことがある。では，ステレオタイプ的判断が非合理的な結論を導く場合について考えてみよう。

ステレオタイプ的判断の歪み　まず，事実にそぐわない誤ったステレオタイプが適用される過程について見てみよう。前述のとおり，他者の印象形成は初期情報に大きく影響される。たとえば，非常に機嫌が悪そうで，明らかに怒っている男性がいたとしよう。もし，その人物に関する情報がほかにない場合は，彼は短気で怒りっぽい人であるという印象を抱くかもしれない。それは正しいかもしれないが，もしかしたら，彼は普段はきわめて温厚でめったに怒らないのに，たまたま非常に機嫌が悪かっただけかもしれない。しかし，初頭効果によって「短気である」という印象形成がなされると，彼は短気な人カテゴリのメンバーとしてあてはめられ，その後の判断は，そのカテゴリに対するステレオタイプに基づいて行われることになる。通常は，ある程度の期間，行動を観察することで，誤った第一印象は修正され得るだろう。しかし，ある程度の観察期間を経た後でも，誤ったステレオタイプが修正されないこともある。先に述べたように，私たちは日常生活において，スキーマと呼ばれる認知的枠組みに基づいて膨大な情報を効率よく処理してい

る。ここではステレオタイプがスキーマとして機能するため，ステレオタイプに反する情報が適切に処理されない可能性があるのである。特に，ステレオタイプに反する情報は，厳しく吟味され，その信憑性や重要性を低く見積もられることで，期待に沿うように巧妙に「もみほぐされて」しまい，間接的にステレオタイプが強化されるという結果も報告されている。さらに，ステレオタイプと一致するか否か判断しかねる曖昧な情報は，期待や先入観が示す方向に，すなわちステレオタイプと一致するように解釈され，ステレオタイプはさらに強固なものとなる。

　スキーマやステレオタイプは，多くの複雑な情報が錯綜する現実世界で適応的に振舞うためには，必要かつ有効な働きを持っているが，ときとして判断を誤る源ともなり得る。では，これらの利点を生かしつつ，誤った思考を導かないためにはどうしたらよいのだろうか。次節では，この問題に着目し，私たちが陥りやすい認知の歪みの特徴と，そこからの脱却方法について述べ，本章を締めくくりたい。

12.4　認知の歪みからの脱却

　対人認知に限った話ではないが，人間の判断・推論は，必ずしも常に正確であるとは限らない。1970年代頃から，カーネマンやトヴェルスキーらをはじめとするヒューリスティック・バイアスアプローチ[2]をとる研究者によって，人は非常に系統的な思考の誤りを犯すことが示されている。近年は，ヒューリスティックに基づく判断は，必ずしも非合理的なものではなく，現実場面での適応性を重視した優れた方法であるという主張が主流となってき

2）カーネマンやトヴェルスキーをはじめとする多くの研究者によって，さまざまな実験課題における人の推論，判断，意思決定が論理学や確率理論などの規範解から逸脱した，歪んだもの（認知的バイアス）であることが示されている。これらの研究は，認知的バイアスの原因を人が日常的に利用するヒューリスティックに求め，ヒューリスティックとバイアスとの対応関係に着目してきたため，ヒューリスティック・バイアスアプローチと呼ばれている。

表 12.1　社会的認知に関わる代表的な認知的バイアス
(Evans, 1992 などをもとに改変)

判断におけるバイアス	推論におけるバイアス
利用可能性バイアス	確証バイアス
基準確率の無視	信念バイアス
錯誤相関	雰囲気効果
後知恵バイアス	
基本的帰属錯誤	

ている（たとえば，Klayman & Ha, 1987）。しかし，それでもある条件が揃ったときに判断を誤る可能性があることは事実である。このような思考の誤りは，一般に認知的バイアス（cognitive bias）と呼ばれており，表12.1に代表的なバイアスを挙げてある。

　認知的バイアス　思考に関する認知的バイアスにはさまざまなものがあるが，社会的認知状況で見られるものとして，以下のバイアスが挙げられる。まず，推論におけるバイアスとして，確証バイアス，信念バイアスと雰囲気効果がある。確証バイアスとは，仮説の真偽を決定する検証過程において，仮説を支持する可能性の高い情報は探索されやすいが，仮説を否定する可能性の高い情報は探索されにくいという傾向である。ウェイソン（1960）は，2－4－6問題（図12.1を参照）として知られる規則発見課題を用い，被験者が仮説の真偽を決定するときに，仮説に合致する（仮説が正しければYes反応が期待される）事例を優先的に探索し，仮説に合致しない（仮説が正しければNo反応が期待される）事例をほとんど選択しないことを明らかにしている。この確証バイアスという反応傾向は，2－4－6問題のような抽象的な論理課題だけではなく，現実場面における仮説検証でも観察されることがわかっている。たとえば，スナイダーとスワン（1978）は，他者の性格に関する仮説検証課題を用い，被験者が確証的な情報探索を優先することを見出している（実験2も参照のこと）。信念バイアスとは，結論の妥当性の評価が，先行知識あるいは信念によって歪められ，信じられる（容認できる）結論は妥当と評価され，信じられない（容認できない）結論は妥当ではないと評価される傾向を指す。

> 　　　　　　　2　4　6
> 以上の3つの数字は，ある法則性に従って並べられたものである。では，その法則性とはどのようなものか？　自分自身で，他の数字列を試しながら考えなさい。あなたが挙げた数字列が，この法則性*にのっとっているかどうかは，そのつど教えます。

*発見すべき法則性は，「上昇系列」（1番目より2番目が，2番目より3番目が大きい）

図 12.1　2-4-6 問題

雰囲気効果とは，演繹的な推論において，前提と結論の双方に否定形が含まれるときや，両者が「あるAはBだ」のような特称の言明であるとき，いい換えると前提と結論の形が似通っている場合に，その結論を妥当だと判断してしまう傾向のことをいう。このように一見正しそうに見えるという理由で妥当性を判断してしまうと，誤った結論を招く危険がある。

　確率判断を伴う課題で見られるバイアスとしては，代表性ヒューリスティックや利用可能性ヒューリスティックによるバイアスが有名である。代表性とは，ある対象が集団をどれくらい代表しているかという，その集団の典型例との類似性を意味する用語であり，代表性を用いたヒューリスティックは，確率判断における人間の非合理的な行動の説明としてしばしば用いられる。たとえば，「次郎はコンピュータの扱いが得意で，暇なときはよくアニメを見たりTVゲームをしていた」という事実があったとしよう。ここで，次郎が大学時代に所属していたサークルは文化系と体育系どちらだろうか。多くの人は，彼が文化系サークルに所属していたと考えるのではないだろうか。しかし，もし次郎の大学で体育系のサークルの方が文化系のサークルより多い場合，確率的には体育系のサークルに所属する可能性が高くなることがある。しかしこのような場合でも，人は次郎に関する記述と典型的な文科系サークルメンバーとの類似から，彼が文化系サークルに所属していると結論づけてしまい，体育系および文科系サークルの人数比という情報（基準確率）を考慮に入れず無視してしまう（基準確率の無視）。また，利用可能性とは，

記憶の検索におけるアクセスのしやすさに応じた判断を行うヒューリスティックであり，比較的素早く思いつく結論に飛びついてしまうという過ちを犯すもととなる。たとえば，日本人の死因として多いのは，交通事故と肺炎のどちらだと思うだろうか。平成15年の人口動態統計によると，死亡総数に占める割合は，交通事故が1.1％，肺炎が9.3％となっているが，多くの人は交通事故の方が多いと答えるのではないだろうか。これは，交通事故は新聞やニュースで取り上げられることが多く，情報が目につきやすいのに対し，肺炎はほとんど報じられることがないからである。この2つの死因の比較では，記憶中に蓄えられている事例は交通事故の方が多く，ふとしたことで想起されやすくなるため，その生起確率を誤って高く評価してしまうのである。

　原因帰属に関連する誤った判断として，12.2で述べたような基本的帰属錯誤のほかに，後知恵バイアスや錯誤相関などがある。後知恵バイアスとは，一度ある結果が生じたという知識を持ってしまった後では，それを知らなかった時点に戻った判断や推論ができず，その結果が生じ得ただろうという確率の見積もりが高くなる現象であり，関連するものとして，クイズのような知識問題に対する答えを教えられた後では，答えを教えられる前の時点でそれらの問題にどの程度正解し得たかという確率を実際以上に高く見積ってしまう確信過剰が知られている。また，錯誤相関とは，2つの事象間に関係がない（相関係数が0かほぼ0）にもかかわらず，実際以上に強い関係があると錯覚する現象であり，特徴的な事象や，関連性の高い事象が記憶に残りやすいことから生じると考えられている。たとえば，「太郎がいるときに雨が降る」という特徴的な事象のみが記憶に残り，太郎がいて雨が降らない場合や，太郎がいないのに雨が降るという特徴のない事象が記憶に残らないような場合には，太郎と雨が降ることの間に強い関係があると錯覚してしまう。

　バイアスの解消　ヒューリスティックに基づく推論や判断は，特定の条件が揃ったときに，誤った推論や判断を導く原因となり得るのは確かである。このような誤りを避けるための方法としては，人間がそのような偏った推論や判断をしてしまう傾向があることを教え，意識的にそれらの思考の落とし

穴にはまらないよう気をつけさせる教示を行う方法が考えられる。しかし，教示はバイアスの低減にある程度役に立つ場合もあるが，その効果は弱く，多くの状況では偏った推論，判断を回避するだけの効果がないとの指摘がある（Wason, 1960；Snyder & Swann, 1978）。では，どのような方法がバイアスの解消に効果があるのだろうか。これまで提唱されてきた技法は，思考の柔軟性を保たせるという共通の目的を持つといえるだろう。たとえば，仮説検証課題において確証バイアス的な事例選択を避け，結果としてより正確な推論ができるようになるためには，2つの仮説を同時に心内に保持し，それぞれの真偽を決定するよう努めること（Tweney et al., 1980）や，反対の可能性や対立仮説について考慮すること（Lord, Lepper, & Preston, 1984）が有効な方法であるといわれている。しかし，人は明示的にそう求められない限り，なかなか自発的にこれらの方法を用いようとしないことも明らかとなっている。

　では，思考の柔軟性を発揮するために，私たちはどのようにしたらよいのであろうか。残念ながら，この問いに答えることは容易ではない。これまで，数々の研究者が認知的バイアスを解消するためのさまざまな試みを行っているが，すべての状況において有効な手段を見つけるには至っていない。また，現実世界においても，偏見や差別はなくならず，私たちは日常的に誤った原因帰属や，偏ったステレオタイプ的判断を繰り返している。しかしここで，一足飛びにこれらの思考の歪みをなくすことはできないかもしれないが，将来的により誤りや偏りの少ない思考を導く可能性を持つ方法を挙げておこう。それは，批判的思考と呼ばれる，合理的な思考を行うための指針である。日本語における「批判的」という語は，欠点をあげつらってけなしたり，否定的に評価したりするといったニュアンスで用いられることが多いが，批判的思考はそのような非生産的な思考とは無縁のものである。批判的思考はさまざまに定義されており，研究者の間で統一的な見解があるわけではないが，得られた情報や見聞きした主張，および自己の判断，推論といったものが持つ信憑性，正確性，価値を論理的，合理的に考えること，またその過程を指すといえるだろう。心理学的観点から優れた入門書を書いているゼックミス

タとジョンソン（1992）は，その意味において批判的思考とは哲学者であるデューイがいうところの省察的思考に相当するものであると述べている。彼らはまた，批判的思考の主要な要素として，問題を注意深く観察し，じっくり考えようとする態度，論理的な探究法や推論の方法に関する知識，それらの方法を適用する技術の3つを挙げている。特に，誤った結論を導かないためには，不完全で偏りのある情報を誤って解釈しないように努めることが大切だろう。私たちは，目前にある目立った情報に気をとられ，背後に隠れている目に付きにくい情報を見過ごしてしまう傾向があることを常に気に留め，自己の持つ知識や信念，他者に対する印象が誤っていないかを常に自らに問うことによって，本章で触れたような誤った判断や推論を避け，合理的かつ論理的な思考を行うことができるようになるだろう。

● 実験してみよう ●

実験I　印象形成における情報処理モードと記憶の関係
【目的】他者の印象を形成する情報処理過程で，人物に関するさまざまな情報を，まとまりのある枠組みに統合する過程が存在することを確かめる。人物に対する印象形成では，個々の情報は個別に処理されるのではなく，情報を統合する認知的な枠組み（スキーマ）との関連から処理される。そのため，新規情報と従来の情報との関連付けが積極的に行われ，その情報が記憶されやすくなるだろう。一方，同じ情報を単なる記憶課題として処理する場合は，情報間の関連が希薄となり記憶成績は低下すると予想される。
【方法】《デザイン》想起量に及ぼす情報処理モードの効果を調べるため，印象形成条件，記憶実験条件の2条件を設定する。
　《刺激》日常的に人がとる行動を記述した15個程度の文を，一度に1文ずつ質問紙あるいはコンピュータスクリーン上で提示する。なお，質問紙とコンピュータ制御の刺激提示プログラムがCD-ROMに収められている。
　《手続き》印象形成条件の被験者に対しては「提示される個々の行動から，この人物の全体的な印象を作るように」という教示を，記憶実験条件の被験

者に対しては「提示される文章を記述どおり正確に記憶するように」という教示を与える。実験を質問紙で行う場合は1文を1枚に記述して，実験者の合図でめくるようにさせる。スクリーン上で提示することが可能な場合は，順序をランダムにし，提示時間は1文につき5～8秒程度とする。行動記述の提示が終了した後，フィラー課題として2桁の加算課題を3～5分間実行させる。最後に，提示された行動記述を自由再生させる。

【結果と考察】被験者ごとに，1文再生できたら1点を与え，全部で何文再生できたかを算出する（総想起量）。想起量が，印象形成条件と記憶実験条件で異なるかどうか，特に印象形成条件で再生成績がより高くなるかどうかを調べよう。余裕がある場合は，行動記述を提示順に序盤，中盤，終盤のブロックに分け，各ブロックの想起量が情報処理モードによって異なるか否かを分析してみるのもよいだろう。また，その他の行動から形成されるイメージと矛盾する行動や，きわめて目を惹きやすい極端な行動に関する記述を混入させ，その項目の再生率を見るのも興味深いだろう。

実験2　対人認知状況における確証傾向

【目的】他者に対する評価や印象の形成は，多数の情報から1つの統合的な認知的表象を構成する，一種の仮説検証過程であるといえる。私たちは，仮説検証状況において仮説に沿った確証事例に強く依存する傾向を持っている（たとえば，Wason, 1960）。対人状況における人物の印象形成でも同じような傾向が見られるかどうかを調べる。

【方法】《課題》ターゲット人物が，ある性格特性を持っているか（例：Aさんは外向的かどうか）を調べるために，その人物に対して質問するべき項目をリストから選択させる。

《刺激》リストには，Yesという回答が得られた場合に外向的であることを示す項目，逆に内向的であることを示す項目，ダミー項目をそれぞれ5～10個程度用意し，その中から被験者に選択させる。選択の方法は，いくつか考えられるが，リストの中から1つを選択させる場合と，必要と思われ

るだけ選択させる場合がポピュラーだろう。質問紙の構成は CD-ROM 内のサンプルを参照されたい。
　《手続き》実験は質問紙で行う。まず教示を読ませ，続いて検証すべき仮説を提示する。次に，仮説を検証するための事例選択を行わせる。
【結果と考察】被験者によって選択された質問項目が，特性を持っていることを示す項目であるか，持っていないことを示す項目であるか，ダミー項目であるかによって回答を分類し，それぞれのカテゴリでの選択数を算出し，カテゴリ間で選択に差があるかどうかを分析する。特性を持っていることを示す項目の方が，持っていないことを示す項目よりも多く選択される場合，確証傾向があるといえる[3]。

引用文献

Asch, S. E. 1946 Forming impressions of personality. *Journal of Abnormal and Social Psychology,* **41**, 258-290.

Evans, J. St. B. T. 1992 Bias in thinking and judgment. In M. T. Keane, & K. J. Gilhooly (Eds.), *Advances in Psychology of Thinking.* New York : Harvester Wheatsheaf. Pp. 95-125.

Festinger, L. 1957 *A theory of cognitive dissonance.* Palo Alto : Stanford University Press.（末永俊郎（監訳）　1965　認知的不協和の理論－社会的心理学序説－　誠信書房）

Fiske, S. T., & Taylor, S. E. 1991 *Social Cognition.* 2nd ed. New York : McGraw-Hill.

Friedrich, J. 1993 Primary error detection and minimization (PEDMIN) strategies in social cognition : A reinterpretation of confirmation bias phenomena. *Psychological Review,* **100**, 298-319.

Heider, F. 1958 *The psychology of interpersonal relations.* New York : Wiley.（大橋正夫（訳）　1978　対人関係の心理学　誠信書房）

Kahneman, D., Slovic, P., & Tversky, A. 1982 *Judgment under Uncertainty*

---

3) 人の仮説検証過程は，本来はよりダイナミックなものであり，実際にはテストの選択は課題の段階に応じて変化するものである（眞嶋・瀧川，2002 など）。

: *Heuristics and biases.* New York : Cambridge University Press.
Klayman, J., & Ha, Y.-W. 1987 Confirmation, disconfirmation and information in hypothesis testing. *Psychological Review,* **94**, 211-228.
Kelly, H. H. 1967 Attribution theory in social psychology. In D. Levine (Ed.), *Nebraska Symposium on Motivation.* Vol. 15. Lincorn, NE : University of Nebraska Press. Pp. 192-240.
Lord, C. G., Lepper, M. R., & Preston, E. 1984 Considering the opposite: A corrective strategy for social judgment. *Journal of Personality & Social Psychology,* **47**, 1231-1243.
Lord, C. G., Ross, L., & Lepper M. R. 1979 Biased assimilation and attitude polarization: The effects of prior theories on subsequently considered evidence. *Journal of Personality and Social Psychology,* **37**, 2098-2110.
眞嶋良全・瀧川哲夫　2002　受容方略課題と仮説評価課題における仮説検証過程　心理学研究, **73**, 42-50.
Rosenthal, R., & Fode, K. L. 1963 The effect of experimenter bias on the performance of the albino rat. *Behavioral Science,* **8**, 183-189.
Rosenthal, R., & Jacobson, L. 1968 *Pygmalion in the Classroom.* New York : Holt, Rinehart & Winston.
Snyder, M., & Swann, W. B. J. 1978 Hypothesis testing processes in social interaction. *Journal of Personality and Social Psychology,* **36**, 1202-1212.
Tweney, R. D., Doherty, M. E., Warner, W. J., Pliske, D. B., Mynatt, C. R., Gross, A., & Arkkelin, D. 1980 Strategies of rule discovery in an inference task. *Quarterly Journal of Experimental Psychology,* **32**, 109-124.
Wason, P. C. 1960 On the failure to eliminate hypothesis in a conceptual task. *Quarterly Journal of Experimental Psychology,* **12**, 129-140.
Zechmeister, E. B., & Johnson, J. E. 1992 *Critical Thinking: A Functional Approach.* Belmont : Brooks/Cole Publishing Company.（宮元博章・道田泰司・谷口高士・菊池　聡（訳）　1996－97　クリティカル・シンキング　入門篇／実践篇　北大路書房）

13章 心の健康

　心理学を応用・実践的に日々の生活に生かそうとするときに焦点付けられるテーマの1つが心の健康である。この日常的な問題を扱う臨床心理学領域は，科学的アプローチを研究基盤としつつ，多様で複雑な生（Life）をめぐる哲学や宗教，思想や芸術などの幅広い知見を参照しながら発展してきた。そのため，心理療法やカウンセリングなどの研究・実践領域においては，客観的アプローチと主観的アプローチの両面を含む統合的な取り組みが求められる。心の健康の問題は，科学的視座を土台として，自分自身の生き方や人間観・価値観を振り返りながら，多角的視点から学び，実践する姿勢が求められるということである。本章では，心の健康に関する話題と心理測定の方法について概説し，測定例を紹介する。

13.1　心の健康とは

　健康の捉え方　健康の捉え方には，時代や文化，あるいは個々人によって異なる側面があるが，WHO（世界保健機関）の健康の定義（1948年）が広く知られている。それによれば，単に疾病や病弱の状態にないということが健康ではなく，身体的・精神的・社会的に良好（well-being）な状態のことをいう。近年では，癌やエイズ等の難病ケアをめぐる生や死に関する問題意識の高まりなどを背景として，生きる意味や目的，人間の尊厳，生活の質（Quality of Life）などに関連する精神的側面を重視する考え方も示されている（世界保健機関，1993）。わが国の現代的課題である不登校や引きこもりなどは，個人の社会適応や生き方の選択に関連する問題であり，単純に病的な状態とは決め

つけられない側面を含んでいる。心の健康を問うことは，精神障害や社会不適応の問題にとどまらず，人の生き方の質的側面を問うことと重なっている。

心の健康を扱う領域では精神衛生 (mental hygiene) と精神保健 (mental health) ということばが用いられてきた。精神衛生は主として医療領域における精神障害の治療や予防活動を指す概念である。それに対して，精神保健は医療や社会福祉などのより広い領域における心の健康とその支援活動を指す新しい概念であり，社会的な活動や適応の状態が重要な観点となる。

関連領域 心の健康を考える際には，人の一生と，それに応じた生活環境の全体を視野に入れる必要がある。そのため臨床心理学以外にも広範な心理学領域から，家庭・学校・職場などの生活環境や地域社会における心のケア・サポートに関する基礎・応用・実践的知識や技術を提供している。

心理専門職の活動領域としては医療・福祉・教育・司法・産業などが挙げられる。災害被災者や犯罪被害者，難病患者や高齢者などに対する心理的ケアや，子育て中の親に対する心理的サポートなども，新しい活動領域として注目されている。いじめや不登校対策として文部科学省が推進しているスクールカウンセリング事業では，全国の中学校にスクールカウンセラーが配置されている。小学校や高等学校にも心の相談を担当する専門スタッフやスクールカウンセラーの配置が進んでいる。このことによって子ども時代から身近に心理カウンセラーがいる生活環境が実現した。わが国に本格的なカウンセリング文化が誕生したということであり，心の健康に対する意識の高まりとともに，臨床心理士などの専門家による心理相談の機会がいっそう増えてゆくと考えられる。

13.2 心の障害と不適応

心の健康状態は，個人と生活環境との相互作用において生じる結果であり，同時にそれらに影響を与える要因ともなる。発達障害や精神障害，あるいは社会不適応などの問題のほとんどが高次の心理過程で生じる。そのため，原

因や発生メカニズムを実証的に解明するにはまだ多くの困難があり，心理臨床では推測や推論，仮説的理論などを頼りに対応せざるを得ないことが少なくない。実践活動や研究においては，科学的な実証的知見を参照するとともに，思い込みや種々流布している根拠の薄弱な言説に惑わされない見識や態度が必要である。

　発達と心理的危機　人が生物学的・心理学的に成長し，死に至る一連の過程を発達と捉えて，幼児期・児童期・青年期・成人期・老年期などの段階的時期に区分して考えることが多い（10.1参照）。発達時期の捉え方には社会生活上の制度的・慣習的な生活形態を反映した側面がある。たとえば，広く知られているエリクソン（1982/1989）の発達段階や発達課題に関する理論なども，アメリカの社会・文化的特徴を考え合わせて理解する必要がある。

　発達とは，成長過程に伴って変化する生活環境への絶え間ない適応の更新であると考えることができる。ライフサイクルにおけるさまざまな発達段階に応じて心理的危機が生じるが，第二次性徴が見られる思春期は心身ともに不安定になる時期である。思春期は児童期と青年期をつなぐ時期に位置づけられるが，青年期の延長とともに思春期が早まる傾向が見られる。子どもから大人に変身するこの不安定な移行時期は，精神障害の好発期の初期と重なる。また生活形態は学校が中心となるため，不登校などの学校不適応が発現することも多くなる。

　近年では，病気や家族との別離，失業などのライフイベントと呼ばれる大きなストレスを伴う生活の変動を背景とした中年期や老年期の心の危機についても論じられることが多い。生涯にわたる継続したメンタル・サポートが求められる時代になったといえよう。

　ストレス　生命維持や環境適応のために心身のバランスが恒常的に保たれている平衡状態をホメオスタシス（homeostasis）という。それが崩れて心身に負荷がかかった状態をストレスと呼ぶ。ストレス反応をもたらす刺激要因はストレッサーと呼ばれ，神経機能以外にも，内分泌や免疫機能などにさまざまな影響を及ぼす。そのためストレス時には，不安や怒り，抑うつ，認知

や思考の歪み，血圧や心拍・呼吸数の上昇などの心理的・生理的反応が生じることがある。

　ストレッサーとして同一の電気ショック刺激を受けた場合でも，レバー操作によってそれを自力で回避できたネズミの方が，自力で回避できなかったネズミよりも免疫機能の抑制が少なく，ストレスが少ないと考えられた (Laudenslager et al., 1983)。ストレスの軽減には，ストレッサーに対処できること，あるいは対処できると認知している自己効力感が重要な要因であることがわかる。そうした対処の過程はコーピング (coping) と呼ばれる。人間関係をめぐる心理的ストレスなども，それに対処できる知識や能力としての対人関係スキルの有無によって変化する。

　また，自力では回避できないストレッサーにさらされ続けると，それを回避する行動をしなくなったり，対処方法を学ぼうとしなくなったりする。セリグマン (1975/1985) はそれを学習性無力感 (learned helplessness) と名付けた。このことは抑うつなどの精神症状の発現とも関連性を持つと考えられている。

　発達障害　知的障害，学習障害 (Learning Disorders, LD)，広汎性発達障害，注意欠陥／多動性障害 (Attention-Deficit / Hyperactivity Disorder, ADHD) などは，通常，幼児期から青年期にかけて診断される障害である (American Psychiatric Association, 1994/1996)。これらの障害の背景には中枢神経系の機能的障害が存在しており，基本的に心理的要因（心因）だけで発症することはないと考えられている[1]。

　知的障害は，18歳未満の時点で，後述するような標準化された知能検査でおおむね IQ 70 以下の水準にあり，社会生活能力に明らかな制約が認められる場合が該当する。学習障害は，知的水準から期待されるレベルよりも特定領域の学習能力の落ち込み（2標準偏差以上の開き）が認められる場合が該

1）適切な養育や学習機会の欠如などの環境要因によって知能や情緒面の発育が遅れたり，社会適応能力が阻害されたりする場合がある。

当し，その内容によって読字障害・書字障害・算数障害などの種類がある。広汎性発達障害は自閉性障害やアスペルガー障害などに下位分類されるが，ことばや感情の理解に関連する対人関係やコミュニケーションの障害，興味の偏りや表象能力の制約などに共通の特徴が見られる。注意欠陥／多動性障害は，注意のコントロールの困難さや，多動あるいは衝動的行動に特徴があり，学校生活や社会生活で不適応を引き起こす要因となりやすい。

これらの発達障害に対するケアやサポートには，発達早期からの治療・教育的アプローチが必要である。特に，初期の段階で不適応が生じやすい幼稚園や小学校における障害の理解と教育的対応，および心理的サポートの有無が，その後の社会生活への適応に大きな影響を及ぼす。

精神障害　主な精神障害として，統合失調症，気分障害，不安障害，解離性障害，人格障害などが挙げられる (American Psychiatric Association, 1994/1996)。精神障害の発症要因にはなお不明な点が多いが，ストレス状況などによる心理的要因や，脳内の神経学的・生化学的異常などの生物学的要因との関連性が考えられている。

統合失調症は，妄想・幻覚や思考の混乱などを特徴とし，強いストレス下の生活環境などが症状の悪化に影響する。気分障害にはうつ病性障害と，うつと躁症状を繰り返す双極性障害がある。不安障害には，突然強い不安や恐怖に襲われるパニック発作や，特定の対象や状況に対する恐怖症，特定の観念や行動にとらわれるなどの強迫性障害などがある。解離性障害は意識や記憶などの統合的な同一性や一貫性が失われる症状である。解離性同一性障害は「多重人格」として知られており，1人の人の中に複数の人格が同居し，入れ替わる現象である。虐待などの強いストレス状況や，社会・文化的要因などの関連性が疑われている。人格障害は著しいパーソナリティ特性の偏りによって特徴付けられる。妄想性人格障害や境界性人格障害などさまざまなタイプがあり，一般に不安定で偏った思考・感情・行動傾向による対人関係面の不適応を起こしやすい。

その他の不適応　不登校は児童期から青年期にかけて発現する学校環境に

おける不適応状態であり，引きこもりとの関連性についても論じられている。わが国の中学校の全生徒数に占める不登校生徒数[2]の比率は2001年度には2.81％にまで増加した（文部科学省，2003）[3]。文部科学省では全国の学校にスクールカウンセラーを配置するなどの対策を行い，全国の自治体でも適応指導教室などによる取り組みを行っている。不登校の背景には，いじめや人間関係などの学校環境，成育・家庭環境，発達課題，発達障害などの諸要因が複雑に絡み合っていると推測される。広汎性発達障害や注意欠陥／多動性障害，学習障害などの発達障害は人間関係や学習上の困難につながりやすく，また本人の性格やしつけの問題と誤解されることもあるため，二次的・三次的な不適応を引き起こす可能性がある。知的障害を伴わない場合には気づかれずに対応が遅れることもあったので，現在，特別支援教育の取り組みが進められている。

　近年，幼児や児童，高齢者などに対する虐待や，家庭内暴力（DV）が大きな問題になっている。それらの問題の背景には，閉塞的な家族関係や世代間の暴力連鎖などのさまざまな要因が絡んでいることが多い。アルコール依存症などが関係する場合もあり，当事者だけで解決することが困難なほど問題は複雑化していることが多いため，臨床心理士やソーシャルワーカー，医師らの専門家による支援が必要である。

13.3　心のケア・サポート

　アセスメント　発達障害や精神障害，各種の不適応などに対するケア・サポートを考える場合，それを必要としている人（以下，クライアントと記す）の心的状態を判断・理解するために，心理診断，あるいはアセスメント（見立て）と呼ばれる作業が必要である。それが本書のテーマである「測定」に相

---

2) 年間30日以上休んだ生徒のうち，病気や経済的理由などによる者を除いた者の数。
3) 2002年度以降は減少に転じた。

当するが，内容は多岐にわたる。

　アセスメントでは，クライアントの言動に関する観察資料や，パーソナリティ・知的能力・心的葛藤などに関する心理テストの資料，さらに家族背景や生活歴，問題状況などに関するさまざまな質的・量的情報を総合的にまとめて，個人の全体像を描く。ただし，それがクライアントの支援にとって有益であることが条件である。アセスメントを行うにあたっては，心的状態の理解や予測，支援方法の検討，本人の自己理解，福祉的サービスを受けるためなどの目的を明らかにした上で，無用の情報収集は行わないことが原則である。また，得られた情報や資料は高度な個人情報であるから，取り扱いには慎重な配慮が必要である。

　発達障害や精神障害に関しては，本章でも参照した米国精神医学協会が編纂したDSM－IV（Diagnostic and Statistical Manual of Mental Disorders Fourth Edition：American Psychiatric Association, 1994/1996）が診断マニュアルとして広く用いられている。これは診断／アセスメントを公的・客観的に統一する目的で作成されたマニュアルであり，判断のポイントとなる障害の状態像を記述した諸項目で構成された判定基準と，多角的な状態像の評定システム（多軸評定）が特徴となっている。随時新しい版に改訂されるので，最新版を参照する必要がある。この診断マニュアルは専門家が用いる道具であり，素人がこれを用いて自己判断することは危険なので，学習する場合には専門家の手引きが必要である。

　心理テスト　面接や観察だけでは明らかにすることが難しい心理的特徴を，客観的かつ短時間で分析・理解するために心理テストが用いられる。心の健康に関するアセスメントにも心理テストが利用される。心理テストの原理は，ある条件下で提示された標準刺激に対する言語的・行動的反応から，被験者の知的能力やパーソナリティ特性などを判定するものである。一種の実験場面に準じた心の状態の測定ということになるが，心理臨床における検査者には，科学者としての客観的態度とともに，被験者への支援的姿勢が不可欠である。

心理テストはあくまで補助的手段であり，限界があるから，過信しない慎重さが必要である。また，心理テストを実施できるのは臨床心理士や精神科医などの専門家に限られており，心理テストの入手にも制約がある。学習する場合には専門家の指導を仰ぐ必要がある。

心理臨床で用いられる主な心理テストには表13.1に示したようなものがある。心理テストの種類は多いが，実際の臨床現場で用いられるのは基本的

表13.1　心理臨床でよく用いられる心理テスト

測定対象	心理テストの種類	特徴
性格特性	STAI (State-Trait Anxiety Inventory)	スピルバーガーらによって開発された不安を測定する質問紙法検査。状況によって変化する不安状態（状態不安）と，性格傾向としての不安特性（特性不安）の両面が測定できる。日本版が作成されている。
	BHS (Beck Hopelessness Scale)	ベックらが開発した絶望感を測定する質問紙法検査。抑うつに関する心理検査としてこれ以外に自動思考尺度（ATS）や不合理信念尺度（IBT）などがあり，認知行動療法で用いられることが多い。日本版が作成されている。
	矢田部ギルフォード性格検査	これらについては11章，表11.1を参照。
	MMPI	
	ロールシャッハ・テスト	
	文章完成テスト	
	バウム・テスト（Baumtest）	
知能水準	田中ビネー式知能検査	ビネーが開発した知能検査をもとに，田中が作成した日本版の検査。精神年齢と生活年齢との比によって一般的知能を測定する。
	WAIS (Wechsler Adult Intelligence Scale)	ウェクスラーが開発した知能検査。個人内差としての言語性知能と動作性知能の詳細な構造特性が分析できる。児童版としてWISCがある。日本版が作成されている。
	長谷川式簡易知能評価スケール（HDS）	長谷川が開発した知能検査の一種であり，高齢者（50歳以上）にあまり負担をかけずに知的能力の状態を判定することができる。

（注）研究・開発者によって同種類の複数の心理検査が存在する場合がある。心理テストは何年かごとに再標準化され，実施方法や内容も変わるので，最新の改訂版を使用する必要がある。

なものに絞られることが一般的である。心理テストは測定する目的によって使い分け，妥当性（測定しようとしているものを正しく測定していること）や信頼性（複数回実施しても同様の結果が得られること）が保証されているものを使用しなければならない。実施方法や判定は必ず専用マニュアルに従う。被験者のその日の体調や，実施環境などによって結果に誤差が生じることがあり，被験者と検査者との関係性によっても影響を受ける可能性がある。そうした要素を加味した上で結果を解釈する必要があるから，心理テストを実施するには広範な臨床上の知識と経験が必要である。

心理療法の考え方　心の健康を維持したり回復したりするための方法として，カウンセリングや各種の心理療法が用いられる。カウンセリングは主に来談者中心療法（Rogers, 1951/1964）を基盤として発展した広い領域で実践されている心理相談の技法であり，心理療法は精神分析や行動療法などを基盤として発展した心理治療の技法というように大まかに区分できるが，ここでは心理学的理論・方法によって不適応や精神的症状を改善・治療する取り組みを一括して心理療法と呼ぶことにする。

心理療法の考え方を理解するために，単純な例としてコンピュータを搭載したペット・ロボット（11章の例を参照）が通常と異なる行動をするなどの「症状」が起きた場合を想定してみよう。モーターなどの運動機能やセンサー機能に故障がなく，コンピュータのハード面にも異常がないことが確認されたら，疑わしいのはコンピュータ・プログラムである。そこで私たちはその症状の特徴についてアセスメントを行い，不具合に関係するプログラムを特定して，それを適切なものに書き換えてやる。あるいは不具合に関与しているウィルス・プログラムなどを削除してやる。そうすればペット・ロボットは元どおりに動くようになるはずである。

この例を人間にあてはめた場合，心理療法とは，不調になった心的プログラムを修正・改善することによって，心身の症状を軽減し，適応状態を回復することと考えることができよう。しかし，ペット・ロボットに比較して人間にははるかに困難で複雑な事情がある。磁気ディスクに書き込まれたコン

ピュータ・プログラムは，モニター画面に表示してキーボード操作で簡単に書き換えることができるが，私たちの心的プログラムは目に見えないし，外部から直接操作することも不可能である。また，その多くが無意識的・自動的に動いており，意識的にアクセスしたり，コントロールしたりすることも容易ではない。そのため，心理療法ではさまざまな方法によって，不調をきたしている心的プログラムにアクセスして，修正や改善を試みることになる。その方法の違いによってさまざまな心理療法が開発されてきた。

各種の心理療法 精神分析（psychoanalysis）はフロイトやユングによって開発された古い歴史を持つ心理療法であり，夢や連想などを手がかりとして，不調の原因となっている無意識下の心的プログラムにアクセスして治療しようとする。行動療法（behavior therapy）は，行動プログラムを形成する方法としての学習や条件付けを応用した手続きによって，不適切な行動そのものを直接的に操作・改善しようとする。具体的には，不安や恐怖反応を軽減させるための系統的脱感作法（systematic desensitization）や暴露法（flooding），新たな適応行動を学習させるためのモデリング法（modeling）などの技法がある。古典的な行動主義心理学では心的プログラムのような内的要素を想定しないが，現在の認知科学では思考や信念などの内的な認知的要素を行動の決定因と考える。不適切な情動反応や行動を生じさせる不合理な思考や信念（Ellis, 1994/1999），あるいは論理的誤謬や否定的・悲観的な自動思考（Beck, 1976/1990）などに気づかせ，修正させようとするのが論理療法（rational emotive therapy）や認知療法（cognitive therapy）である。実際に行動した経験や結果から得られる効力感が認知的修正に大きな効果をもたらすので，行動療法的方法を取り入れて認知的修正を図るのが認知行動療法（cognitive behavior therapy）である。その他として，人間関係やコミュニケーションの構造，あるいは問題状況に働きかける家族療法（family therapy）や短期療法（brief therapy）などの方法も開発され，普及している。

カウンセリングは，心理カウンセラーの受容的・共感的態度に支えられながら，問題状況や自分の内面について内省して，目標や解決方法を探索的に

考えてゆく創造的な問題解決過程である。その際，自発的に思考や信念に関する心的プログラムの修正が試みられることもある。たとえば，「今の不幸はむしろ自分を鍛え，成長するためのチャンスである」と認知的修正を行うことで問題状況の意味の変更（リフレーミング）を図り，困難な状況に耐えて問題を乗り越えるなどが，その例である。

● 実験してみよう ●

実験　不安状態の測定

【目的】心の健康に密接に関係する不安状態を心理テストによって測定し，生活環境の影響と基礎的な不安傾向について理解する。

【方法】被験者は自分とする[4]。不安を測るための心理尺度である STAI 日本語版・大学生用（清水・今栄，1981）を用いる。著作者の許可を得て CD-ROM に「状態不安」尺度項目と「特性不安」尺度項目を収録した。前者は今現在の不安状態を測定する尺度項目であり，後者はもともと持っている不安傾向を測定する尺度項目である。これらの項目について，日を置いて数回にわたって回答する。

状態不安項目（A-State）では，各項目について今現在どの程度感じているかを，全くそうでない＝1点，いくぶんそうである＝2点，ほぼそうである＝3点，全くそうである＝4点の4段階で回答する。逆転項目（＊印）はそれぞれ逆の4〜1点の点数を与える。特性不安項目（A-Trait）では，各項目について普段，一般にどんな状態であるかを同様の方法で回答する。状態不安と特性不安の両項目のそれぞれの合計得点を算出する。実施の詳細は清水・今栄（1981）を参照すること。

【結果と考察】日ごとの生活環境要因の影響によって状態不安得点は変化しただろうか。また，特性不安得点は一定傾向を示しただろうか。

---

[4] 他者を被験者とする場合には，検査の目的を伝えた上で，必ず了承を得てから実施しなければならない。

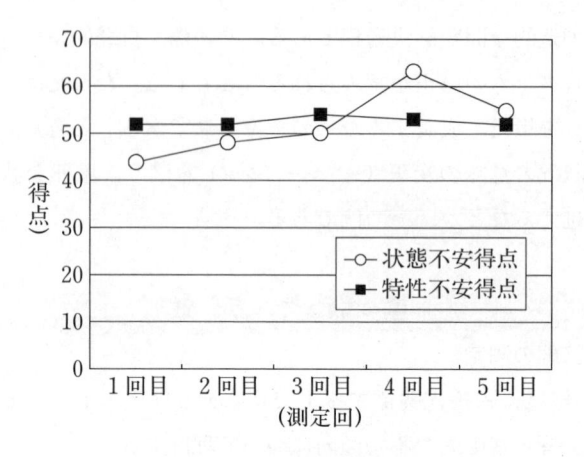

図 13.1　STAI 得点の変化

　図13.1に仮想事例として試験を控えた大学生の結果を示した。これは1週間ごとに5回続けて測定した結果である。特性不安得点は一定傾向を持つのに対して，状態不安得点は試験直前の時期であった4回目の測定で上昇し，試験終了後の5回目の測定では下降する変化が認められる。このことから試験に伴うストレス状況が大学生の状態不安に影響したと考えられる。

引用文献

American Psychiatric Association 1994 *Diagnostic and Statistical Manual of Mental Disorders Forth Edition.* Washington, D. C.：American Psychiatric Association.（高橋三郎・大野　裕・染矢俊幸（訳）　1996　DSM-Ⅳ　－精神疾患の診断・統計マニュアル－　医学書院）

Beck, A. T. 1976 *Cognitive therapy and the emotional disorders.* Madison, Conn：International Universities Press.（大野　裕（訳）　1990　認知療法－精神療法の新しい発展－　岩崎学術出版社）

Ellis, A. 1994 *Reason and emotion in psychotherapy.* Secaucus, NJ：Carol Publishing Group.（野口京子（訳）　1999　理性感情行動療法　金子書房）

Erikson, E. H. 1982 *The life cycle completed : a review.* New York：Norton.（村瀬孝雄・近藤邦夫（訳）　1989　ライフサイクル，その完結　みすず

書房）

Laudenslager, M. L., Ryan, S. M., Drugan, R. C., Hyson, R. L., & Maier, S. F. 1983 Coping and immunosuppression: inescapable but not escapable shock suppresses lymphocyte proliferation. *Science,* **221**, 568-570.

文部科学省　2003　生徒指導上の諸問題の現状について　文部科学省

Rogers, C. R. 1951 *Client-centered Therapy: its current practice, implications, and theory.* Boston : Houghton Mifflin.（畠瀬　稔・阿部八郎（編訳）　1964　来談者中心療法－その発展と現状－　岩崎書店）

世界保健機関（編）　1993　がんの痛みからの解放とパリアティブ・ケアーがん患者の生命へのよき支援のために－　WHO 専門委員会報告書，**804**，金原出版

Seligman, M. E. P. 1975 *Helplessness: on depression, development, and death.* SanFrancisco : W. H. Freeman.（平井　久・木村　駿（監訳）　1985　うつ病の行動学－学習性絶望感とは何か－　誠信書房）

清水秀美・今栄国晴　1981　STATE-TRAIT ANXIETY INVENTORY の日本語版（大学生用）の作成　教育心理学研究，**29**(4)，62-67.

索　引

ア　行

アーセン	138
ISM モデル	138
IQ	165
アイコニックメモリ	57
アイディアユニット	103
アウベルト・フライシュルの逆説	32
明るさ	13
――の恒常性	28
鮮やかさ	13
アセスメント	220
圧覚	16
後知恵バイアス	208
暗順応	12
暗所視	11
鋳型照合	39
意識の切り替え	33
維持リハーサル	63, 85
位置の恒常性	28
移調再認実験	112
偽りの記憶	69
移動プラン理論	149
意味	138
――記憶	65
――反転図形	27
――命題	137
イメージ	125, 135, 138
――価	126
――システム	127
――体験	138
――能力	140
色の恒常性	28
因果ネットワークモデル	99
印象形成	202
インナースクライブ	134
隠蔽	30
ヴィゴツキー	170
WAIS	222
ウェーバー・フェヒナーの法則	6
運動	
――検出	31
――残効	32
――視差	30
――順応	32
――の知覚	31
A-to-B エラー	168
エコイックメモリ	57
STAI	222, 225
NEO-PI-R	188
エピソード記憶	65
MMPI	188
延滞模倣	168
大きさ・距離不変仮説	28
大きさの恒常性	27
オールポート	182
奥行き	
――の知覚	30
――反転図形	33
音	
――の周波数	2
――の高さ	107
オフライン	96
音韻	
――キャッシュ	134
――リハーサル	134
――ループ	61, 134
音階	115
音楽の感情価	117
温感	16
音素	163
音調性感覚	108
音波	1
音脈	111
――分凝	111
オンライン	96

カ　行

ガードナー	173
開眼手術	22

(認知地図の)階層的構造	147	強化子	165
外発性のシステム	49	共通運命の規則	25
下位目標	78	協和	108
解離性障害	219	近接性	110, 111
カウンセリング	223	近接の規則	25
顔認知モデル	44	空間	
可逆性	170	——的注意	46
格関係	97	——的プライミング効果	146
学習		——特性符号化システム	132
——障害	218	——能力	153
——性無力感	218	具体的操作(期)	167, 168
——の転移	79	クロマ	108
——方略	84	群化	25
——理論	186	経験説	21, 22
確証バイアス	206	形式的操作(期)	167, 168, 176
カクテルパーティーの問題	46	形態シフトシステム	133
仮現運動	33	ゲシュタルト心理学者	25
可視光	7	結合探索	50
形の恒常性	28	結束性	95
可聴閾	3	原因帰属	196
カテゴリ的な判断	81	健康	215
感覚		言語	
——運動期	168	——システム	127
——記憶	57	——知識	90
眼球	8	——の多義性	89
観察学習	163	顕在記憶	64
桿体	9	原始スケッチ	42
感度	6	項(argument)	97
記憶表象	97	行為者-観察者効果	201
幾何学的錯視	29	鉤語法	126
記号	164	行動	
——システム理論	173	——主義(心理学)	164, 182
——的方法	166, 168	——的方法	166, 168
期待	116	——療法	224
気分		広汎性発達障害	218
——障害	219	コーピング	218
——誘導	117	ゴール再帰的な解法	78
基本		固視	10
——的帰属錯誤	200	コスリン	131, 132
——拍	113	コラージュ	188
——味	16	コルテの法則	33
きめの勾配	30		
逆転眼鏡	23	**サ 行**	
嗅皮質	15	サーヴェイマップ	145

最近接発達領域	170	人格	181
再生	65	――障害	219
再認	65	神経節細胞	11
錯誤相関	208	新生児	162
錯視	29	身体反応	138
サッケード	10	心的	
3原色性	14	――回転	130,138
残存視覚	23	――資源	51
シェパード	130	――走査	130,131
シェマ	166	――努力	52
ジオン(構造記述モデル)	42	信念の主観的確証	203
視覚	162	心理	
――キャッシュ	134	――テスト	221,222
――的断崖	22	――療法	223,224
――的探索	49	水晶体	8
――バッファ	132	錐体	9
時間説	5	衰退型(発達)	172
色相	13	推論	94,95
視空間スケッチパッド	61,134	ズームレンズ説	49
シグナル	164	スキーマ	91,196,202
刺激命題	137	――の活性化	93
視交叉	9	スキナー	182
自己中心性	168	スクールカウンセラー	216
思春期	217	スクリプト	92
社会		ステレオタイプ	203
――的学習理論	186	図と地	21,25
――的認知	195	ストリーミング	112
――文化的理論	170	ストレス	217
周期性	113	ストレッサー	217
終止		スポットライト説	49
――音導出	115	精神	
――感	114	――衛生	216
集中的注意	46	――障害	219
周波数スペクトル	109	――年齢	165
熟達化	79	――分析(理論)	184,224
手段・目標分析	76	――保健	216
述語	97	生体情報理論	136
純音	2	精緻化	
状況モデル	101	――推論	95
情報検索システム	132	――方略	84
情報処理アプローチ	195	――リハーサル	63
初頭効果	202	生得	
処理水準	63	――主義	165
視力	21	――説	21

――的反射活動	168
制約条件	80
生理的指標	136
整列効果	145
世界知識	90
絶対閾	6
線遠近法	30
宣言的記憶	64
潜在記憶	65
前操作期	168, 174
全体報告法	58
選択的	
――干渉	130
――注意	46
線毛	15
旋律線	112
操作的方法	167
相対閾	6
速度	
――閾	31
――弁別	31

タ行

第一次循環反応	168
大気遠近法	30
第三次循環反応	168
対象	
――永続性	168
――特性符号化システム	132
胎生期	161, 162
第二次循環反応	168
代表性ヒューリスティック	207
滝の錯視	32
多重知能理論	173
脱中心化	168, 169
田中ビネー式知能検査	222
タブラ・ラサ	164
段階説	168, 171
短期記憶	57, 59, 82
単語完成課題	66
知覚	
――システム	24
――の恒常性	27
――の体制化	24

知識	
――構造	84
――の重複度	79
――の領域固有性	81
――を用いた問題解決	82
知的障害	218
知能	
――検査	165
――指数	165
チャンク	60, 83
注意	
――移動システム	132
――ウィンドウ	132
――欠陥／多動性障害	218
――の自動化	51
――容量モデル	51
中央実行系	61
中心	
――音	114
――窩	9
――化	168, 169
聴覚	162
――システム	2
長期記憶	57, 63
調性	114
――スキーマ	115
――的体制化	114
調節	30, 167
追唱	47
痛覚	16
月の錯視	29
DSM−IV	221
定位図式理論	149
定性的アプローチ	187
定量的アプローチ	187
手がかり刺激	48
適応性方略選択モデル	172
デシベル	2
手続き記憶	66
転移適切性処理	64
電磁波	7
同一性	170
同化	167
同型性	81

瞳孔	8
統合失調症	219
特性	
──5因子モデル	186
──論	186
特徴	
──探索	49
──統合理論	51
──分析	40
トップダウン処理	40

ナ 行

内発性のシステム	49
二重	
──課題法	61
──コード化説	127
──貯蔵モデル	59
$2\frac{1}{2}$Dスケッチ	42, 171
乳児(期)	163, 171
人間性心理学	182
認識方法	166, 168
認知	161
──機能	161
──行動療法	224
──地図	143
──的均衡	167
──的バイアス	206
──療法	224
音色	109
ネッカーの立方体	34

ハ 行

パーソナリティ	181, 183
バウム・テスト	188
拍節	
──構造	113
──的体制化	113
薄明視	12
箱庭	188
場所	
──説	5
──法	126
橋渡し推論	95

長谷川式簡易知能評価スケール	222
パターン認知	39
発達	161
──障害	218
──段階	168, 169
バッドリー	61, 134
ハプティックメモリ	58
反射機能	162
反対色	14
反転図形	25, 26
反応命題	137
ピアジェ	165, 169, 171, 172
BHS	222
ビート	113
ビジランス	46
非宣言的記憶	65
ビッグ・ファイブ	186
──尺度	189
ピッチ・ハイト	108
ビネー	165
批判的思考	209
ヒューリスティック	195, 196
拍子	113
表象	97
表層的言語的表象	101
評定	117
非連続的発達	172
不安障害	219
VVIQ	140
フィルターモデル	47
フーリエ変換	5
複合音	4, 107
輻輳	30
不登校	220
部分	
──音	107
──報告法	58
プライミング	66
ブラック・ボックス	165
不良設定問題	30
ブルックス課題	128
プレグナンツの法則	25
分割的注意	46
文章完成テスト	188

文脈	90		抑制子	165
――的な類似	80		弱い方略	77
――の効果	89		**ラ 行**	
ペイヴィオ	126, 127			
閉合の規則	25		ラング	136
β 運動	33		ランダム・ドット	
防衛機制	184		――キネマトグラム	33
方向感覚	153		――ステレオグラム	31
方略	75		リーディングスパンテスト	104
補完性	170		リスニングスパンテスト	104
保存	167, 171		立方体モデル	197
ポップアウト	49		リハーサル	63
ボトムアップ処理	40		領域	
マ 行			――一般性	172
			――固有性	84, 172
マー	42		利用可能性ヒューリスティック	207
マクロ構造	99		両眼視差	30
マジカルナンバー7±2	59		臨床面接法	169
マスタープレーヤー	82		類型論	186
ミクロ構造	99		類知覚的体験	125
味蕾	15		類同	
明順応	12		――性	110, 111
明所視	11		――の規則	25
命題	97		ルートマップ	145
――的テキストベース	101		レディネス	165
――ネットワーク	136		連合記憶	132
――表象理論	97		連続	
メタ認知	85		――的発達	172
メッツラー	130		――の規則	25
網膜	8		ロールシャッハ・テスト	188
網羅的検索	77		ロギー	134
目撃証言	68		ロフタス	68
物語文法	93		論理	
問題空間	75		――的必然性	170
ヤ 行			――療法	224
			ワ 行	
矢田部ギルフォード性格検査	188			
U 字型(発達)	172		ワーキングメモリ	61, 103, 134
誘導運動	33		割引原理	199
幼児	171		割増原理	200

編著者略歴

菱谷　晋介（ひしたに・しんすけ）

　　1950 年　福岡県生まれ
　　1979 年　九州大学大学院教育学研究科博士課程終了
　　1987 年　教育学博士（九州大学）
　　現　在　北海道大学大学院文学研究科教授

〈主要著訳書〉
　　イメージの世界：イメージ研究の最前線（編著）　ナカニシヤ出版
　　イメージング（共著）　サイエンス社
　　質的データの解析（共訳）　新曜社
　　イメージ療法ハンドブック（共訳）　誠信書房

田山　忠行（たやま・ただゆき）

　　1955 年　北海道生まれ
　　1983 年　北海道大学大学院文学研究科博士課程中退
　　2003 年　文学博士（北海道大学）
　　現　在　北海道大学大学院文学研究科教授

〈主要著訳書〉
　　現代心理学の基礎と応用（共著）　培風館
　　意識のなかの時間（共訳）　岩波書店
　　光と人間の生活ハンドブック（分担執筆）　朝倉書店
　　心理的時間：その広くて深い謎（分担執筆）　北大路書房

心 を 測 る

2005 年 4 月 1 日　第 1 版 1 刷発行
2011 年 4 月 5 日　第 1 版 4 刷発行

編著者——菱谷晋介・田山忠行
発行者——大野俊郎
印刷所——壯光舎印刷㈱
製本所——㈱グリーン
発行所——八千代出版株式会社

　〒101-0061　東京都千代田区三崎町 2-2-13
　TEL　03-3262-0420
　FAX　03-3237-0723
　振替　00190-4-168060

＊定価はカバーに表示してあります。
＊落丁・乱丁本はお取替え致します。

ISBN 978-4-8429-1353-7　　Ⓒ 2005 Printed in Japan